剥茧抽丝看历史

宦官争议

陈玉潇◎编著

走进宫中那些特殊人群
品味不一样的宫廷故事

陕西新华出版传媒集团
三秦出版社

图书在版编目(CIP)数据

宦官争议 / 陈玉潇编著. -- 西安：三秦出版社，2014.5（2022.3 重印）
（剥茧抽丝看历史）
ISBN 978-7-5518-0793-7

Ⅰ.①宦… Ⅱ.①陈… Ⅲ.①宦官—中国—古代—通俗读物 Ⅳ.①D691.42-49

中国版本图书馆 CIP 数据核字(2014)第 103803 号

宦官争议

陈玉潇　编著

出版发行	陕西新华出版传媒集团　三秦出版社
社　　址	西安市雁塔区曲江新区登高路 1388 号
电　　话	（029）81205236
邮政编码	710061
印　　刷	三河市燕春印务有限公司
开　　本	710mm×1000mm　1/16
印　　张	15.625
字　　数	200 千字
版　　次	2014 年 5 月第 1 版 2022 年 3 月第 3 次印刷
印　　数	6001-11000
标准书号	ISBN 978-7-5518-0793-7
定　　价	59.80 元
网　　址	http://www.sqcbs.cn

前　言

中国是一个对历史文化的传承极其重视的国家。中国拥有五千年的历史，创造出了无比灿烂的文化。如果你想要更好地了解中国的历史，那么最好从历史上重量级人物的争议以及重要事件的争议上细细地进行观看。

皇帝是历史的缩影，从他们或悲或喜的一生中，或神奇或平淡的故事中，隐现了中国封建历史的发展轨迹。正所谓"观看君王沉浮间的经历轶闻，洞悉君王宝座中的权利奥秘"。

宰相是一人之下、万人之上的大人物，在中国古代的政治舞台上扮演着非常重要的角色。如果一朝之宰相清正刚廉、直言敢谏，那么，将会有利于社稷的安定与百姓的幸福，会流芳百世，被后人称赞；倘若一朝之宰相阿谀逢迎、卖官鬻爵，那么必将会对社会的安定与百姓的生活带来危害，会遗臭万年，遭后人唾骂。

在历史的长河中，不只有帝王将相，还有很多花容月貌的妃子。千万不要小看了这些女人，她们在很多风云大事、江山更迭中起着至关重要的作用。可以说，这些女子在潜移默化或一颦一笑间，就可以舞动政治的波澜。

宦官是世界上古代所有帝国的一个特殊的人群，在中国历史上扮演着非常重要的角色。他们或谨守本分，努力工作，为整个朝代做出了突出的贡献；或操纵天子，总揽大权，加速了朝廷的灭亡……

除了重要人物之外，几乎每个朝代都会出现几个不同的党派，他们因立场不同、观点不同，对事物的看法也不相同，为此他们常常争论不休，各自阐述自己的理由，为了战胜对方，甚至不惜使用政治手段。本套丛书再现各朝党政内幕，坐看权柄更替。

在历史的长河中，曾发生过多起叛乱，比如八王之乱、安史之乱等。他们在权力、钱财、美色或其他诱因的刺激下，对权利充满了无限的欲望，渴望通过政变获得更大的权利……

中华民族的历史是一部多灾多难的历史，几千年来出现了众多大小冤案。在这里，读者将看到最具代表的冤假奇案，探知最不为人知的隐秘故事。

本套丛书分为《皇帝争议》《宰相争议》《后妃争议》《宦官争议》《党争争议》《叛乱争议》与《冤案争议》七册，从不同的方面详细地再现了历史的真相，正所谓"抽丝剥茧看历史，清晰明了又深刻"！

目 录

第一章 想要当皇帝的太监——赵高 ... 1

　太监档案 ... 2
　人物简评 ... 3
　生平故事 ... 3
　　钻营权术　博得欢心 ... 3
　　始皇去世　秘不发丧 ... 5
　　滥杀公子　权倾朝野 ... 9
　　李斯被赵高迫害 ... 11
　　指鹿为马　逼秦二世自杀 ... 14
　　干尽坏事的赵高被诛杀 ... 17

第二章 善于给皇帝灌迷魂药的太监——石显 ... 19

　太监档案 ... 20
　人物简评 ... 21
　生平故事 ... 21
　　恶少石显当太监 ... 21
　　暗暗等待时机 ... 23
　　除掉正直忠臣 ... 24
　　残酷迫害反对者 ... 29
　　巴结显贵 ... 33
　　被成帝贬黜而死 ... 35

第三章 阴狠歹毒的太监——张让 ……… 39

- 太监档案 ……… 40
- 人物简评 ……… 41
- 生平故事 ……… 41
  - 利用一切的机会往上爬 ……… 41
  - 只认钱不认人 ……… 45
  - 对不顺自己心意的人残酷打击 ……… 51
  - 计划失败　投河自尽 ……… 56

第四章 倒行逆施的太监——刘腾 ……… 61

- 太监档案 ……… 62
- 人物简评 ……… 63
- 生平故事 ……… 63
  - 为迁都出谋划策 ……… 63
  - 将冯贵妃接回宫 ……… 66
  - 拥立胡贵妃母子 ……… 69
  - 软禁太后　陷害清河王 ……… 70
  - 死后被戮尸 ……… 72

第五章 心思细腻的精明太监——高力士 ……… 75

- 太监档案 ……… 76
- 人物简评 ……… 77
- 生平故事 ……… 77
  - 了解宫廷政变　积累政治经验 ……… 77
  - 使用政治手段拉拢人心 ……… 82
  - 用打击别人的办法来保全自己 ……… 85
  - 倚仗权势　大肆敛财 ……… 87
  - 推荐杨贵妃　权位更加巩固 ……… 90

　　大势已去　客死他乡 ………………………………………… 94

第六章　操纵皇上废立的太监——仇士良 ……………… 99
　　太监档案 …………………………………………………… 100
　　人物简评 …………………………………………………… 101
　　生平故事 …………………………………………………… 101
　　　狗仗人势　无法无天 ………………………………… 101
　　　甘露事变　屠戮群臣 ………………………………… 105
　　　顺我者昌　逆我者亡 ………………………………… 109
　　　权倾朝野　擅专废立 ………………………………… 114
　　　作孽太多　死于非命 ………………………………… 117

第七章　历史上唯一长胡子的太监——童贯 …………… 121
　　太监档案 …………………………………………………… 122
　　人物简评 …………………………………………………… 123
　　生平故事 …………………………………………………… 123
　　　得徽宗欢心　扶持蔡京 ……………………………… 123
　　　笼络人心　因功受奖 ………………………………… 125
　　　出使辽国获得意外收获 ……………………………… 128
　　　与女真联手　灭亡辽国 ……………………………… 129
　　　溃败逃跑　被宋钦宗诛杀 …………………………… 132

第八章　把皇帝送给敌人当俘虏的太监——王振 ……… 135
　　太监档案 …………………………………………………… 136
　　人物简评 …………………………………………………… 137
　　生平故事 …………………………………………………… 137
　　　有了靠山才能有以后 ………………………………… 137
　　　野心勃勃　遭受压制 ………………………………… 140
　　　利用时机　广结同党 ………………………………… 143

依仗权势　贪得无厌 …………………………………………… 146
　　土木之变与王振的作为 ………………………………………… 148
　　作恶多端　命丧黄泉 …………………………………………… 152

第九章　被称为"立皇帝"的太监——刘瑾　157
　太监档案 ……………………………………………………………… 158
　人物简评 ……………………………………………………………… 159
　生平故事 ……………………………………………………………… 159
　　得到宠信　掌握大权 …………………………………………… 159
　　大权在握　铲除异己 …………………………………………… 164
　　独断专权　纳贿自肥 …………………………………………… 168
　　追逐权利　惹来杀身之祸 ……………………………………… 170
　　权力最大　财富最多 …………………………………………… 173

第十章　大字不识的太监——魏忠贤　175
　太监档案 ……………………………………………………………… 176
　人物简评 ……………………………………………………………… 177
　生平故事 ……………………………………………………………… 177
　　成为皇上最信任的太监 ………………………………………… 177
　　权倾一时　残害忠良 …………………………………………… 179
　　陷害皇后 ………………………………………………………… 181
　　大肆迫害东林党人 ……………………………………………… 183
　　厚颜无耻　广建生祠 …………………………………………… 185
　　魏忠贤的末日来临了 …………………………………………… 187

第十一章　善于挑拨离间的骄横太监——安德海　191
　太监档案 ……………………………………………………………… 192
　人物简评 ……………………………………………………………… 193
　生平故事 ……………………………………………………………… 193

摆脱贫穷　自阉入宫	193
八面玲珑　获得宠信	194
立下功劳　获得权位	198
胆大妄为　树敌众多	200
骄横自大　致使丧命	202

第十二章　处处谨慎小心的长命太监——李莲英 … 207

太监档案	208
人物简评	209
生平故事	209
净身入宫　得到宠信	209
权力增强　聚敛钱财	213
朝臣抨击　病死家中	217
勤勤恳恳　侍主一生	222

第十三章　最后一位权势太监——小德张 … 225

太监档案	226
人物简评	227
生平故事	227
聪明机智　改变命运	227
两面讨好　寻求后路	229
明确选择　身居要职	231
得到宠信　聚敛钱财	234
离开皇宫　享受生活	236
思想空虚　无聊至死	238

第一章

想要当皇帝的太监——赵高

太监档案

☆姓名：赵高

☆出生日期：公元前258年

☆逝世日期：公元前206年

☆主要事迹：帮助秦始皇施行严刑峻法；篡改遗诏；陷害蒙毅、李斯；指鹿为马。

☆生平简历：

公元前258年，赵高出生。

公元前236年，赵高进入秦宫担任中车府令。

公元前209年，赵高任郎中令。

公元前208年，赵高担任丞相。

公元前206年，赵高被子婴所杀。

人物简评

赵高从一名小小的宦官做起,由于得到了秦始皇和胡亥的信任,权力逐渐变大。为后来篡改遗诏、扶立秦二世、当上中丞相打下了基础。在走向高位的血腥道路上,他用尽欺诈、阴谋和权术。杀死了蒙氏兄弟、李斯等重臣,最后杀死了胡亥。作为一个宦官,身份卑微,失去了尊严,这导致了他内心的变态,不惜一切手段杀死阻碍他的人。他摧毁了秦帝国的统治,也把自己推向了粉身碎骨的深渊,永远地钉在了历史的耻辱柱上。然而历史是公平的,秦朝虽然统一了政权,但两个皇帝都暴力荒淫,究竟是历史滋生了赵高的存在,还是赵高加速了秦朝的灭亡,其实很难讲。

生平故事

钻营权术　博得欢心

赵高的祖上是赵国宗室的远支,算是没落的贵族。赵高的父亲由于犯下重罪,被处以宫刑,母亲被迫入宫为婢。母亲出轨生下了他。赵高的身份非常卑微,长大后入宫做了一名宦官。

秦始皇统一天下之后,后宫的嫔妃多达万人,需要众多的伺候人员。宦官就是伺候后宫嫔妃的最好人选,自此宦官广泛在宫廷使用,宦官制度也得到了逐步的完善。当时秦国的后宫收留了各国的宦官和美女,他们成为了亡国奴,变成了战利品。赵高就是其中之一。

秦国灭亡赵国之后,赵高作为阉宦被掳入秦。他和众多的宦官不同,心思缜密,善于揣测主人的心思。他通晓法律,对法家略有研究,而且字还写得特别漂亮，很快从众多宦官中脱颖而出。

虽然此时赵高的地位卑微，但是他不想一辈子都处于这么低下的地位。他梦想有一天能够改变悲惨的命运，实现自己了理想。

秦朝靠法治统一了天下，故而秦始皇在统一之后，更将法治推向了极端。赵高为了得到秦始皇赏识的机会，发奋钻研法学狱律，所以秦始皇对他比较欣赏，提拔他为中车府令，主要职责是掌管皇帝出行和印玺的事务。由于他经常侍奉在秦始皇左右，协助秦始皇处理政事，也慢慢地接触到了国家的机密大事。

赵高已经成为宦官中最有实权的人物，但是他并不因此满足，而是将眼光看得更加长远。如果秦始皇死后，谁来继承皇位呢？早点考虑谁会接替秦始皇的帝位，自己也好早点找到依托。

赵高深入了解了秦始皇的二十几个儿子，考察了他们的德行、才能、性格等方面的情况。依据常理，长子扶苏最有可能继承皇位。他性格忠厚宽大、有才有德，在朝臣中威信最大。但是，他屡次反对秦始皇以严刑酷法来治理国家，因此经常激怒秦始皇。秦始皇将他打发到北部边境上郡当了大将蒙恬的监军。秦始皇本希望儿子能够在边塞增长些君王霸气。但是扶苏没有理会秦始皇的苦心，认为父亲将自己放逐，所以情绪低落。

秦始皇特别宠爱小儿子胡亥，于是赵高想尽办法笼络、讨好胡亥。胡亥年纪小、娇纵无知，是一位只知道吃喝玩乐的纨绔公子。赵高事事为胡亥着想，尽量满足他的任何需要。赵高很快就得到了胡亥的信任和欢心。秦始皇就让赵高当了胡亥的老师，教胡亥书法、文字和狱律令法知识。胡亥只懂得玩乐，不去真正学习法律，只要遇到判决讼狱的事宜，全部委托给赵高办理。赵高为了得到秦始皇的欢心，只要遇到刑案，总是严刑逼供，铸成重罪。赵高得到了秦始皇父子的信任和欢心，计划一步步实现了，心里非常高兴。但是他的野心很大，并不会就此满足。他决定进一步对胡亥加以教唆，能够使自己更好地控制和利用他，从而来奠定自己的未来。

虽然赵高很聪明,但有一次触犯了刑律,按律该判死刑。秦始皇将赵高的案件交给了当时位列上卿的蒙毅查办。蒙毅按律定罪,给赵高判了死刑,并将他的宦籍废除了。胡亥在秦始皇面前不断为赵高求情,请求他放过赵高。秦始皇想到赵高是一个办事得力的宦官,杀了有些可惜,于是特别赦免了赵高,并将他官复原职,像往常一样重用。

这次事件让赵高和蒙氏兄弟之间有了嫌隙。赵高深切地认识到,如果秦始皇死后扶苏即位,那么蒙氏兄弟肯定会受到重用,恐怕到时候自己的死期就到了,所以他只有将赌注全部押在胡亥身上,全力一搏。

秦始皇自为了加强对全国各地的控制,经常出巡。每次出巡,随从人员浩浩荡荡,而赵高是必不可少的。赵高办事小心谨慎,只要吩咐他做的事情,秦始皇都觉得很满意。

秦始皇的暴政,在民间早已怨声载道。在他的晚年发生了一件怪事:最后一次出巡前,东郡落下一块陨石,上面刻着"始皇帝死而地分"的咒语。随后秦始皇的使者在夜里经过华阴县的时候,突然跳出一个道士,说出"始皇帝今年将要毙命"的话。

听到这样的怪事和诅咒的话,秦始皇快承受不住了,赶紧请了术士算命。卦上说他只有出巡才能免除血光之灾。秦始皇信了术士的话,做了人生的最后一次巡游。陪同他的有太子胡亥,中书赵高,丞相李斯。

天气渐渐闷热,再加上一路的颠簸,秦始皇的体力渐渐支撑不住了。于是他下令,立刻返回咸阳。在队伍来到平原津时,秦始皇的体力已经达到了极限,预感到死神正向自己招手。因为秦始皇一直想要长生不老,所以忌讳说"死"字,随行的赵高、李斯等人也不敢询问他的身后事的安排。秦始皇病情越来越严重了,便留下了遗诏,让长子扶苏立刻奔赴咸阳主办丧礼,并继承皇位。秦始皇将诏书放在任中车府令的赵高那里,但是诏书没有送出,秦始皇就死了。

始皇去世　秘不发丧

秦始皇将写好传位给扶苏的诏书交给了赵高。诏书封好后,秦始皇命令赵高火速派使者发给扶苏。这时,最要紧的是时间。只要诏书平安地送到咸阳,扶苏就会当上皇帝,蒙恬大将拿到了军权,那么秦朝估计就不会这么早灭亡了。可惜的是,历史并不是这样,诏书还没有送出,秦始皇就一命呜呼了。

如果秦始皇再挺住半天,诏书也不会落到胡亥和赵高的手里,长子扶苏继承皇位是理所当然的,赵高一心想让胡亥继承皇位,那样,不仅保住了自己的权势,而且地位还会更高,更牢固。如果扶苏继位,那么自己肯定就没有立足之地了。

赵高陪在秦始皇身边多年,早已见识过宫廷权力斗争的残酷。他知道,只要扶苏当上皇帝,自己肯定会受冷落和排挤,因为扶苏一直对自己不屑一顾,蒙氏兄弟对自己也很是厌恶。所以,这道遗诏肯定是不能发的,只有扶立言听计从的胡亥,自己的野心和梦想才能实现。于是,赵高决定扣留遗诏,"秘不发丧",然后帮助胡亥谋划皇位。

赵高先对胡亥说:"主上驾崩,没有留下分封诸位公子的诏令,而唯独给公子扶苏写了一封诏书。一到咸阳,扶苏马上就会立为皇帝,而您却连一寸土地也没有,这该如何是好呢?"

胡亥只是个花花公子,年纪小,不谙世事,而且从来没有过想当皇帝。所以听了这话之后,无奈地说道:"这是理所当然的啊。我听说,最了解儿子的就是父亲。父皇去世了,各位皇子没有受到分封,肯定有他的道理的。作为儿子自应遵守,这又有什么好说的呢?"

赵高提醒他说:"这么说为时过早,眼下的情形还是可以改变的。诸位公子和蒙氏兄弟都不在身边,如今决定天下大权的,全在你、我和丞相李斯的手里,希望你尽早作打算。你应该懂得臣服于别人和使别人臣服于自己,怎么可能是一样的呢?"

胡亥说:"废掉兄长而自立,是不仁义的;不遵守父皇的诏命,是不孝的;自己能力不够,勉强靠别人的力量做了皇帝,也是无能的。这三件事都是大逆不道的事,天下人是不会服气的,自身也会非常危险,祖宗的神灵肯定也不会保佑我这个子孙的。"

赵高听了胡亥的话，说道："这种顾虑完全是不必要的。我听说商汤革命，周武伐纣，虽然他们都将君主杀死，但天下人都认为这是正义的举动，没有人说他们不忠；卫国的国君杀掉父亲而自立，而卫国人都称颂他有道德。由此看来，只要干大事，就不能拘泥于小节；有大德行的人，就不要计较小的过失。事贵达权，不可墨守。如果只考虑小节而忘掉大事，将来肯定会有祸患；优柔寡断，将来肯定会后悔。而当机立断敢作敢为的人，连鬼神都要避开他，也肯定会成功。所以，希望你好好考虑权衡一下，大胆地行动吧。"

赵高的蛊惑，让胡亥的心蠢蠢欲动，他说："看来也只好按照你说的办了。但现在父皇去世的消息还没有公布，丧事也还没有办，怎么和丞相商量这事情呢？"胡亥同意了，大事就成功了一半，至于李斯，赵高自信有能力说服他。赵高便说道："机会错过了恐怕就来不及了。我马上找丞相，这事没有丞相的支持是不行的。"

丞相李斯也不是好打发的人物，只有说通他合谋才能成功。李斯现在非常犹豫，但是只要有名有利，他不管谁来当皇帝。

赵高对李斯了如指掌，他径直找到他，决定开门见山，说道："皇上驾崩的事情，外人不知道，给大公子扶苏的诏书及符玺现在就放在胡亥那里，接下来由谁继任皇位，全在丞相的一句话，丞相看着办吧！"

李斯听出了赵高想要篡诏改立的意图，斥责道："如此大逆不道的话你怎么能说出来呢？究竟立谁为太子，不是你我做人臣应当议论的。"他立刻毫不留情地拒绝了。他说："斯本来出身低微。幸而得到皇上赏识提拔，才有今日的显贵。皇上现在将天下存亡安危托付给你我，我怎么能够辜负他呢！"

赵高见李斯义正辞严，便转变话题，说道："丞相先不要急，请你自己估量一下，你与蒙恬将军相比，谁在才能、功绩、谋略、取信天下方面更强呢？"李斯的痛处正好被赵高说中，他一时没有说话，过了好久才黯然地说："不及也。"赵高心里有了几分把握，又说："我赵高也在宫中伺候先帝多年了。我从来没有看到被罢免的丞相或功臣还能一直保持富贵荣耀，他们的结局最后都是杀头。长子扶苏在众臣之间很有威信，勇武刚毅，一旦他当上了皇帝，肯定会用蒙恬做丞相。那样的话，你就不能佩戴着侯爵的印信荣归故里了。先帝嘱咐我教授胡亥学习法律，我对他的为人也有了解，他从来没有犯过什么过失。他厚道老实，慈惠仁爱，敬重读书人，礼贤下士，不吝惜钱财。秦国的诸位公子没有谁能比得上他，他完全有能力继承皇位。所以，希望你能快速作出决断。"

李斯的心已经被说动了。他不想失宠，失宠的滋味太难受了！李斯终于向赵高妥协了，选择了自保。赵高、胡亥、李斯三人终于达成了一致，决定篡改遗诏。

他们为了让胡亥继承皇位名正言顺，先是伪造了一份秦始皇给李斯的临终遗嘱，这份遗嘱上表明立胡亥为太子，同时将秦始皇给扶苏的诏书内容篡改了，篡改后的诏书写道："你同将军蒙恬率几十万大军在边境驻守，十多年来，不仅没有开疆扩土，反而耗费不少人力、财力，没有建立丝毫的功劳，还三番五次的怨恨于我。作为儿子你是不孝的，特赐你一柄宝剑自裁。至于蒙恬大将军，不仅没有规劝扶苏，反而一起参与不轨，作为臣子来说实属不忠，令你移交军务后自杀。"

扶苏接到诏书后，竟然没有怀疑，而是失声痛哭。虽然蒙恬将军劝阻他查明真相，但是他实在太仁孝了，挥剑自杀了。蒙恬不肯不明不白地自杀，便被囚禁在阳周（今陕西子长县北）。蒙恬的兵权移交给了副将王离。扶苏已死的消息传来，胡亥就想释放蒙恬。这时蒙毅替秦始皇祭祀名山大川归来，赵高为了免除后患，决定将蒙氏兄弟置于死地。胡亥听从了赵高的话，派人将蒙毅拘留在代地（今河北蔚县东北）。

扶苏已死，蒙氏兄弟也已经被囚禁，胡亥继承皇位的障碍消除了。赵高让胡亥赶快回咸阳继承皇位。因为天气炎热，秦始皇的尸体开始腐烂了，恶臭从车里不断地传出，赵高便命人买来大批鲍鱼将臭味盖住。

回到咸阳之后，秦始皇驾崩的消息才公告天下，隆重的葬礼举行过后，胡亥继承了皇位，为秦二世。赵高是拥戴秦二世上台的最大功臣，被任命为中书令，身居列卿之位，成为朝中实际掌权的人物。

滥杀公子　权倾朝野

为了掩盖篡改遗诏的大阴谋，更多的阴谋产生了，更多的人成为了阴谋的牺牲品。只要众大臣和诸皇室公子对矫造诏书产生怀疑和不满，就难逃赵高与胡亥的诛杀。

非正常的事件频繁发生，很多人开始怀疑秦始皇留下的遗诏是真的吗？秦二世同父异母的兄弟们议论纷纷，大臣和官吏们的疑心也在加重，这些消息传到了秦二世的耳中，令他感到很忧虑。

有一天，胡亥忧心忡忡地对赵高说："人活在世上，如白驹过隙，特别短暂。现在，我既然成为天下没有人能比得上的皇帝，就应该随心所欲，尽情享受。"赵高听了胡亥说的这番话正求之不得，便趁此机会说道："这才是英明的君主，我早就想对陛下说这件事了，但是因为其他的原因还没向陛下提出来。"胡亥追问道："到底有什么原因，你快说出来，无论是什么事，我都会恕你无罪的。"赵高看了一下周围，装出神秘的样子说道："昔日沙丘废嫡立庶之谋，诸公子和各位大臣都对此感到怀疑。诸公子都是陛下的兄弟。大臣又是先帝安排的。现在陛下即位不久，这些人表面上是服从了，但是心里恐怕并不服，恐怕会成为祸乱。还有蒙恬兄弟，现在蒙恬虽然被囚禁，但是他的弟弟蒙毅率兵在外，对我们的威胁很大。我每天都在担心，就怕他们有一天会杀死我。陛下又怎么能纵情地享乐呢？"

秦二世听完后，也感到很担心，赶紧问赵高道："那要怎么办才行呢？"赵高心里其实早就想好了，露出阴险的微笑，说："依我之见，应该制定严刑峻法，实行有罪者连坐，一人犯罪满门抄斩，借此消灭大臣而让骨肉之间疏远。另外，还要让穷人富起来，卑贱之人显贵起来。杀尽先帝的元老大臣，重新安置提拔陛下身边近的人。这样打击一批人，抬举一批人，新人得到了好处，肯定会对陛下感恩戴德，陛下就不用再忧心，可以尽情享乐了。"

这套让胡亥安枕无忧的方法得到了胡亥的赞同,于是赵高就立刻制定出比秦始皇时期还要苛刻的法律。赵高想要除去的第一个目标就是兵权在握的蒙氏兄弟,想到蒙毅曾经将自己判过死刑,所以赵高和蒙氏兄弟之间可以说有不共戴天之仇,必须尽快地除掉蒙氏兄弟。赵高先要说动秦二世诛杀蒙恬和蒙毅。秦二世本来就是因为赵高的奇谋密策才得到了帝位,对赵高感激万分,所以对他的话言听计从,于是下诏处死了蒙恬和蒙毅。

秦二世的叔父子婴替蒙氏兄弟求情说:"从前赵王杀死名将李牧,燕王轻信荆轲,齐王屠戮先世功臣,后来他们的下场都不好,身死国灭。如今蒙氏兄弟,对我秦国有功,是陛下的大臣谋士。而陛下反倒要把他们诛死,臣以为这是万万不行的。臣听说对臣子多疑是不能治国的,自作聪明难以成为明君。如今陛下杀戮忠臣,宠信小人,肯定会让大臣离心离德,希望陛下谨慎从事。"

秦二世对子婴的话根本听不进去,最后以"先主欲立太子而卿难之"的罪名将蒙毅杀死。接着,秦二世又派使者对囚禁在监狱的蒙恬道:"你负罪太多,你弟弟蒙毅又有大罪,所以赐死于你。"蒙恬的手里握有十万雄兵,本来能够拥兵自卫,反攻咸阳,但是他服药自杀了,因为他不愿意毁掉世代忠良的清白名声。消息传开后,天下人都认为他很冤枉。只有赵高松了一口气,不仅报了仇,还免除了后患。

蒙氏兄弟被除掉之后,赵高就开始罗列罪名,诛杀诸公子和大臣。没过几天,赵高就就将公子十二人、公主十人,旧臣近侍若干人拘捕起来。赵高对众人严刑拷打,屈打成招,全部被判成谋逆重罪。最后,公子十二人被判死刑,公主十人则被解裂肢体,他们的财物全部被抄入宫,受到牵连的人不可胜数。

公子将闾等兄弟三人,性格忠厚,行为谨慎。他们并没有对秦二世、赵高持有什么异议,但也被囚于内宫。这三兄弟自认死罪,以为不久就会被释放。谁知二世遣使下令:"公子不臣,罪当死!"将闾感到非常冤屈,说道:"我平时出入宫廷,未尝失礼;随班廊庙,未尝失带,奉命应对,未尝失辞,怎么叫做不臣?"结果,兄弟三人泪流满面地拔剑自杀了。

还有一个公子,虽然还没有被拘禁,自知灾祸很快就会降临到自己的头上,本来想逃跑,但是全家都会受到株连,全族人都会被诛杀。于是,他想到了一个保护全家的方法,上书秦二世:情愿殉葬父皇。秦二世看到之后很高兴,对他的请求欣然同意了。但他怀疑其中有诈,就把原书拿给赵高看。赵高看完后,笑着说:"人臣当忧死而不暇,何变之得谋。"于是,胡亥赐给他十万钱,厚葬了这位同父异母的兄弟。秦始皇的子女被杀完后,除了李斯,所有的功臣都不能幸免,朝廷内外人人自危,法律的严苛失去人伦,骨肉亲情也被离间得面目全非。

这批人空下来的位置,赵高就大批大批地安置自己的亲信。赵高的弟弟赵成被任命为郎中令,京师和皇帝的卫队由他掌握,女婿阎乐为咸阳令。其他如御史、谒者、侍中等官,也都成了赵高的人,他们之间结成以赵高为中心的权力集团,呼风唤雨,只手遮天。

李斯被赵高迫害

秦二世在赵高的诱导下,愈加荒淫无道。但是手握重权的丞相李斯还保持着清醒。李斯在秦始皇时期就立下了不少功劳,得到了秦始皇的重用。而且李斯又是"沙丘之谋"的参与者,秦二世对他颇为宠信。陈胜、吴广起义爆发后,天下的局势发生了变化,秦朝的统治根基被撼动了。李斯对秦朝还是忠心耿耿的,曾多次向秦二世上书劝谏,但是却没有一点儿成效。赵高一直没有告诉胡亥秦朝所面临的危机,如果让他知道,恐怕会追究自己的责任。另外,赵高专擅朝政的野心一直没有实现,是因为有李斯。所以赵高决定借秦二世的手除去李斯。他根据秦二世的性格,为李斯量身定做了一个陷阱,等着李斯踏进去受死。

当时陈胜、吴广揭竿而起后,四处群起响应。赵高就借此机会,想出了借刀杀人的诡计。一天,他对李斯说:"关东群盗蜂起,但是皇上不把这事放在心上，而是急于征调役夫修筑阿房宫，收集狗呀马呀之类无用的东西。我虽然想劝谏他，但是陛下恐怕听不进去我的话。这些话由丞相来说最合适不过了，你为什么不去劝谏一下呢？"

李斯对赵高的话十分赞同，说道："你说得没错，天下大乱，我作为丞相，应该担起这样的责任。但是皇上一直居于深宫，不愿让人去见他。所以我很难找到进谏的机会啊！"赵高见李斯没有怀疑自己，还进入了设下的圈套，就说："如果你真想进谏的话，等皇上有空闲，我就立刻来通知你。"

每当胡亥正在和姬妾饮酒作乐的时候，赵高故意通知李斯前来面见皇上。胡亥的兴致正浓，这个时候被打断，肯定非常生气。这种事连续发生了好几次，胡亥大怒，对赵高说："李斯这东西真的太惹人厌憎了，我平常时间那么多，丞相怎么不来奏事，偏偏等到我玩得高兴时，丞相跑来奏事，难道丞相欺负我年轻吗？"

赵高借此机会对胡亥说李斯的坏话："丞相如果这么想，就危险了。丞相参与了沙丘之谋，现在陛下成功地当了皇上，但是李斯的地位并没有提高，他的意思是想分割土地称王啊！另外，还有一件事，我一直没敢和陛下说，丞相的长子李由担任三川的郡守，造反的陈胜等都出自丞相的邻县，这个地方曾经是楚地，强盗横行。陈胜的军队路经三川时，李由不肯出击。有人说他们之间有来往，但是现在并没有什么证据，所以一直没有向陛下奏明。况且丞相在外的权力，比陛下还要大啊！"秦二世即使糊涂，也知道没有李斯的帮忙，就没有今天的自己，一直以来没有怀疑过他的忠心，只有拿到证据才能处置他，所以他专门派人去调查李斯的儿子和陈胜来往的事情。

秦二世派人调查李由的事让李斯知道了，这时他明白了自己落入了赵高设下的圈套。他想当面向秦二世澄清赵高的诬陷，但是秦二世只在甘泉宫中享乐，拒不见他。李斯只好上书给秦二世，揭发赵高的阴谋，说他贪婪无边、专权擅势，有取秦二世而代之的野心。赵高一点儿也不担心秦二世会相信李斯的话，所以秦二世亲自看到了这封上书。

秦二世果然一点儿都不相信李斯的话，反而斥责李斯说："赵高只不过是个宦者，他对我非常忠诚，得到了自己应得的地位。他没有因为处境安逸而肆意妄为，也没有因为处境危险而出卖我，他是一个诚信的人。朕认为他非常贤能。况且先帝去世的时候我还很小，对治理国家一窍不通，丞相年纪大了，不久之后也会死去，我不靠赵高又有谁能依靠呢？"

秦二世一直不见李斯，李斯再次上书，坚决要求处治赵高。秦二世还担心赵高会被李斯先斩后奏，所以提醒赵高要小心。赵高便在秦二世面前添油加醋地说道："丞相顾虑的是我，等他除掉我后，就会像田齐篡夺齐国的政权一样篡夺你的政权了。"秦二世听了有道理，便说："我把他交给你了。"

赵高在秦二世的授意下拘捕了李斯，将他投入狱中。李斯的宗族、门客，只要与李斯有过交往的人都一并受到牵连。李斯被关在监狱中，后悔死了，岂不知这一切都是赵高从中作梗。他长叹道："可悲啊！怎么能替无道的昏君出谋划策呢！从前夏桀杀死关龙逢，商纣杀死王子比干，吴王夫差杀死伍子胥。这三个臣子，都是大大的忠诚，但是最后却被君王无情地杀死了。他们尽忠的对象错了。这三个人都是我所比不了的，但是胡亥的暴虐无道却一点儿不比夏桀、商纣和夫差少。我因尽忠而被杀，死得其所了。在胡亥的治理下，国家还会不乱吗！不久前为了皇帝之位杀死了自己的兄弟，施以违背常理的残暴手段，不顾及这样做会造成什么罪孽；迫害杀戮忠臣，也不考虑这样做会带来什么灾祸；大规模修筑宫殿，天下百姓的赋税越来越重。现在天下的百姓有一半人已经忍受不下去，起来反对他的统治了，但是胡亥并没有觉醒，却还是让赵高辅助，我一定能看到敌人攻破咸阳，麋鹿在朝廷上游荡了。"

之后，李斯遭受了残酷无比的重刑，赵高要他招认与儿子李由谋反之事。在重刑之下，李斯只好招了假供。这时的李斯还对秦二世存有幻想，只要能面见秦二世，自己就能凭借着雄辩之舌，向秦二世陈述自己为秦统一立下的功劳和实无反叛之心来打动秦二世，以求被赦免。于是，他在狱中写好自辩书，托狱吏将自辩书上达秦二世。但是，狱吏被赵高收买了，自辩书落到了赵高的手上。秦二世自然没有看到。

　　李斯的上书提醒了赵高，如果秦二世派人前来审问李斯，李斯肯定会推翻先前的供词。怎么才能让李斯不翻供呢？赵高让自己的十多名门客假扮成皇上派来的御史、谒者、侍中，让他们轮番审讯李斯。李斯以为是秦二世派来的人，不知这是赵高的诡计，就将实情告诉这些假御史、假谒者，结果次次惨遭毒打。李斯害怕了，后来秦二世派人来核实李斯的供词，李斯以为还是和前几次一样告知实情就会挨打，所以没敢改口，而是承认了谋反的罪名。赵高将这份供词上奏给秦二世。秦二世看后特别高兴地说："如果没有赵高，我几乎被李斯所卖。"

　　李斯被冤枉为谋反罪。秦二世二年七月，李斯被判处死刑，在咸阳街市腰斩，族人都受到了牵连。

指鹿为马　逼秦二世自杀

　　李斯死后，赵高再也不用担心了。他官拜中丞相，一人之下万人之上，朝廷大小事物都由赵高裁决。这时起义军的队伍壮大得很快，当起义军进军到距咸阳百里的时候，秦二世才意识到严峻的形势。他任少府章邯为统帅，将在骊山服徭役的二十万刑徒改编成军队，用来镇压起义军。这些刑徒本来就缺乏训练，而且对秦二世的统治早已心怀不满，所以根本不是起义军的对手，很快就被击溃。章邯也率军投降了起义军，秦王朝一时间没有了武装军队。

　　秦王朝面临着垮台的危险，当权者赵高并没有认识到秦朝如果灭亡，自己也无立锥之地，而是想趁此机会杀死秦二世取而代之，体验一下帝王之尊，看来当皇帝的野心快要实现了。篡位毕竟是一件大事，大臣们是如何看待呢？有多少人支持他呢？为此，他演出了有名的"指鹿为马"的丑剧。

　　秦二世三年八月的一天，赵高命人将一头鹿牵入宫中，想要献给秦二世。他牵着鹿对秦二世说："陛下，我献给你一匹好马。"秦二世每天都在玩乐，又喜欢骑马打猎，怎么会不认识马呢？秦二世心想：这哪里是马，分明是一只鹿呀！他失声大笑道："丞相搞错了。这明明是一只鹿，你怎么说是马呢？"赵高依然坚持说道："请陛下看清楚了，这确确实实是我为陛下找到的一匹千里马。"秦二世仔细地看了看那只鹿，疑惑地说道："马的头上怎么会长角呢？"赵高认为时机成熟了，就转过身面向大臣，用手指着大臣们，大声说："陛下如果怀疑我的话，可以问问众位大臣。"

大臣们都不知道赵高葫芦里卖的是什么药，大家都知道这是一只鹿，到底赵高是何居心呢？大臣们一时间不知如何回答，私下议论纷纷。这时，赵高脸上阴险的笑容表明了他的企图，他的两只眼睛轮流地盯着每个人，眼睛似乎在威慑着什么。聪明的大臣们立刻明白了他的居心。

有些人因为惧怕赵高的权势，虽然知道这是鹿，但不敢当众说出来，也不想说假话，所以低下了头不回答。有些大臣很正直，坚持说这是鹿不是马。还有一些大臣平时就和赵高结党，依靠赵高往上爬，他们对皇上说，"这的确是一匹千里马！"

群臣们按照赵高的意思嘹亮的叫了起来："马也！"秦二世听了之后吓坏了。他万万没有想到这是赵高的把戏，还以为自己是不是眼睛或者脑袋出问题了，不然怎么会有这么多的大臣都认为这是一匹马而不是一匹鹿呢！他赶紧召来太卜替他占卜。这个太卜早就被赵高收买了，他按照赵高的授意对秦二世说："在春秋祭祀天地的时候陛下表现得不够虔诚，导致今天竟然连鹿和马都分不出来。如今，你必须要再次严肃地施行斋戒之礼。"

秦二世本来就受到了惊吓，毫不怀疑地听信了这套鬼话，赶紧躲进上林苑中进行斋戒之礼去了。秦二世刚刚离开，赵高就杀害了据实说鹿的人。从此以后宫中内外再没有人对赵高敢表示一点异议。

秦二世在上林苑中，不过问政事，每天就靠游玩打猎打发时间。他虽然不懂如何治国，但是却练就成了一个神射手，林子里的兔子、山鸡等动物都逃不过他的箭。有一次，秦二世将过往的行人射死了。赵高知道这件事后，故意让他的女婿阎乐在秦二世面前说："不知道这个人是谁杀的，现在尸体被移到上林苑中来了。"秦二世听了之后很不自在。

赵高这时候假惺惺地劝秦二世道："天子将一个无辜的人射杀，这是上天所不允许的。这样以来，鬼神都不会接受祭供，上天会降下灾祸。"秦二世听了，吓得脸色大变，没了主意，连忙问赵高："那我现在怎么办好呢？"赵高说道："现在您只有离开皇宫远远的，灾祸才不会降临到您头上。"秦二世听了赵高的建议，丝毫没有疑心，离开了上林苑，跑到咸阳东南离城八里远的望夷宫躲避灾祸去了。

此刻，除了咸阳以外的地方，反对秦王朝的起义军势力越来越强大了，秦王朝处在灭亡的危急关头。陈胜、吴广的起义军被镇压后，项羽、刘邦领导的反秦义军一直与秦王朝的军队作战。秦二世三年巨鹿之战，秦朝的主力被项羽打得毫无反抗之力，大将王离被擒。六国旧贵族借此机会纷纷自立为王，全力西进进攻秦军。刘邦带领数万兵马进入了武关。为了早日将咸阳攻克下来，他派人和赵高暗中取得联系，希望赵高能里应外合。赵高心里则谋算着怎么趁乱夺位。

秦王朝的统治摇摇欲坠，胡亥再也坐不住了，整天忧心忡忡，也没有心情吃喝玩乐了。每天在望夷宫里斋戒，不知哪一天咸阳城会被攻破。他派使者严词质问赵高："丞相不是说关东贼寇不能成气候吗，怎么会到了今天这种地步呢？"赵高听了知道秦二世已经开始怀疑自己，必须要尽早把秦二世除去。他秘密地和弟弟赵成、女婿阎乐商议对策，准备弑君夺位，并制定好了政变的计划：由咸阳令阎乐率领手下的士兵假装成起义军攻打望夷宫，赵成在宫中为内应，赵高则指挥全局。

安排妥当后，赵成就在宫里散布有贼寇的谣言，命令阎乐带兵追击，导致宫内的防守空虚。同时，阎乐让部分士兵，化装成起义军劫持了自己的母亲，暗地里送到赵高家中保护起来。他率领千余人以追贼的名义逼进望夷宫。他们冲到望夷宫门前，大声向守门官吼道："强盗进了宫门，你们为何不抵挡？"守门官根本没有看到什么盗贼，问道："宫内外禁卫森严，怎么会有贼人进宫呢？"

阎乐率兵抵达宫门后，故意问守卫宫门的卫令："有贼人进入里面，为什么视而不见？"卫令辩解："四周都有兵把守，贼人怎么会闯进来呢？"这只是个借口，阎乐手起刀落，将守门官杀死，冲进了望夷宫。见人就砍，见人便杀。一时间宫里血流成河。胡亥吓坏了，不知道发生了什么事，全身瘫软不能动弹，直到赵成和阎乐走进来。

胡亥既惊讶又愤怒，赶紧召集左右护驾。这时，侍从们不是被杀就是不知道跑到哪里去了，当时只有一个宦者还站在胡亥的旁边。他拼命地揪住宦者的衣衫，失去了理智，大叫道："你为什么不早点告诉我呢，现在变成这样子，我该怎么办！"宦者终于鼓起勇气反驳道："正是因为奴才平时不敢说话，才能活到今天。否则，皇上早就赐奴才死罪了。"

秦二世突然间泄了气，也想不到要逃跑。这时阎乐已经冲到了他面前，胡亥感到了一股杀气，他已经没有退路了，颤着声道："朕乃真龙天子，你敢杀君！"阎乐气势汹汹地说："你这个暴君，残杀了多少无辜百姓，天下人人得而诛之，如今你逼得天下人都起来反抗，你还有什么可说的？"胡亥还想作垂死挣扎，问道："我能见一见丞相吗？"阎乐立刻回绝："不行！"胡亥仍然苦苦哀求道："那么，能否给我郡王当行吗？万户侯也行。"阎乐摇摇头。胡亥感到很绝望，但是仍不死心地叫道："只要保全性命，我情愿做一名百姓，这总行了吧！"阎乐等得不耐烦了，说道："我奉丞相的命令，为天下铲除暴君，你说得再多也还是要死，快快自裁吧，不要逼我动手！"胡亥终于明白过来，逼他自杀的人正是赵高，他悔恨不已，但是已经回天乏术了。回顾往昔，胡亥痛心疾首，咬咬牙，拔出长剑自杀了。

干尽坏事的赵高被诛杀

胡亥死了，赵高高兴得等不及，要立刻登基，成为万人敬仰的帝王。他摘下了胡亥身上佩戴的玉玺，走到大殿上，召集文武百官，宣布登基。他觉得自己的身上流淌着赵氏的高贵血统，成为皇上应该没有阻碍的。

但是文武百官都低下了头,没有人承认他。在沉默中,他明白了,即使杀掉了胡亥,杀掉了秦始皇的所有儿子,还是不能够被百官认同。赵高只觉得天旋地转,感到自己犯下的罪恶达到了"天弗与,群臣弗与"的程度,不得不改变主意,将玉玺传给了子婴。因为秦的力量已不能和往昔相比,子婴只得取消了帝号,复称秦王。

子婴不像胡亥一样可以轻易地听从赵高的摆布,他决定先下手为强,与自己的两个儿子及心腹太监韩谈秘密谋划说:"在当公子期间,我就早已了解了赵高犯下的种种罪行。现在被他推上王位,我不过是个傀儡而已。"子婴恐怕迟早会重蹈胡亥的覆辙,于是与韩谈商定了如何斩除赵高,并制定了计划。

子婴决定在五日斋戒后登基的那天杀死赵高。那天到了,赵高派人请子婴接受王印,正式登基。但是子婴说自己生病了,不愿意进宫。赵高只好亲自到子婴的府里去请。赵高刚到,韩谈逮住机会一刀将他砍死了。随后子婴召集群臣进宫,历数了赵高犯下的罪孽,并夷其父族、母族和妻族。

公元前209年,汉高祖刘邦攻破武关,派人劝说子婴为了天下苍生着想尽快投降。子婴明白大势已去,就投降了刘邦,只当了46天的短暂秦王。秦王朝就此灭亡。

第二章

善于给皇帝灌迷魂药的太监——石显

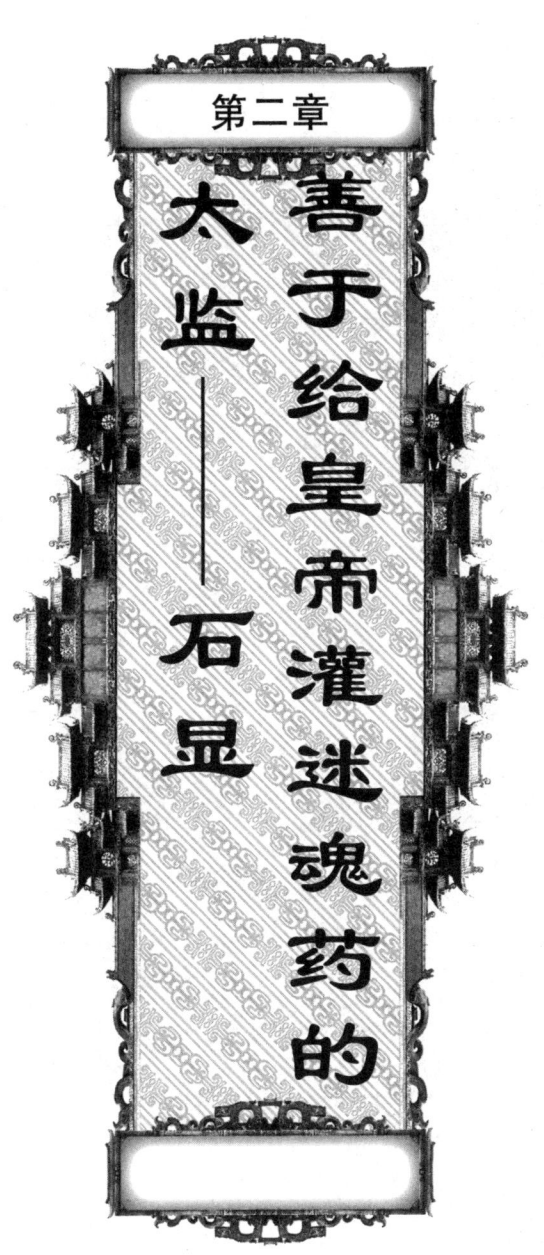

太监档案

☆姓名：石显

☆出生地：山东济南

☆逝世日期：公元前33年

☆主要事迹：逼死汉元帝的老师萧望之；帮助汉成帝登上皇位。

☆生平简历：

公元前74年，石显担任中黄门一职。

公元前46年，石显诬陷周堪、张猛，导致两人被汉元帝贬谪。

公元前33年，石显帮助太子刘骜登基。

公元前32年，石显去世。

第二章 善于给皇帝灌迷魂药的太监——石显

人物简评

　　石显是个纨绔子弟，长期目无国法，坑蒙拐骗，无赖成性。阴险狡诈，心胸狭窄，睚眦必报，陷害了无数忠良正直之臣。他用残酷阴险的手段迫害政敌，导致朝中大臣人人自危，大多臣服于他的淫威之下。石显及其党羽横行霸道，干尽了坏事，在朝廷上下形成了一股强大的政治势力，专一干涉朝政，擅权误国。

生平故事

恶少石显当太监

　　石显，字君房，山东济南人。出生在豪族大地主家庭，虽然世代都是书香门第，但是石显身上没有读书人的气质，少年的时候就染上了纨绔子弟的恶习。他依仗家族势力，从小在乡里横行，欺负弱小，是个有名的恶少。他的性格自私、狭隘、骄横，长期惹事，终于犯下了大罪，被处以腐刑。

　　石显的出路就是到宫中服役，这也是汉朝的惯例。于是石显来到了长安的皇宫中当了一名普通的宦官。石显的人生境遇发生了很大的变化，从一个豪族大少瞬间变成了一个伺候人的太监。从此远离故土，失去了父母的庇护，孤零零地在皇宫里生活着。虽然环境发生了巨变，但是石显并没有改变自私和狠毒的个性，只是收敛起来了阔少的骄横。在皇宫中，他不得不放下身架，换上一副谦和的面孔，小心翼翼地待人处世。开始时，他的身份卑微，只是宫院里众多厮役中默默无名的一员，连皇帝长什么样都不知道。但是他擅长钻营，为了接近皇帝，准备先投靠皇帝身边的宦官。

石显费尽心机终于得到了皇帝左右的宦官弘恭的赏识，弘恭来自开国皇帝刘邦的家乡，他也是因为犯法，被处以腐刑入宫。弘恭肚子里是有些墨水的，研读过经史，对汉律非常熟悉，性格圆滑，处世老练，皇帝对他很是信任。攀上了弘恭这个高枝儿，石显就有机会见到皇上了。两人的遭遇类似，成为朋友后惺惺相惜，狼狈为奸。石显从弘恭处学会了溜须拍马、阿谀奉承，变得阴险狡诈。

公元前74年，汉宣帝登基，任用了一批新太监为他服务。石显从普通的服役宦官升职担任中黄门一职。黄门属于宫廷里的禁门，中黄门就是在禁中服务的宦官。一般宦官不能和它相比，因为中黄门有身份和头衔。不久之后，二人哄得皇上的信任，又都爬上了中尚书的位置。尚书，就是掌管文书的职务，虽然级别不怎么高，却是相当于皇帝的秘书，掌管机要，地位非同一般。不久，汉宣帝选拔尚书长官，因为弘恭对法令、典章制度等非常熟悉，又善于请示汇报，成为最佳人选。弘恭被任命为中书令，石显做他的得力副手，被任命为中书仆射。

在汉朝，宦官被称为中官，所以他们担任的职称前面会加上"中"字。宦官所任的尚书，被称作中尚书，也称为中书。二人所任尚书令、尚书仆射，也称为中书令、中书仆射。汉朝建立之后，丞相的权力从汉高祖到汉景帝时都很大，甚至丞相做的决策，皇帝都没有权力更改。为了加强皇权，汉武帝间接地剥夺了丞相的权力。汉武帝规定九卿有事不再让丞相转报，而是直接向皇帝奏报，皇帝也不需经丞相中转委派身边的心腹侍从去办事，从而形成了以皇帝为首的"中朝"和以丞相为首的"外朝"。

丞相被闲置后，尚书的政务有所加重，但是朝政的实权仍然没有被尚书掌管，而是皇帝常常委派一两名重臣共同主持尚书事务，称为"领尚书事"。"领尚书事"下面设尚书令和尚书仆射。虽然尚书令和尚书仆射有时也参与机密要事，出纳王命和行使选举、任用、考核官吏等部分人事权。但尚书令和尚书仆射有多少实权，这由皇帝决定。汉宣帝在民间长大，对百姓的疾苦有一定了解，登基之后他立志为百姓做好事，轻徭薄赋，特别在用人方面，能够做到知人善任。所以，虽然汉宣帝让弘恭和石显担任了重要的职务，但是并没有将朝政大权交到他们的手中。

暗暗等待时机

汉宣帝册立的太子刘奭，性格仁慈，喜好儒学。他不认同宣帝重施刑法，常常劝宣帝重用儒生治理国家。而宣帝认为治国要用王霸之道，刘奭喜好纯儒，性格仁慈，将来肯定不能将国家治理好，所以宣帝心里有意更换太子。但是刘奭是和宣帝共患难时的妻子许皇后所生，现在许皇后已经不在人世了，死于霍氏的毒杀，宣帝对许皇后已经心有愧疚，如果再废除太子就等于是对许皇后的背弃。所以汉宣帝虽然认为"乱我家者必太子也"，却始终没有更换太子。

刘奭的师傅萧望之，祖籍在山东，后来迁居于长安附近的杜陵。萧家世世代代都是农民，而萧望之小时非常喜欢读书，成为了知识渊博的学者。名声传到了京城，许多儒士都对他称赞有加。当时大将军霍光辅佐朝政，长史丙吉得知了萧望之的名声后，便向霍光举荐了萧望之和王仲翁等人到朝中做官。

霍光在晚年地位很高，掌握了朝廷大权。他一直担心有人加害，如果一般官吏来见他，需要被搜身检查，然后再让两个小吏抓住官员的胳膊，就像押犯人一样进见，搞得官员们没有一点儿尊严。一天，有几个官员前来进见霍光，王仲翁等人走在前面，被府中的侍卫两两挟持，被强行搜遍了全身，王仲翁等人虽然内心不满，但是也没有敢说什么，而是任其所为。这时，侍卫来到萧望之的身边想要强行搜身，萧望之用手将侍卫推开，说道："我受推荐前来辅佐朝政，为何搜身？"

侍卫也不解释，强行要搜查，双方吵了起来。萧望之转身要走，不想在这里被侮辱。这时霍光听到了争吵声，便从大厅里走出来，萧望之看着霍光，凛然说道："将军辅导幼主立了大功，致力于朝廷平和融洽，这是天下有识之人一直盼望的，所以众人才会前来为朝廷效命，现在您的侍卫强力搜身挟持，这是什么意思！"霍光不能容忍别人质疑他，听了之后觉得有些刺耳，想他霍光的地位仅仅次于皇帝，谁不知道他权力之大呢！现在竟然有人敢和他这样说话，他没有回答，哼笑了两声，离开了。萧望之见霍光不听，就转身离开了大院。

后来，霍光重用了王仲翁等人，只有萧望之一人被排除在外。三年后，王仲翁升迁到光禄大夫给事中一职，而萧望之被选为"郎"，属小苑东门侯，是负责按时开门关门的小官。

地节三年（前67）夏天，都城长安被一场冰雹袭击了，萧望之上书说："据《春秋》记载，鲁昭公三年，天降冰雹。不久，鲁昭公被季氏驱逐。如果鲁昭公洞悉天变，怎么会被驱逐呢？如今陛下虽然兢兢业业，不敢有丝毫懈怠，但是并没有出现吉祥的兆头，却出现了阴阳不和的现象，这表明朝廷大臣位高权重，一姓势力过大才引起这种现象。大臣的权力膨胀，会对国家造成很大的危害。所以，我希望陛下能够任用贤德之人，参与政事，避免一姓大臣独政。"宣帝看了后，心里暗暗称是，于是将萧望之升为谒者，这是为皇帝传达命令的官员。

萧望之对霍氏当政早就不满，借用上天下冰雹一事对霍氏进行抨击。随后不久，霍氏由于谋反被诛杀。萧望之可谓是有远见之明。萧望之得到了皇上的器重，被任命为太子太傅，教授太子。公元前49年12月，汉宣帝病死，刘奭登基成为汉元帝。汉宣帝生前，一直遏制弘恭和石显，现在弘恭和石显终于得到了掌权的机会。

除掉正直忠臣

汉元帝即位后，石显已在宫中当差多年，当年小心翼翼做人的石显现在早已变成了宦海老油条。这么多年来，他一直为弘恭办差，看到了很多官场上的倾轧之事。他的性格更老成了一些，而且变得更加奸诈，成为一个左右逢源、钻营牟利的老手。他精通朝务，对皇上的难以讲明

的心意也能揣测和试探出来，对于威胁到他的人，他巧舌如簧，将白的说成黑的，将人推入陷阱，置于死地。凭着这套本领，懦弱的汉元帝对他宠爱有加。随着汉元帝的宠信加深，中书的权力也日益增加。石显也渐渐变得骄横起来，有了夺取朝政大权的野心。

汉宣帝临死之前将朝政托付给了大司马史高、太子太傅萧望之和周堪。虽然史高的职位在大臣之间是最高的，但是却没有什么才干，所有的军国大事，都是萧望之和周堪两人来决定。两人都是元帝的师傅，元帝对他们也格外信任。史高是外戚辅政，开始的时候他很有自知之明，知道自己没有什么才能，心甘情愿地退让。后来，只有地位没有权力，眼看着朝政都由萧望之和周堪两人把持，自己势力单薄，所以渐渐有了嫌怨之心，于是他开始谋求拉帮结派。在这种情形下他与弘恭和石显等人一拍即合。

弘恭、石显一面对汉元帝极尽谄媚讨好，获得支持，一面又利用对朝政的熟悉，经常非难萧望之和周堪，甚至将他们的意见推翻。他们的行为干预了朝政，引起了萧望之和周堪为首的正直派官员的反对，所以朝中形成了两派势力的争斗，以萧、周为首的正直势力和以弘、石为首的中书势力，两派间的斗争愈演愈烈。

萧望之和周堪等人决定铲除弘恭和石显这股势力。他们向皇帝名正言顺地提出将中书废除，不再任用宦官，而是换为士人。他们向皇帝上了一个奏章，说："中书政本，应该从贤明儒士中选取。国家有旧制，这样也违反了宫人不宜在皇帝身边的古训。"

汉元帝左右为难，恩师和宠臣都是他难以割舍的。他的柔弱性格决定了他对此事的态度，所以他只好安抚双方，不愿过大地改动朝廷规矩，对于废除中书的奏折久久没有正式批复。对于这件事，石显等人肯定不能容忍，所以决定趁早加害萧望之。

当时有一个人叫郑朋，他希望通过迎合萧望之得被提拔重用。于是上书汉元帝说：史高派人四处讨要贿赂，还提到弘恭和石显两家的子弟干尽坏事。汉元帝将此事告诉了萧望之。萧望之担心郑朋的话没有根据，于是派人前去探查。原来，郑朋这个人品行低劣，并且诡计多端。于是萧望之就和郑朋划清界线，不再往来。

郑朋本来想这个奏折肯定能让自己升官发财，但是过了很久，都没有升官的消息。他来到萧望之和周堪的府上问询情况，都被拒绝了回来。郑朋非常失望，考虑来考虑去，决定去投靠弘恭和石显。这一天，郑朋来到弘恭和石显两家的府上拜访，两家对郑朋本来恨得咬牙切齿，看到他来就想把他轰出去，但是郑朋却说："我是关东人，对您外戚的事一无所知，以前的事都是萧望之和周堪指使我干的，现在我对自己的行为知道错了，愿意赎罪。"郑朋将所有的事都推给萧望之，撇清了关系。

弘恭和石显听了之后，相信了他，并将他推荐给元帝。这天元帝召见他，郑朋第一次拜见皇上，当然不能向皇上多说什么，很快就退了出来。但是他却向弘恭和石显的子弟撒谎说："我已经在元帝面前弹劾了萧望之，说了他五个小过错，一个大罪，不知皇上愿不愿意听从我的话？"弘恭和石显对他的表现很高兴。

不久，石显对郑朋面授机宜，让他诬告萧望之。石显让郑朋趁萧望之休假的时候，将罗列了萧望之罪状的奏章呈给皇上。那时，元帝肯定会批转中书令对此事做出审核。

元帝并不相信奏章上的话，但他还是将奏章交给弘恭和石显去查问萧望之。弘恭和石显故意混淆视听，只是告诉萧望之说皇上询问他们如何看待外戚。萧望之大声说道："外戚在位，骄奢不法，我本来是为匡正国家，从不敢有疏忽包容，此外并无恶意。"萧望之在不知情的情况下进入了弘恭和石显两人设下的圈套。弘恭和石显将萧望之说的话立刻禀报给了元帝。他们诬蔑萧望之结党营私，专擅权势，毁离贵戚，为臣不忠，请召致廷尉云云。

元帝刚刚即位，对于某些公文用语还不知道是什么意思，对"召致廷尉"的意思也不甚了了，可是这个词却能将萧望之和周堪送进监狱。

汉元帝只是马虎地看了一眼，很快这个奏章就被批准了。不久，汉元帝有事想要询问萧望之，叫内侍去传旨。内侍却说：萧望之和周堪已经下狱。

元帝非常惊讶地说："何人胆敢将朕的老师拘到狱中？"弘恭和石显侍候在侧，连忙跪答道："前日曾蒙陛下准奏，才敢遵行。"元帝说道："你们只说'召致廷尉'，并没有说到下狱，怎么能胡作非为？"弘恭和石显急忙叩首谢罪。元帝说道："马上放他出来！"弘恭和石显虽然有一百个不愿意，但是还不敢违背皇上的意思。两人不甘心来到了大司马府中，见了史高，三人秘密合议之后，终于又想出了一个奸计。

第二天一早，史高求见元帝，说："陛下刚刚即位，德行还不能感化天下，于是便将师傅下狱做考验。如果师傅真的没有犯下过错，让他们出狱供职，这种做法明显表明皇上做错了，这种做法太过轻率，众人肯定会议论纷纷。臣认为还是将萧望之免去官职，才体现了皇上的英明，不至出尔反尔呢！"这是在教唆元帝将错就错，掩饰作为皇帝的失察之过。元帝听后也认为自己的面子、威严很重要，只能牺牲萧望之。为了证明自己并没有做错，元帝错误地将萧望之贬为庶民。

不久之后，汉元帝觉得对师傅的处理太过分了，不免有些思念自己的老师，于是下诏说："国家要兴盛，重要的是尊师敬傅，前将军萧望之辅佐朕八年，讲求经术，功不可没。赐望之关内侯，食邑六百户。"弘恭和石显看到汉元帝对萧望之的态度转好，害怕萧望之重新得到重用，非常忧虑。

不久，陇西发生了地震，许多人在地震中死去。太上皇庙也被地震震坍。可是弘恭和石显却逮到了机会，将地震的发生都推到皇上重用萧望之等人的身上。这种说法当然毫无根据，但是只要皇帝相信了，就能借皇帝的手将萧望之置之死地。

当时有个学识渊博之人叫刘向。他曾经做过谏议大夫，非常正直。他和萧望之两人在学识上惺惺相惜，私交甚好。他对石显陷害萧望之一事感到非常愤怒，就向元帝上书说："陇西地震，其实是弘恭、石显等奸诈小人导致的。前将军萧望之等，都是忠正无私的良臣，他们的本意是天下太平，却不小心得罪了贵戚史高和宦官石显。如今陛下想要重用萧望之，石显等人又每天向您进谗言，并说有过之臣不能重用，这是极大的错误。"

他引经据典，讲述起用萧望之对江山社稷只会有利而不会有一点儿害处，应当立刻将石显等宦官斥退，重用萧望之。只有重用贤者，天下就能平安无事，灾害很快就会消失。但是这封奏书却没有送达到元帝手中，而是被弘恭和石显扣留下来。他们罗织罪名，将刘向投入了监狱。

萧望之得知刘向被诬陷入狱之后，考虑到自己也会遭殃。于是他让自己的儿子萧伋上书，申述自己的冤屈。元帝接到奏书后，就召集大臣一起讨论。大臣们害怕受到牵连，都暗自揣摩元帝的心思。实际是他们也都惧怕弘恭和石显，因为他两人的权势实在太大了。他们纷纷指责萧望之不知反省，反而让儿子上书诉冤，这种做法有失体统，是对皇上的不敬。所以，应该追究萧望之的罪过，将他捉拿入狱。

懦弱的元帝没有自己的判断，看到群臣一起斥责萧望之，也就怀疑他真的有罪了。他犹豫了半天，说道："朕知道太傅的性子刚直，他怎么肯认罪入狱呢。"石显在一旁向皇上进言道："萧望之辅佐朝政期间，以排斥外戚来达到自己专权的目的，犯罪后幸亏陛下宽大处理，不仅没有给他治罪，还赏赐了爵邑，并让他参与朝政。萧望之却不思悔改，还认为是皇上错怪了他，教唆儿子上书申冤，将他犯下的过错推到了陛下身上。他自恃当过陛下的老师，以为您不会给他治罪。如果不把他关进狱中教训一番，挫一挫他的气焰，消除他的不满情绪，即使陛下对他施以厚恩，他也不以为意，反而认为是理所当然的，这怎么能显示陛下的恩典呢？"

汉元帝认为弘恭和石显的话很有道理，于是准奏，派人前往萧望之的府第准备捉拿萧望之再次入狱。而石显借此机会，带领众多骑兵直奔萧望之的府第，气焰十分嚣张。萧望之的府第被人马团团围住。萧望之俨然成了瓮中之鳖，他从屋子中走出来，听到了阵阵喊杀声，而这时的天空就像他的心情一样灰暗。他的心里一阵悲怆，说道："既然如此，我不再求生！"萧望之的妻子并不想丈夫被逼自杀，而是在一旁努力地劝阻，她泪流满面地对丈夫说道："不可，还是静候天命吧。"

这时萧望之的学生朱云来看望老师，萧望之征问他的意见。朱云非常看重名节，他劝老师宁可自杀，也不要受被拘捕下狱的羞辱。这时，石显的兵马就要冲进萧府了，萧望之只有死和束手就擒两条路可选。萧望之无奈地仰天长叹道："我曾位至宰相，如今年逾六十。老入牢狱，苟且求生，这不是太卑鄙了吗？"于是他让朱云取来毒酒，饮下不久便气绝身亡了。

元帝听说萧望之自杀了，非常痛心，流着泪说道："我以前就怀疑老师不肯入狱受辱，现在果然如此，我的贤师死了！"说到此处，他对弘恭和石显感到一些怒意，责备两人将萧望之逼死了。两人表面上装作非常惊慌，连忙叩头称自己的不是。元帝心软下来，也不忍将两人加罪，两人如愿以偿地将萧望之逼死了。

残酷迫害反对者

萧望之死后，弘恭和石显又想谋害其他不满意自己的大臣。但是两人还没下手，弘恭暴病而亡了。石显接替他成为中书令，这样石显几乎掌控了整个朝廷大权。虽然萧望之死了，但是事情远没有结束，因为萧望之是当时著名的学者。他的死引起了巨大的反响，朝野上下、京都内外纷纷传言指责石显杀害了国家的栋梁忠臣。传言越传越广，天下的学者都将矛头指向石显，石显显然成为了众矢之的，这让石显深感不安。

石显思来想去，决定借助颇有盛名的贡禹帮助自己消除责难。贡禹当时为光禄大夫，曾经上书数十篇主张节俭，陈述时弊，在众臣之间很有声望。石显和贡禹之间并没有往来，于是主动派人向贡禹表示友好之

第二章 善于给皇帝灌迷魂药的太监——石显

意。两人搭上线后,他亲自拜访,态度非常友善真挚。石显礼数周到,又送给了贡禹一份大礼,贡禹也就默默接受了这份交情。随后,石显在元帝面前极力地推荐贡禹,凭借着自己的盛名和石显的佐助,贡禹一路青云直上。才不过三年的时间,就当上了位列三公的御史大夫,登上了权力的高位。石显对贡禹的态度则始终不变,一改往日的骄横,持续保持着谦虚恭敬的态度,并且将细节都做得非常完美,没有一点儿闪失。这一招果然起到了效果,很多人扭转了对石显的看法,认为石显如此优待敢于直言的贡禹,又怎么会使出卑劣手段陷害萧望之呢?

贡禹本来以直谏著称,并没有与石显的中书势力有什么瓜葛。但是他接受了石显的帮助,对石显的所作所为也就不闻不问,虽然他给皇帝上了一封又一封谏书,但却从来没有在谏书上提过奸佞石显一言一字。石显这下安心了,不仅流言渐渐平息了,而且他还得到了上下的信任。

活着的人总是爱怀念去世的人,会顾念及死人的好处,虽然萧望之生前汉元帝并没有好好对待他。元帝越来越思念死去的老师萧望之,于是就把思念之情寄托在未死的师傅周堪身上。将周堪升官,升任为光禄勋,接着元帝任命周堪的学生张猛为光禄大夫,与周堪一起加官司给事中,出入宫禁。张猛出身名门,爷爷是出使西域立下大功的张骞。张猛的加入给正直派注入了新鲜的血液,他才华横溢,年富力强,于是成为了中书势力的眼中钉。

石显心里感到很害怕,想要剔除张猛,于是他经常在汉元帝面前诬陷张猛。一次,张猛奉命将呼韩邪单于侍子护送回匈奴。来到匈奴后,他无法及时告知元帝,而是酌情和单于歃血为盟,签订了"汉与匈奴合为一家,世世毋得相诈相攻"的盟约。这个盟约促进了汉匈友好,安定了北部边境。但是张猛回朝后却并没有得到元帝的奖赏,反而差点丢掉性命,原来是石显在汉元帝面前指控张猛擅自行事。

被石显迫害入狱的刘向对石显非常憎恨,他再次进谏,奏章上告诫元帝要以灾异为鉴戒,只有重用正直之人,罢黜邪恶之徒,才能化凶为吉。但是这个密章还是被石显看到了，石显代表的中宫势力勾结外戚向周堪施压，想让他向中书屈服。但是周堪秉性正直，虽然承受了很大的压力，难以与石显抗衡，但发誓绝不向石显低头。

初元三年（前46），天象出现了异常，夏季的天气很寒冷，太阳还是青色的。石显在元帝面前进谗言说是因为重用了周堪、张猛，所以才导致天象出现异常。元帝虽然心里倚重周堪，但是又被石显等人所迷惑，也不知道该怎么办。元帝召见平常称赞周堪的长安令杨兴，本来打算让杨兴替周堪说说好话，但是杨兴见风使舵，他以为元帝怀疑周堪才故意问他，于是说道："周堪与刘向等人狼狈为奸，相互勾结，离间陛下和外戚史高的关系，按理应该处死，所以他不仅不能在朝廷任职，即使在地方做官也不可以。我先前在您面前为周堪说好话，是怕陛下落个陷害老师的罪名。"元帝说："那现在应该怎么办？"杨兴说："臣以为应该赐给他爵邑，但不给他实权，既表明陛下没有忘记恩师，又能够限制周堪。这是最好的计策了。"

汉元帝听了杨兴的一番话后，更加疑惑了。这时，元帝收到城门校尉诸葛丰的奏折，奏章上都是在说周堪和张猛的坏话。汉元帝对这个奏折上的坏话非常生气，将诸葛丰贬为庶人。元帝本不想处置恩师，但是众多大臣都被石显收买了，群言可畏，元帝的懦弱让他再一次听信谗言，没有经过深思熟虑就胡乱做出了决断，将周堪贬为河东（今山西夏县）太守，贬张猛为槐里（今陕西兴平）令。

第二年，关陇地区又出现了日食和地震。这时，元帝才又想起来周堪和张猛，觉得他们被贬在外这件事是冤枉的，于是将石显召来问道："你们不是说周堪、张猛专权导致了天象异常吗？现在周堪和张猛都被贬谪，为什么又出现了更大的天变呢？这又该怪罪谁呢？"石显被问得一句话也说不出来，只好叩头谢罪。于是汉元帝下令将周堪、张猛召回朝廷继续任职。随后，又升任周堪为光禄大夫，领尚书事，也就是说，周堪担任了中书机构的最高领导。张猛升为大中大夫，兼给事中。

周堪虽然被委以重任，但是工作根本就推不动，石显在中书院里的势力根深蒂固。虽然名义上周堪是中书院的最高领导，但是没有人听他的。而且元帝很少出面主持政务，所以周堪也无法见到皇上，而是要通过石显向元帝汇报工作。这时的周堪已经年老体弱，不仅对整顿朝政无能为力，而且一直受石显的挟制。不久，周堪便被石显活活气死了。石显又对张猛诬以重罪，张猛不堪受辱自杀了。

虽然石显在朝中的势力很大，但是他并不能影响所有的大臣。大臣京房在朝中为郎官，对石显的专权非常不满，于是制定出了一套整顿吏治的方案，名曰"考功课吏法"。元帝认同了这套方案，但是想要实际推行却并不是件容易的事，从上到下的阻力很大。特别是石显等权臣，还有受其保护的贪官污吏，他们绝对不允许这套考课法实行。京房认为首先得说服元帝，只有将石显铲除掉才能推行其法。虽然京房多次在元帝面前进言，但是元帝对石显深信不疑，可谓是当局者迷，仍然甚为器重。

石显对京房在元帝面前说的这些话感到非常恐惧，于是他打算除掉京房。京房的岳父张博是淮阳宪王刘钦的舅舅，他对京房说："淮阳宪王是皇上的亲弟弟，如果你上书让淮阳宪王入朝，你就有靠山了。"京房认为很有道理，于是马上写好了奏章想要呈给皇上要求淮阳宪王入朝。但是，京房的一个家奴不小心把这件事泄露了出去，石显得知后，对京房更加嫉恨。但是因为当时京房和元帝的关系比较密切，石显才不敢轻举妄动。他在等待适当的机会。

石显认为先将京房调离京城，再除掉他是最好的办法，然后再抓住京房和淮阳宪王的关系做文章。于是，他建议元帝任命京房为魏郡太守，汉元帝并不知道石显的用心，就采纳了石显的建议。京房知道石显对自己早已心怀嫉恨，预感这次离开京城肯定凶多吉少，所以还没到任上就连上了三道奏折，揭发石显的阴谋，但这一切都没有引起元帝的重视。京房走了之后，石显就拿出诸侯王的问题准备置京房于死地。

因为汉景帝时发生过七王之乱，所以西汉历朝皇帝对诸侯王的事情

都很敏感，元帝对此也不例外。晚年的宣帝曾经有心更换太子，将皇位传给淮阳宪王，元帝对此一直心怀芥蒂。于是，石显就利用元帝的心理，诬告京房勾结淮阳宪王，企图夺取皇位。果不其然，汉元帝听信了石显的话，下令将京房立刻处死。

石显深知很多人早已对自己的专权感到不满，自己的一举一动都有人睁大眼睛盯视着，只要有一点儿过失，就会受到攻击。他准备给元帝打预防针，让元帝一开始就不会听别人对自己的不利言论和攻击。于是，石显想出了一个花招骗取了元帝的信任。

汉宫规定，夜暮时宫门要紧闭，不准任何人出入。有一次，石显奉皇命到各个官府征集物资和人员。于是他先和元帝打招呼说："我回来的时候恐怕天色已晚，宫门早已关闭，请允许我传陛下的诏令让守门的官员打开宫门。"汉元帝认为石显想得很周到，就答应了石显的要求。当夜幕降临的时候，石显回来了，宣称了元帝的命令，打开宫门而入。

后来，果然有人向元帝上书说："石显擅自假传皇命，私开宫门。"元帝告诉石显此事，石显抓住机会，流着泪说："陛下对我非常信任，委任我办事，下面没有人不嫉妒我的，他们想要陷害我，这种情形不止发生过一次了。皇上圣明，明白我的忠心！我出身微贱，一个人的力量实在薄弱，不能让所有的人都称心快意。请允许我辞去中书机要的职务，只负责打扫后宫，即使死了也没有什么遗憾了。恳请陛下保全我的性命。"元帝听了之后很是感动，重重地赏赐了他。

巴结显贵

石显一方面扫除政敌，一方面积极地争取外戚和显贵的力量。

汉元帝宠幸一名叫冯媛的昭仪，她不仅长得漂亮俊俏，而且非常勇敢，所以得到了汉元帝的格外宠爱。一次，汉元帝带领后宫嫔妃观看斗兽取乐。突然，一只大熊从圈栏里逃出来，扑向了元帝，左右的宫女早已经吓得四处惊慌逃窜。只有冯媛一人丝毫不感到畏惧，只见她瞪大了眼睛，张开双臂，勇敢地站在元帝的前面，试图保护元帝。这时候卫士们总算及时赶到，杀死了大熊。

事后，汉元帝问冯媛："你为何能在大家惊慌逃命的时候，独自阻挡大熊呢？"冯媛回答说："臣妾是一个弱女子，并没有力气和大熊搏斗。但是我听说，猛兽只要吃到一个人，就再也不会吃别人了。我怕大熊伤害陛下，所以在前面阻挡，以身相替。"汉元帝听了之后对冯媛的良苦用心非常感动，从此以后更加宠爱冯媛了。

当时，冯媛的父亲冯奉世因为镇压了陇西羌民的反叛，升为左将军。他的几个儿子也都因功受封，在朝中的势力很大。石显看到冯奉世父子都做了公卿，名声显赫，女儿还是元帝后宫的昭仪，心里想着要巴结冯家。石显向元帝推荐："冯昭仪的哥哥谒者冯逡，才华横溢，而且品行端正，应该侍奉在皇帝的左右。"

于是，元帝召见冯逡，想任命他当侍中。但是冯逡并不领石显的情，而是在元帝面前斥责石显独断专权的丑行。汉元帝见他抨击石显，感到非常生气，因此打消了任命他为侍中的打算。后来御史大夫的职位出现空缺，很多官员向元帝推荐冯逡的哥哥大鸿胪冯野王出任此职。汉元帝向石显询问该不该任命冯逡的哥哥，石显对冯逡斥责他一事感到非常气愤，便说道："九卿里，没有人比冯野王更合适了。但是冯野王是冯昭仪的亲哥哥，恐怕人们会有非议认为陛下徇私亲属。"

元帝很是昏庸，认为石显说得很有道道理，就没有任用冯野王。石显真是一个阴谋家，将抑制冯氏兄弟的理由说得无懈可击。

石显的手段不可谓不高明，他软硬兼施、恩威并用，众多的小人聚集在他的周围，以他为首，中书署成为了朝中的独立小王国。以中书署为核心，向朝廷内外延伸出了一张石显的中书势力网，形成了一股庞大的政治势力和社会势力。

被成帝贬黜而死

当年汉元帝即位不久,太子妃王政君被立为皇后,第二年年仅5岁的长子刘骜立为了皇太子。但是,汉元帝不怎么喜欢刘骜,而是喜欢另外一个由傅昭仪生的儿子刘康。汉元帝特别喜欢音乐,刘康这一点和元帝很像。元帝认为他聪颖智慧,多才多艺。在汉元帝生病的最后几年,已经不能过问政事,常常将骑兵用的军鼓放在宫殿的台阶下,倚着走廊的栏杆,用小铜丸抛击鼓面,使之发出和谐的悦耳声音,就像用手直接敲打鼓面一样。

这种表演算是个"绝活儿",除了刘康,没有人能够做到,所以汉元帝对这个儿子宠爱有加,经常召见他。

汉元帝的身体日渐衰弱,如果有一天死去,石显在元帝庇护下得到的荣华富贵就很可能会成为泡影。他知道自己已经得罪了不少的大臣,很多人对他恨之入骨,恐怕到时候连性命都有危险。如果想要一直保有富贵,必须先找好靠山,那就是未来的皇上,也就是现在的太子刘骜。石显已经在汉元帝身边伺候多年,知道汉元帝优柔寡断,即使喜欢刘康,但是在朝中大臣的压力下,他也不敢另立太子。于是,他决定扶持太子刘骜。

汉元帝经常在石显的面前夸奖刘康。有一次,汉元帝问石显太子和刘康相比谁更有才干,石显说:"才干是指聪敏好学,温故知新,像皇太子这样的人就可以说是个人才。如果单纯地靠丝竹击鼓来衡量人的才能,那么乐府令的手下可能都算得上非常地有才能,但是怎能让他们来治理国家呢?"汉元帝听了之后沉默许久。

不久,汉元帝的弟弟、中山王刘竟病死了,太子刘骜前来吊唁。刘竟虽然名分上是刘骜的叔叔,但实际上两人的年龄差不多,而且从小还一起在宫里游玩,十分亲密。汉元帝看到儿子,想起了早逝的幼弟,心里十分哀痛,但是刘骜的脸上却丝毫没有哀戚的样子,汉元帝感到很生气，恨恨地说："没见过像他这样的心狠之人，这怎么能够君临天下，继承父业，为天下人的父母呢？"

石显听了汉元帝斥责太子的话，急忙说道："是我看见陛下对中山王的去世感到哀痛，怕损伤了您的身体，所以在太子进来之前，我就私下叮嘱他不要当着您的面哭泣，以免陛下感伤。我罪该万死。"汉元帝听了石显的话之后，对太子的怨怒之气才稍稍缓解。

竟宁元年（前33），汉元帝在后宫卧病，常在榻前侍奉的是傅昭仪和儿子定陶王刘康，皇后王政君和太子刘骜却并不跟前侍奉，难得来见皇帝一面。元帝的病情渐渐加重，情绪也越来越暴躁乖戾，他曾经好几次询问尚书，汉景帝是如何将太子刘荣废黜，而另立刘彻的。在旁边的石显听到后感到事情严重，马上把这件事告知了太子太傅史丹。

有一天，傅昭仪和刘康都没有伺候在元帝身边，石显马上让人通知史丹进宫想办法说服汉元帝。史丹和汉元帝的关系一直很好，也是老臣，所以能够直接进入寝殿探视。他来到元帝的病榻前，一把鼻涕一把泪地说道："皇太子以嫡长子的身份而立，到现在已经有十多年了。所有人都知道太子将来是要继承皇位的，大臣们都愿意为太子效劳。但是现在定陶王刘康受到陛下的宠爱，以致于流言四起，大家都认为太子的地位不保。如果发生了这种情况，朝中公卿及以下官员，一定会为了太子以死相争。臣恳请陛下先将我赐死，以警告众臣。"

汉元帝看了看身边的石显，想寻求石显的帮助，石显连忙跪下，说道："我只是一个奴才，怎么能在关乎天下安危的大事面前说三道四呢。"汉元帝见自己最亲信的宠臣也不明确表示支持自己，看来只能让步了。

最后，汉元帝听从了史丹的话，对他说："我的病恐怕好不了了。你要尽心辅佐太子，不要辜负了我的重托。"太子刘骜的地位终于得到了巩固。

汉元帝病逝后，皇太子刘骜登基，成为西汉的第十位皇帝，被称为"成帝"。

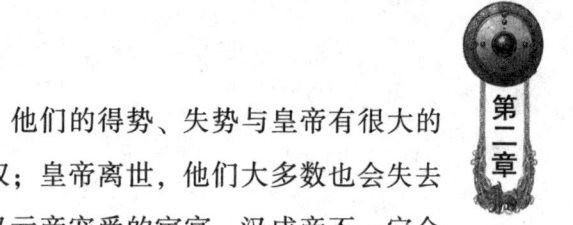

宦官主要是为皇帝服务的奴才，他们的得势、失势与皇帝有很大的关系。皇帝健在，宦官就能得宠专权；皇帝离世，他们大多数也会失去权势。不同的帝王有不同的爱好，汉元帝宠爱的宦官，汉成帝不一定会喜欢，虽然汉成帝的即位很大程度上是石显促成的，但是汉成帝并没有感激他，这样的人留在身边是很危险的，每天在成帝面前居功也会让皇上受不了的。成帝即位之后，立刻就以石显伺候先帝劳苦功高的名义，将他调离了中书，迁为长信太傅，秩比二千石，虽然官位高升了，但却没有了权柄。

此时，外戚王氏兄弟把持着朝政，石显明显失势了，于是大臣们开始痛打落水狗。丞相匡衡和御史大夫甄谭联名上书，指责石显犯下的罪行。成帝派人着手调查，证明确有其事，便将石显放归回了老家。石显认为自己拥立汉成帝有功，但是汉成帝反而恩将仇报罢黜自己，对此他一直不能释怀。在回家的途中，他不吃不喝，生病死了。

石显的党羽牢梁、陈顺等人，还有依靠石显的关系升高的官吏一并被汉成帝罢免。汉元帝一死，石显集团分崩离析。

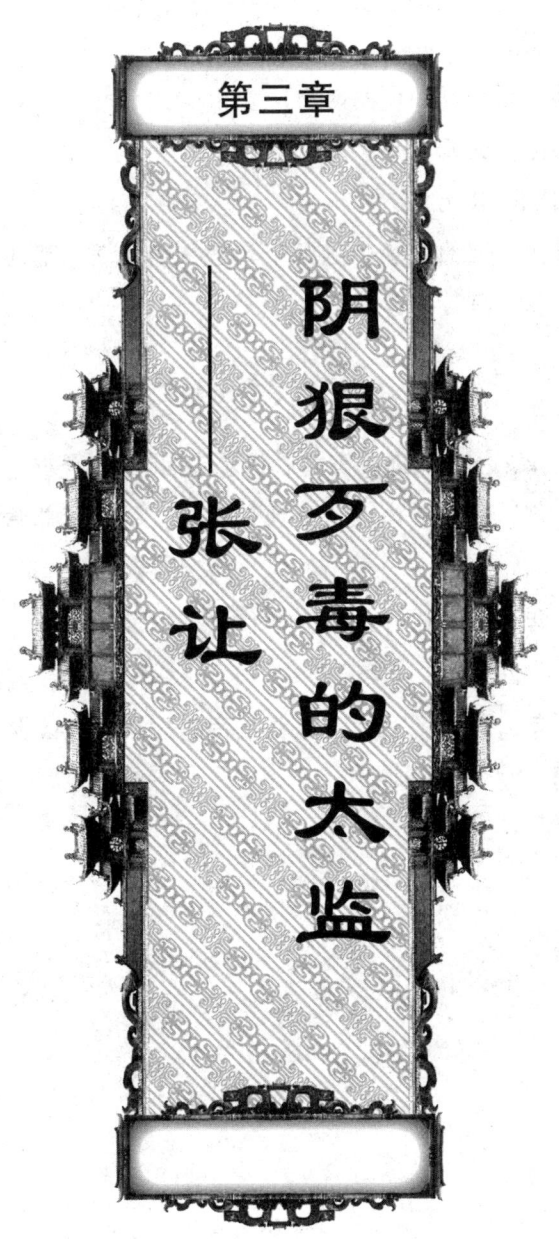

第三章

阴狠歹毒的太监——张让

太监档案

☆姓名：张让

☆出生地：颍川（今河南禹州）

☆出生日期：公元 135 年

☆逝世日期：公元 189 年

☆主要事迹：因他在朝中的几十年里贪婪凶暴、荒淫无耻，加重了人民的苦难，从而导致了黄巾起义的爆发。

☆生平简历：

公元 135 年，张让出生在颍川（今河南禹州）。

公元 167 年，桓帝病逝。窦太后将矛头指向张让等人。

公元 181 年，张让成为"监奴典任家事"的宫廷总管，其权势到达了顶峰。

公元 184 年，因张让等人的为非作歹，致使全国农民大起义——黄巾起义爆发。

公元 189 年，汉灵帝病逝，随着灵帝的病逝，张让歹毒猖獗的一生也拉下了帷幕。

人物简评

张让其人虽平日里阿谀奉承、骄纵贪婪，但是在谋杀何进一事上，却多少做了点好事。何进只能算是一个无德无能的屠夫，仅靠着裙带关系晋升官场，而他在杀害董太后一事上更可以称得上是大逆不道。张让等人诛杀何进虽出于自保，但实际上却为汉朝除了一大害。试想如果何进这样的人把持朝政，大汉很可能会更加动乱。张让是很会阿谀奉迎的人，也因此才有了他接下来的道路。

生平故事

利用一切的机会往上爬

张让，颍川人，从小就进宫当了太监，是个善于阿谀奉承的人，因此，汉桓帝在位的时候，他就当上了小黄门。依照汉代制度，皇帝以及宫内的人都居住在内宫，非皇室的人，未经圣诏是不得进入内宫的。朝臣的文件或奏疏都是通过尚书省再转呈给皇帝，皇帝要发布的诏书，也是由尚书省起草下传的，有些时候皇帝也会直接去尚书省处理政务。尚书省与内宫之间是由一道黄色内墙隔开，内宫对尚书省及外界的联系就由宦官负责，小黄门就是负责此项事务的宦官。小黄门在宦官中的地位非常显赫，仅次于中常侍，也只有二十几人。张让在担任小黄门的时候，虽也为非作歹、颐指气使，但好歹上面还有中常侍，所以汉桓帝对他的态度虽然不厌恶，但也不会特别庇护。

俗话说的好："一人得道，鸡犬升天。"自打张让做了小黄门之后，他的弟弟张朔，依仗哥哥的权势，当上了野王县令。张朔当政之后，性情贪婪残暴，为非作歹、为所欲为。有一次，在他酒足饭饱之后，无聊得生出了恶念，说想瞧瞧未出生的婴儿是什么样，就令人将一个孕妇活活地剖腹杀害了。老百姓们都恨死了这个凶暴的恶棍，大人和小孩都称他为"活阎王"。这时，担任司隶校尉的名士李膺，得知张朔的恶行后，恨不得立刻将其斩首，为民除害，于是，他命人马上抓捕张朔。可是，被派去抓捕的官员回来报告说张朔听闻李膺执法如山，非常地恐惧，畏罪潜逃到了京师，现躲藏在他的哥哥张让家中。

张让的府邸非常地豪华，大厅里镶金雕玉，八根又高又粗的松木大柱直竖其中，有一根木柱中间被掏空，形成一个密室，从外面看和其它的几个柱子模样相同。而张朔此时就藏在这个密室里。经过一段细致周密的察访，李膺掌握了张朔去向的全部细节。这时候，张让府上门卫森严，设有很多关卡，普通的官吏根本就进不来。但是李膺根本不管这一套，在得知了张朔的去向后，就手持令牌，亲自率人将他抓捕到洛阳监狱，其罪行也已经调查得一清二楚。这就容不得张朔抵赖，他只能乖乖认罪，待他把罪行交代清楚后，李膺立即将张朔斩首示众。

很快，张朔被处死的消息就在京都、府县、乡里传开了。老百姓无不拍手称快，纷纷奔走相告。这令非常气愤的张让吃不下睡不着，天天都在寻思着该怎样谋害李膺，为弟弟报仇。他苦思冥想好几天，终于想出了一个妙招，他气急败坏地跑到汉桓帝那里去告状，诬告李膺冤枉了他的弟弟，说李膺不请奏就杀死一名政府官员，是先斩后奏的行为，犯的是欺君之罪。

汉桓帝将李膺召进殿中责问说："李膺，你的眼睛里还有朕吗？为什么你不先上奏朝廷，就对朝廷命官施以极刑。"李膺听后马上明白了皇上发怒的原因，于是，若有所思地说："陛下，你不是经常说要臣向古代的贤人学习吗？我杀张朔，就是按照圣上的意思办的。"皇帝反过来问道："古代贤臣的美德是忠心顺从自己的主上，以皇帝的意思为最高法律，怎么会有执法不从君命的道理？"李膺答道："从前，卫城公就是被晋文公在天子身边逮住的，并且将他押送到周的京城去，《春秋》中就肯定了他的这种做法。《礼记》记载说，贵族犯了罪，按礼的规定虽说可以恕罪，

但主管的官员也可以不用这样做。在鲁国，孔丘掌管了刑狱，上任七天就把犯了乱政之罪的少正卯杀掉了。现下，臣只为办事不力而担心获罪，没想到最后犯的竟然是办事太急太快的罪。好，臣知道自己的罪了，即使今天，皇上将臣杀了，臣都不会旋转脚跟后退。但请陛下再给臣五天时间，待我将那些危害朝廷残害百姓的罪魁祸首全部除掉，臣再来伏罪。这是我现今的唯一愿望。"说完这些之后，李膺泪流满面，但依旧气势昂扬。

这番慷慨激昂的陈词，说得桓帝没有再责备李膺，回过头对张让说："司隶的过错何在？这是你弟弟罪有应得！"张让顿时吓得面如土色，一直到皇帝走远，还在不停的叩头请罪。李膺执法不从君命，致死都不动摇的行为，震动了整个宫廷。从此以后，那些不守法的宦官都小心谨慎了。连官休假日都不敢再出宫禁了。桓帝十分奇怪，问他们是什么缘故，大家纷纷叩头哭泣道："我们都害怕李校尉啊！"

虽然如此，但心怀怨恨的张让却并没有放过李膺，而是时刻都在寻找机会将李膺这个眼中钉除掉。当时，有个名叫张成的方士，在占卜之后，当众推断不久后皇上要大赦天下。他害怕人不信，就叫他儿子去杀人，以方便日后验证。他算得倒是真挺准，只是没有算准撞到了李膺的手中。李膺将他儿子拘捕后，马上就有赦令下达了。李膺听后更加愤怒，就按照律法将他儿子处死了。张成曾给桓帝占过卦，同时与张让等宦官也有来往。于是，张让就和张成联起手来诬告李膺与大学生串通一气，诽谤朝廷。汉桓帝非常生气，立即下令逮捕了李膺等二百余人，并在全国各地悬赏捉拿李膺的同党。宦官们也趁此机会公报私仇，乱捕良民，一时间朝野上下人心惶恐。

由于宦官专权不得人心，许多人都为李膺等人施以援手。窦皇后的父亲窦武是城门校尉，与太学生颇有交情，其中太学生贾彪劝说他出面营救李膺等人。窦武对宦官擅权也很不满，就与尚书霍谞联合起来上书。桓帝迫于压力，只得释放了李膺等人，但是终身禁锢在乡里，不得为官。

汉桓帝是个好色的皇帝，他广纳嫔妃，这也就引起了皇后窦氏的不满。永康元年，桓帝突然病重，临终前，他立下遗诏将他平时最喜欢的田圣等9个妃子诏封为"贵人"。结果，桓帝在这一年病逝了，终年36岁。窦皇后因为没有生育子女，在汉桓帝死后立了皇室中年仅12岁的刘宏为皇帝，是为汉灵帝，窦皇后就以太后的名义摄政。这样一来，窦太后与桓帝的宠姬，以及举荐这些妃子们进宫的宦官之间的矛盾公开化了。在汉桓帝的灵柩还停在宫内时，窦皇后便借故把田圣杀了。不久，她又提出废除其他妃子和贵人的封号。这样的举动敲山震虎，其实是冲着掌权宦官王甫、张让、曹节等人来的。于是宦官们纷纷联合起来，指责窦太后桓帝尸骨未寒就动手杀害他的宠姬，这实在是一种大逆不道的行为。面对王甫、张让、曹节等宦官集团的压力，窦太后无奈放弃了这一举动。

窦太后深知宦官的力量和权势，因此，她决定依靠父亲窦武拉拢官僚集团，以铲除曹节、张让的势力。当时有个名士叫陈蕃的，因当初立窦为后时有功，和窦太后的父兄又是好朋友，所以，深受窦太后倚重。于是窦太后命他和窦太后的父亲窦武商量对宦官斩草除根之事。但是他们的计划却被管理朝廷文书的官吏捅了出来，宦官朱瑀又把他们要给太后的奏章偷了出来。于是，宦官们一同联合起来歃血为盟，要抢在窦武之前动手。

公元168年初，宦官曹节将灵帝劫持，接着他伪造诏书，偷偷对窦武和陈蕃下手。待陈蕃发现，为时已晚。因大兵追击，无奈之下窦武被迫自杀，陈蕃也被抓入大牢后死去。就这样，一场谋划许久的打击宦官的计划流产了。

张让就是在这场斗争过后，由小黄门直接升为中常侍。在宦官中中常侍是权势最大的职位，虽然只是俸比二千石的官，但却是皇帝身边最亲近的人，负责管理皇帝的文件和代表皇帝发诏书。汉初，中常侍是没有固定的编制的，但依照惯例一般为4人，年俸为一千石。到了灵帝却将人数陡增至12人，以赵忠和张让为首，分封为侯，贵盛无比，并且与当时担任大长秋和领尚书令的大宦官曹节、担任黄门令的大宦官王甫结为表里，把持着朝政，为非作歹。

灵帝光和四年，曹节病死了，赵忠为中常侍代领大长秋，张让也升级成为"监奴典任家事"的宫廷总管。他们二人的权势一路膨胀，达到了顶峰。他们不但封侯贵宠，就连他们的父兄子弟也借光被放到各地做起了大官。人们当时称以张让和赵忠为首的12个中常侍为"十常侍"。昏君汉灵帝还曾对人说："张让张常侍就是我的父亲，赵忠赵常侍就是我的母亲。"这句话成为了流传千古的笑柄。

只认钱不认人

河间王刘开是汉灵帝刘宏的曾祖父。但到了刘宏父亲这一代，家境已经败落，虽然比普通的人家好过些，但和当朝的权贵是无法相比的。董氏，刘宏的母亲，向来都是视钱如命，一看到人家暴富，自己就心里冒火，恨不得别人家的财产都能成为自己的。在母亲的熏陶下，刘宏对金钱、财产也开始有了很大的占有欲，做梦的时候都梦着自己捡到了钱。"普天之下，莫非皇土"，汉灵帝当了皇帝之后，全天下的财富都是他的了。对于这一切，他似乎并不敢相信，想来想去，他还是觉得应当像作侯爵时那样，置买田地房产最为保险。于是，他就把搜刮来的钱财拿回河间老家去买田宅。剩下的钱财，他就将它们分别寄存在宦官那里，每家存上几千万。不仅如此，刘宏还很喜欢广收天下的珍宝。在外邦、各郡、各封国每次来进贡，未纳入国库前，先抽成据为私有，都直接送到皇宫，美其名曰"导行费"！

中常侍吕强上书规劝，他说："天下的财富，无不生于阴阳，全部都归陛下所有，难道还有公私之分！现在，西园里收藏着理应由大司农管理的钱物，马厩中则饲养着本该归太仆管理的马匹，中御府堆满天下出产的丝织品，中尚方广敛各郡的珍宝，各地在向朝廷交纳贡品时，也都要送上导行费。这样，征调数量增加，花费增多，贪官污吏从中获取暴利，黎民百姓深受其苦，越来越贫困了。另外还有一些阿谀献媚的臣子，跟着进贡私人财物，皇帝对他们姑息纵容，因此，这种不良风气越演越烈。按照以往的制度，三府才负责选拔官员，尚书也只是负责将三府的奏章转呈给陛下。被选拔的人通过考核后，加以委任，并要求他们拿出政绩，没有政绩的交付尚书进行弹劾，转给朝廷查核虚实，加以处罚。因此，三公选拔人才的时候，都要同僚属仔细评议，了解他们的品性，测试评估他们的才干。即使这么严格，但仍旧有一些官员无法胜任，致使政务荒废。如今，负责选拔官员的事由尚书负责，或者皇帝直接颁下诏书，直接对其任用，这样，三公就得以被免除选拔不当的责任，尚书也不用获罪。没有了奖惩，谁还肯自己白白地辛劳吗？"此话切中时弊，但是，汉灵帝根本就不理会。

吕强的上书却激怒了张让等人，于是他们又一起向灵帝诬告吕强。说他与党人一同议论朝廷，经常阅读《霍光传》，包括他的兄弟在官位上都是贪赃枉法的人。昏君汉灵帝是非不分，立即下令中黄门带上兵器将吕强召入宫中。吕强深知汉灵帝召他的用意，气愤地说："我死之后，天下必然要有一场大乱。大丈夫要报国尽忠，怎可去面对狱吏呢！"说完后就自杀了。这时，张让再次诬陷说："召吕强，还不知要问什么事，他就在外边自杀了，这充分说明他确实是有罪。"昏庸的汉灵帝，再次下令将吕强的亲戚逮捕，将其财产没收。

对政事丝毫不感兴趣的汉灵帝，对游乐却是乐此不疲。在西苑游乐场，他同一帮无赖子弟玩狗，并且给狗带上进贤冠和绶带。在东汉，进贤冠是文官所用的，它长8寸、前高7寸，后高8寸，给狗戴文官的帽子，意味着什么，分明是对当官的一种侮辱。不仅如此，汉灵帝还用驴驾车，他亲自操辔拽鞭，在苑中驱驰。京城的百姓知道了这件事以后，都纷纷争相仿效，一时间，本来低廉的驴价骤然上涨，涨到和马的价格一样。

不但如此，汉灵帝还在西苑和后宫设立市肆，并命令他的后宫采女为客舍主人，汉灵帝穿着一身商贾服，随便走到一间舍前，采女为他摆酒摆食，灵帝召采女一同享用酒食，并以此为乐。在这个市肆中，灵帝令采女扮演不同的角色，有的行窃、有的贩卖，双方打斗，灵帝一边饮宴一边观赏作乐。除此之外汉灵帝还专门设立了一套"市场管理机构"，命宠妃潘氏担任总管，自己则充当潘氏属下的管理人员。违反"市场记录的"，包括皇帝自己在内，都加以鞭挞，把皇宫内弄乌烟瘴气，鸡犬不宁。

汉灵帝还有更令人难以想象的举动，那就是他还开办了一个官员交易所，公开卖官、明码标价。县官的价格不等，地方官一般要比朝官高一倍。前来求官的人可以投标估价，谁出价最高谁就能中标上任。除了固定的价格外，还要看来求官的人，看他们的身价和拥有的财产，依据这个进行加减。一般情况下，2000万文能买到2000石的官，400万文能买到400石的官，可以现金交易，还可以以赊账，但上任之后加倍偿还。除了公开的，另外还有"黑市"交易：1000万钱可买到三公；500万钱可买到卿。除却皇帝自己的位置不卖外，其余的官位都可以拿钱买到的。

有个名叫崔烈的人，是冀州的名士，官位九卿，他通过汉灵帝的父母上交了500万钱，买下了一个司徒的官位。在给他授权那天，百官齐会。汉灵帝一看来了这么多人向他表示祝贺，就回过头悄悄地跟身边的一个小太监说："这个官卖亏了，当初应该1000万卖给他！"但是皇上终究是皇上，一言九鼎，虽然是后悔，但并没有反悔。为此，汉灵帝回宫后一直闷闷不乐，连续好几天吃不下睡不好。而崔烈虽然有了三公之一的司徒职位，但却声明狼藉了。

有如此昏庸的皇帝，张让等宦官们更加变本加厉，胡作非为。有一年，洛阳南宫发生了火灾，大火整整烧了半个月才熄灭。没过多久，洛阳城西面的广阳门又倒塌了。张让等人抓住这个有利的机会，打着修宫室的幌子，说服灵帝不断增加赋税，最后每亩达到十钱。除此之外，他还下令征用河东、太原、狄道等郡的怪石、木材，传令送至京师，不知道花费了多少的人力及财力。应征的材料送达京师后，负责修建宫室的张让趁此机会进行敲诈勒索，以所进木、石不合标准为理由，随意贬价，有时就只付给原价值的十分之一。敲诈、刁难、其实就是为了能索取巨额的贿赂。甚至还把大量巨木、怪石据为己有。一旦各地上贡的材料稍

有迟缓或稍有懈怠，就会拒收上贡之物。从各地所进的木材在京城里堆积如山，它们白白的腐烂掉，而宫室建筑的完工却遥遥无期。张让将这项工程变成了生财聚宝的摇钱树。

在聚敛钱财上，张让可是动了不少的脑筋，紧接着他又想出了其他的办法。在汉代，选官的方式最重要的是察举、征辟、考试。察举就是选举，是一种从下往上推选官员人才的制度。其中，以茂才、贤良方正、孝廉三个科目最为重要。在汉代，用人权是中央和地方并行的，这便是征辟的内容。征辟又分皇帝征辟和公府征辟，在地方上有州县的征辟。汉代的考试是和察举相伴而行的，需要经过种种的考试，看此人能否任用。考试的种类有皇帝的策试、公府考试、博士弟子课试等。于是，张让就把眼光又放在了官员升迁这块肥肉上。他怂恿汉灵帝在各级官员升迁的时候要缴纳"修宫钱"，根据升迁的职位来定价格。想要某个官职，就要先交钱，一番讨价还价后双方都满意了，就可以成交。这就逼迫的有些没钱交纳"修宫钱"的纷纷自杀。也有一些正直的官员，对这种龌龊的勾当十分的厌恶，就请求不去赴任，但张让等人却不准许，强迫这些人交纳钱财后赴任。

当时有一位很有声誉的名士，叫皇甫嵩，立过大功，张让怎么可能会放过他，要求他交出5000万钱。皇甫嵩还真是有骨气，他不怕招惹祸患，拒绝交钱，这下就得罪了张让。当时有清名的司马直被任命为巨鹿太守，他也被张让诏书责其交钱，看在他名声好的份上，只收他300万。他不愿意侵掠百姓，怅然地说道："衣食父母，现在却反过来盘剥百姓，只是为了满足于现在的苛求，实在于心不忍。"于是上书，称自己身体不好，望辞去任命。可是上边不给予批准。司马直只得上路。快到洛阳门口了，司马直做出了最后的决定，给皇上写了一封信，向皇上极力说明当下政策的失误，以及古今祸败的教训，写完之后就服毒自杀了。接到遗书后，汉灵帝，才明白这样收钱的方式已经引起天人共怒，就便下令暂时停收修宫钱。

但张让并没有因此消停，他接着撺掇汉灵帝命掖庭令毕岚铸造四座铜人，分别竖在北门的玄武阙和东门的苍龙阙旁。另外又铸了四座能容纳二千斛的巨型铜钟，分别悬挂在云台殿和玉堂前。张让又亲自主持以虹吸原理的吐水和引水的工程设计：在宫内的河中埋下水管，将河水吸引到在桥上钢铸的天禄（一种和麒腾相像的神兽）和蟾蜍的腹中，水再从天禄和蟾蜍口中自动流出来。所有这些工程设施都耗费了巨大的人力、物力、财力。

陆康，乐安郡太守，上书进行劝阻。书中说道："在从前的春秋时期，鲁宣公按亩征收田税，因此那年蝗虫成了灾害。鲁哀公又想增加百姓的赋税，孔子就指出这种做法的错误。皇帝怎么能强行将人民的财物搜刮来，去修建那无用的铜人呢？又怎可将圣人的告诫丢弃到脑后，自己再去效仿亡国之君的做法呢？"

张让一刻也没闲着，接着又开始攻击陆康，说他这是援引亡国的例子来比喻圣明的皇帝，这是亵渎皇帝的行为，犯了"大不敬"的罪过。就命人用囚车把陆康押送到廷尉监狱。后因御史刘岱上书为他辩解，陆康这才保住性命，但是被贬了官职放逐还乡。

在张让得势以后，就有一些阿谀逢迎之徒都纷纷投奔到他的门下，不惜花重金，以结交张让为荣。张让便借机大肆勒索钱财，张牙舞爪，成为巨富。就连他们的家奴也受贿贪占，不可一世。陕西人孟伦，家室巨富，为了能和张让结交。十分慷慨的贿赂了张让家一名管理内务的家奴，这个总管受到贿赂后，对他非常感激，问道："无故不受禄，你对我这么好，是有事需要我帮忙吧？"孟伦答说："我没有别的要求，就是想请你在众人面前对我拜一拜。"

当时求见张让的人很多，满载奇珍异宝的车子在张家门前排成数百辆，要经过总管的通报和勒索环节后才能见到张让。有一天，孟伦来求见张让。故意来得特别晚，排在队伍的最后面，这时候，张让的总管就率众家奴对他进行跪拜，然后众家奴联手把孟伦的车子举起来，迎进张家。这样一来，等候在门外很久的人都认为孟伦和张让有着非常不一般的关系。开始争先恐后地用带来的奇货珍宝贿赂孟伦。孟伦又拜见张让，

将自己得到的部分财物献给他。张让一见到钱，就非常地高兴，马上就将他任命为凉州刺史。这种肮脏的权钱交易，不仅令张让中饱私囊，又招致了党羽，使自己的人广布天下，张让何乐而不为。

汉灵帝活的怡然自得，张让也继续专权用事。光和三年，汉灵帝刘宏27岁，这时的他玩腻了现有的皇家苑囿，决定建造新苑。其实，在西汉时代，洛阳附近就已经建造了林苑，里面各种奇花异草，珍禽异兽。各种水果一年四季都不断，春天摘樱桃，夏天收芦柑，从西域引进的葡萄，一架连着一架。在顺帝阳嘉元年时又建造了西苑，在桓帝延熹二年时建造了显扬苑，还有鸿德苑、平乐苑，一苑比一苑繁锦，广阔无比，豪华又气派。但灵帝对此还是不满意不知足，就开始派人去城外测量，准备建造新苑。这时，光禄勋杨赐上谏说："我听说陛下在丈量城南的民田，准备建造新苑。将农民的肥田沃土掠夺，废弃掉百姓的庄园，这样做实在不符合皇帝爱民如子的意思。现今城外已经有五六处林苑可供四节，陛下应该以夏禹住简陋宫殿为榜样，以安抚民众。""四节"指的是，皇帝一年四季都要进行的狩猎活动：春搜、夏苗、秋狝、冬狩。汉灵帝于是又向张让等宦官讨主意。张让说："在战国时期，齐宣王曾问孟子：'文王的苑囿方圆只有70里，老百姓认为它很小，但是我的苑囿仅有5里，老百姓却以为很大，不知道这是为什么？'孟子回答说：'文王的苑囿是很大，但是他是与民众一起共享的，所以老百姓不嫌大；您的苑囿虽小，却是您自己独用，所以老百姓认为很大。"灵帝听了张让这一通的生拉硬扯，觉得又有了根据。于是，开始下令动工造苑。

没过多久，汉灵帝就对新建的苑囿又腻烦了，他开始想微服私访，到宫外的街道和市场上逛逛。这可把张让他们吓坏了，因为张让等宦官们大肆搜刮民财、狐假虎威，在洛阳附近大兴土木，建造的私人园圃，其规模和样式几乎一点都不亚于皇帝的。在封建社会，这犯的是"僭越"之罪。他们担心灵帝外出时会发现，就找了个理由阻止汉灵帝出行。张让说："近来京城盗贼猖獗，臣恐陛下外出会有危险。灵帝这个贪生怕死的主一听，就害怕自己的性命有危险，便打消了逛街的念头。从前汉灵

帝喜欢在永安宫的高台上远眺，张让的豪宅建成后，怕汉灵帝在登高远眺时发现，就指使当时担任中大人的宦官尚但去哄骗灵帝说："天子不宜登高，天子登高百姓会惶恐。"灵帝这个昏君，竟然相信了这些鬼话。从此以后就再也不敢登高了，当然，张让僭越筑宅之事也就没有被发觉。

对不顺自己心意的人残酷打击

张让等宦官的种种行为，终于引起朝野之上正直人士对其的不满，全国爆发了接连不断的农民起义。从建宁元年到中平元年，这十多年的时间里，史籍上记载的农民起义不下十几起。这些遍布全国的大小起义，预示着革命高潮的到来，光和七年，著名的黄巾起义在全国蓬勃发展起来，这场席卷全国的东汉农民大起义，一直延续到汉灵帝死去后很久。

借着这样一个机会，朝臣中正直之士纷纷起来抨击宦官。最先上书的是郎中张钧，他说："之所以张角能兴兵作乱，百姓也很乐意跟随他，就是因为以张让为首的'十常侍'，将自己的魔爪延伸到全国各地，他掠夺百姓，贪赃枉法，百姓有冤无处诉，有苦无处讲，只得谋议造反，聚而为盗。该斩杀的是十常侍，应当把他们的头颅悬挂于南郊，以此给天下百姓谢罪，再加派使者宣示天下，这样不动干戈，就能令造反的百姓自然消失。"这昏庸的汉灵帝对张让的信任已经达到了极致，他把张钧的奏书给张让过目。狡猾的张让看过奏书后，马上顿足捶胸，称自己愿意被投进洛阳关押犯人的监狱，并且将自己的所有家产拿来资助军队镇压黄巾军。傻傻的汉灵帝被张让的一番表演迷惑的简直无以言表，更加相信张让对自己的忠心了。于是，他召张钧进宫对他训斥说："你这个狂妄的人！'十常侍'中就没有一个好人吗？"张钧不服，便再次上书弹劾张让等人，这次和上次一样，被汉灵帝再次搁置，不给予任何答复。汉灵帝又颁诏命令廷尉、侍御史对大臣们进行调查，看有没有谁和起义军进行私下交往。御史秉承张让的意思，向皇上诬陷张钧，称他在私底下和起义军有往来。皇帝二话不说，就命人将张钧打入狱中，最后毒打致死。

刘陶，侍御史，他也是个清正廉直的大臣，但凡他在任的地方，政绩卓著，治内路不拾遗。后来他被擢升为京兆尹，百姓因怀念他就编成民谣："邑然不乐，思我刘君，何时复来，安此下民。"这时又正赶上张让当权，张让曾让他出一千万的修宫钱，但刘陶是个清贫的官员，拿不出任何钱来，只得以病为由辞职。汉灵帝没有办法，就任命他为谏议大夫。

有一天，灵帝与"十常侍"一起在后园饮酒作乐，刘陶直接来到汉灵帝的面前，嚎啕大哭。汉灵帝于是问他为何要这般哭泣。刘陶回答说："天下就要乱了，陛下怎么能在这里与宦官们饮酒作乐呢？"汉灵帝回答道："国家现在太平无事，危机在哪呀？"刘陶痛哭着说道："现在贼寇四起，对各个州县进行攻打抢掠。这都是因为'十常侍'啊，他们祸国殃民，欺君罔上。现在朝廷的正直人士都辞官回乡，皇上，祸患就在跟前啊！""十常侍"听了刘陶的话，都十分的害怕，于是也趴在地上大哭说："朝中大臣容不下我们，看来我们是活不下去了，我们愿意现在就回归故里，把自己的家产全部拿出充做军费。"汉灵帝大怒，对刘陶说："为什么你们家里有下人，就不允许朕有呢？"于是下令将刘陶关入大牢之中。刘陶大呼说："我死了没有什么可惜的，可怜的是汉室天下四百多年了，到现在就要结束了！"刘陶被关入大牢之后，张让又趁机进谗说："先前，张角作乱犯上，陛下曾下诏示以恩威，从此以后，百姓都悔改不再追随张角。现天下已经安定，刘陶却又来说张角掳掠州郡，那么刘陶是怎么知道的？我十分怀疑刘陶和张角等匪寇有勾结。"在张让的示意之下，刘陶每天都被狱史拷打，没过多久，就冤死在狱中了。

在刘陶蒙冤死后没多久，另一位比较正直的官员，名叫陈耽的也被张让杀死在狱中。事情的经过是这样的：在这年，因各地刺史、太守等等地方行政长官为非作歹、贪污横暴。于是朝廷就委派太尉许有和司空张济操办不法的地方官吏。许、张二人是胆小怕事的人，对张让等宦官的威势十分畏惧，并且见财心动，接受贿赂，便对阉宦的子弟、宾客之贪污秽浊、劣迹昭然者，不敢过问，只挑捡一些软柿子来捏，将一些边远小郡中清廉执政的小官员拿来问罪,导致吏民愤愤不平,赴京告状,申冤诉苦。陈耽见此,毫不犹豫地挺身而出,给灵帝上书揭露张让、赵忠同张济、许有党同伐异相互勾结狼狈为奸的罪行。这就令张让等宦官对他十分怨恨。只过了一个多月,陈耽就以莫须有的罪名被罢免,紧接着就被张让大加诬陷,被下大狱,在牢中冤屈而死。

袁绍,汝南汝阳人,出身名门贵族。从他高祖袁安做了韩司徒以后,世居三公,门生故吏遍布天下。他本人不拘小节,喜欢结交宾客死士,以至于无论贵贱的志士都纷纷为他效命,上门的拜访者源源不断。他的所作所为,令掌权的张让感觉道是一种挑战,十分严重地威胁了他的宠贵地位。张让曾对人说:"也不知道袁绍家里养了那么多的宾客想要干什么!"袁绍的叔父袁隗当时担任太尉,他听说了此事之后,竟然吓坏了。回到府里之后,赶紧把袁绍找来,狠狠地责骂了一顿:"你这样是要将我们的家毁掉了!"他逼迫袁绍不要再去大将军何进的府邸,以避免哪天不小心会召来杀身之祸。可见张让的淫威是多么的猖狂。

皇甫嵩时为左中郎将,镇压黄巾军时,路过邺城,看见张让的搭档赵忠建造的住宅,高大堂皇,远远地超越规定,于是下令将其没收。赵忠知道以后马上就怒了,再加上先前皇甫嵩因没有给5000万的贿赂钱而得罪了张让。于是,张、赵二人密谋之后,在灵帝面前一派胡言说皇甫嵩虽然连战却没有功劳,大大的浪费了军费。汉灵帝听信了他们的谗言,随即将皇甫嵩召回,不仅没收了他的印绶,还削夺封户六千。

傅燮在当时也是正直官员之一,平时他最痛恨的就是宦官当权。在黄巾起义时,他曾作为大将皇甫嵩的护军司马去镇压张角。在临行前,他给汉灵帝上书说:"臣听说,天下的灾祸并非来源于外部,而是起因于内部。正因为这样,虞舜先将四凶除去,之后才任命十六位有才能的贤士来辅佐自己治理天下。这说明,如不将恶人迅速除去,善人就永远不能得到翻身。现如今,黄巾军作乱,而这场祸乱的根源其实是从宫廷之内蔓延到四海去的。我受陛下的委任,率军讨伐叛乱。从颍川开始,始终都是战无不胜。虽然,黄巾军的势力很庞大,但这并不足以令臣下担

忧。我的恐惧是：治理洪水时，如不从它的源头开始，那么它下游的水势将会泛滥得更加严重。陛下是个仁爱宽容的人，对许多错误的事情不忍心处理，这样才导致宦官们掌控了朝政大权，而忠心的臣子却得不到重用。即便是将张角砍头处死，平息了黄巾叛乱，我的忧虑也会更深，因为正人君子是不能与邪恶的小人在朝廷中共存的，就如同炽炭与寒冰是无法共同放在一个容器中的道理一样。邪恶的人心里非常明了，一旦正直的臣子成功了，那就预示着他们即将灭亡，所以他们一定要联合起来花言巧语，弄虚作假。假消息传播的人多了，就算是曾参那样的孝子，也难免会遭到怀疑；山中明明没有老虎，但只要三个人说有，那么所有的人都会相信山中就是有。如果陛下不能详细辨察真伪，那么像秦国名将白起那样含冤而死的忠臣就会越来越多。陛下应该深思虞舜对四凶的处理，尽快将那些善进谗言的佞臣诛杀掉，这样，叛乱就会平息，善人也愿意继续为朝廷尽力。"

想一下，张让能让这样的奏折传送给皇帝吗？他又岂能容忍？在镇压黄巾起义的过程中傅燮为东汉的统治者立下了不少军功，这样的功绩本来是可以封侯的，但怀恨在心的张让，在汉灵帝面前变着法的说傅燮的坏话。幸亏汉灵帝还记得他的功劳，这才逃过一死，但是封侯的事就不用再想了。

最后，傅燮被贬为安定都尉。没过多久，另外一名大宦官赵忠被任命为车骑将军，并受诏对镇压黄巾军有功的人员进行表彰。执金吾甄举对赵忠说："傅燮以前镇压张角匪徒，立了功却不能被封侯，为此天下人都特别的失望。现在将军担此重任，就应该重用贤人，叫众人心服口服。"这正中了张让等人的下怀，他们也正想借这个机会收买人心，培植更多的党羽，于是就欣然接受了这个建议，令城门尉赵延去问候傅燮。赵延见到傅燮后不知廉耻、不可一世地说道："你不对'十常侍'有所报答，这个万户侯是得不到的。"

傅燮听后，义正言辞地说："立了功不能被封侯，只能怪我命运不好，但是，要我私下里卖身投靠，获得恩宠。这是万万不可能的。"张让知道后愤恨不已，但是因傅燮威望很高，不好加以迫害，只能将他贬出京城。

早在黄巾起义爆发时，张让等宦官就觉察到汉政权的统治已摇摇欲坠，"岁当甲子，天下大乱"的传言在民间广泛流传。为了防止汉政权被推翻，也为了自己，张让开始和黄巾军拉关系。尽管张让和黄巾军秘密来往，但还是露出了一些蛛丝马迹。在镇压黄巾军的过程中，从缴获的物品里，豫州刺史王允发现有宦官张让的宾客及另外一些宦官写给黄巾军的信件。王允不敢有半点的隐瞒，就将这个消息报告给了灵帝。

灵帝得知他最宠信的宦官私通黄巾军，便怒责张让道："你们经常跟朕说党人为人不轨，但是国家现在有困难了，党人挺身而出为我分忧，你们却私下偷偷与黄巾军串通，你说该杀不该杀！"张让一边给灵帝谢罪，一边又把跟黄巾军来往的事情推到已故的常侍王甫、侯览身上。经过张让的一番巧言分辩，加上其又与灵帝的关系特殊，因此没有获罪。这件事之后，张让对王允充满了恨意，借故中伤，把王允逮捕入狱。这时，恰巧赶上汉灵帝下诏大赦天下，王允也因此被释放出来重新做了刺史。但是一个月未到，王允又以莫须有的罪名被张让逮捕。当时司徒杨赐觉得王允自命清高，不想让他入狱受辱，就悄悄派人对王允说："一个月内你两次入狱，原因是你得罪了张让，你要多多保重。"王允的朋友们也都纷纷赶来，哭着向王允敬献毒酒，希望他在这里结束掉生命，不要在张让的手里受辱而死。但王允则认为自己无罪，想他张让也不能拿他怎么样，就坦然的坐上槛车而去。王允入狱后，朝廷之上没有人不为之叹息。大将军何进、太尉袁隗、司徒杨赐三人联名上书，恳请灵帝宽大处理，这样，王允才保住性命。

当时，另一名大将卢植，亲率官军在巨鹿与黄巾军周旋，双方互有胜负。黄巾军坚守广宗，卢植一直攻不下来，只得修围墙，造云梯，挖沟渠，企图将广宗城围困住。这时，朝廷派小黄门左丰到卢植军中视察。左丰也是张让的党羽。有人建议卢植暗中给左丰送一些重礼，好让他在张让面前"言好事"。但为人耿直的卢植不肯，结果，左丰回去报告说：

"广宗的贼寇是很容易被打败的,然而卢中郎却一直在修建坚固的城墙,不愿意尽力的克敌,还下令让部队休息,这样能诛灭贼寇吗?"听完左丰的报告,汉灵帝十分地生气,当即要治卢植的罪。这时,司空张温说道:"秦国在当年任用白起,燕国任用乐毅,都是经历了很久的战斗之后才逐渐将敌人战胜的,更何况现在卢植已经立下了很多功劳。兵家的忌讳就是临战易将。愚臣认为,给其限定时间,在限定的时间内令其成功。"这时,张让却不停的在旁边进谗言,怒气昏脑的灵帝居然下令:"因卢植按兵不动,所以未能建功!迅速派出槛车将其押解回京,减死一等。"可怜的卢植竟受到了仅比死刑差一等的重刑。

张让的父亲病故后,归葬颍川故里,前来参加葬礼的人很多,因为张让的权势遮天,所管辖的地盘上基本上都有人参加,但州郡名士陈寔没有来。张让觉得这是对自己的不恭,便十分地恼怒。后来在家人的劝说下,名士陈寔一个人前往吊唁。张让这才转怒为喜,脸色好看了些。后来,在党锢祸起时,陈寔因受牵连入狱,张让在中间左右活动,使得陈寔保住了性命。张让的举动并非是为党人打抱不平,相反,他的目的就是告诉天下人,顺他张让的人就能昌,逆他张让的人就得亡。

计划失败　投河自尽

中平六年,汉灵帝病重。汉灵帝有两个儿子,一个是王美人生的儿子,名叫刘协。另一个是何皇后生的儿子,名叫刘辩,按常制,何皇后的儿子刘辩理所当然是汉灵帝的接班人,可是何皇后的出身十分微贱。何皇后原是一个屠户的女儿,父亲名真,是个很会经营的人,因此家产日丰。有钱后的何真,就想着攀援一个权贵之家,好有个靠山。刚好,那年宫中招选采女,何真的女儿身材颀长,姿容妙曼。于是,何屠夫就倾囊而出,对前来挑选采女的张让进行贿赂,使其女儿被选入宫内。几年后,何真的女儿因生子被册封为了皇后,父母和兄弟也都因此受到了封赐。何皇后的皇子刘辩深得灵帝的宠爱,自己以宠恃骄,就渐渐地专

横跋扈起来。得到的宠爱越多,她就越想着专宠,不允许灵帝再去宠爱别人,但是汉灵帝并不听从她的管制。时间一久,后宫中对于她的专横霸道无不知晓,就引起了其他嫔妃的不满,只是介于她旺盛的嫉妒心,人人都惧她三分。

再后来,王美人入宫,汉灵帝对她的娇宠有加。在王美人怀着刘协的时候,何皇后就企图将王美人流产,但此事被汉灵帝知道了,他十分生气。王美人生皇子刘协后,何皇后就狠心鸩杀了王美人。为此,汉灵帝打算将何皇后废除。何皇后知道以后又惊又怕,赶紧拿出当年进宫时的手段,用重金对张让等宦官进行贿赂,让他们在皇帝面前说情。因为汉灵帝特别恩宠张让,何皇后才得以免罪,保住了皇后的凤冠。汉灵帝担心何皇后再加害王美人的儿子刘协,就将他寄养在永乐宫,由自己的母亲董太后抚养。刘协这才安然无恙,免遭暗算。在汉灵帝病重之后,群臣们都知道汉灵帝来日无多,所以请求他册封太子。汉灵帝认为刘辩为人轻佻,没有威仪,不能成为天下之主,他希望次子刘协即位。可是大将军何进是何皇后的哥哥,他手里握着重兵,汉灵帝担心他会闹事,因此犹豫不决。在临死的时候,汉灵帝决定让刘协即位,他将上军校尉蹇硕叫到跟前,将刘协托付给他。灵帝对他说:"我自知不久就要告别人世了。现在因为何进位高权重,如果立刘辩,恐怕他日后更加如虎添翼。我已经定下要立次子刘协的决心,你速去办成此事!"说完之后就一命呜呼了。蹇硕与何皇后之间的矛盾很深,他当然深知何皇后的哥哥何进是掌握着兵权的大人物。在嫡长制的世袭制度下,刘辩是长子,是应该继承皇位的人,现在要废嫡立庶,这是有悖常理的。因此,蹇硕决定先下手为强,等将何进诛杀之后再将刘协立为太子。这时,汉灵帝的灵柩依然停放在殿中,蹇硕就在四周密布伏兵,打算等何进入殿中拜祭的时候趁机动手将其除去。

蹇硕的手下有个叫潘隐的司马,他曾经受到过何进的恩惠,何进在进入宫殿后,他就对何进使了个眼色。何进觉得事情有些不妙,转身退出宫门,骑上马逃回到大将军府,随即速度调集了军队护卫府院,之后称自己病重无法上朝。蹇硕没有得逞，只能按照惯例，让刘辩继位。刘辩就是汉少帝。

刘辩即位之后，何氏尊为皇太后，并将国家的大权交给了何进，刘协被封为渤海王，后来又改为陈留王。何进知道天下人都嫉恶宦官，上次蹇硕要加害自己的事更让他怀恨在心，于是决定铲除宦官。这时中军校尉袁绍也主张诛杀宦官，两人一拍即合。蹇硕知道了何进的意图后，想先下手为强，就与宦官赵忠一同密谋诛杀何进。但是，有个叫郭胜的宦官，他跟何进是同乡，于是就把蹇硕的预谋悄悄透露给了何进，何进马上下令派黄门逮杀了蹇硕。

蹇硕死后，袁绍劝何进一举将宦官的势力彻底除掉。他说："从前，窦武想消灭宦官，但是因为泄露了机密，反而被宦官所杀了。现在兵权在将军手里，将军应该为天下除害，千万别再错过机会。"何进不敢擅作主张，就去跟太后商量。何太后死活都不肯答应，并且说："宦官统领禁省，这是汉代的制度。"何进没有办法，只得退而求其次，决定先将哪些恶行昭著的宦官诛杀掉。

袁绍反对妥协，说如果此时不铲除宦官势力，将会后患无穷，他又替何进出谋划策，劝何进秘密地将各地的兵马召集进京，强迫太后同意铲除宦官。何进觉得这是个好办法，就决定将各地的兵马召集到京，以此想吓唬吓唬太后。何进的主簿陈琳听到后，赶忙阻拦说："将军手里不缺兵马，消灭几个几个宦官，那不是轻而易举的事吗？如果此时将外兵召入进京城，就好比把刀把子递给了别人，这样会出大乱子的！"

何进没有听从陈琳的劝告。他想了想，在各州人马中，就数并州牧董卓、泰山太守王匡、东郡太守桥瑁他们三人的兵力雄厚，如果招他们来帮忙肯定不会错，于是就派人给他们每个人送了封信，要他们迅速带人马进入洛阳，然后又派人火烧孟津，火光将天空都照亮了，就连京师也映照在火光之中。何太后这时感到害怕了，于是就罢免了所有的宦官，留下了几个跟何进关系还不错的宦官在宫中照应。被罢免的宦官都要去何进的面前请罪，然后任凭何进处分。袁绍劝何进趁着这个机会将他们全部诛灭，可是何进却犹豫不决。

张让一拨人，自打蹇硕死后，每天都惶惶度日，何进的心思他们都了解，所以他们心里都非常地害怕。于是就用大量的金银珠宝，对何太后的母亲舞阳君、何进的弟弟何苗进行贿赂。得到了好处的母子二人，就替他们在何太后的面前说好话，所以何太后更加犹豫不决，始终下不了诛灭宦官的决心。

何太后的妹妹，是张让的儿媳，张让就对她叩头不止，请求她让他继续留在皇帝身边，他说："以我现在所犯的罪理应全家都回到家乡，只是一想我家几代都蒙受皇恩，今天却要远离宫殿，心中恋恋不舍。我愿意再次入宫侍候一次，能暂时见到太后，趋承颜色，然后退到沟壑，死而无憾了！"在太后因王美人的事和灵帝闹翻时，是张让等宦官力保才让她没有被废。所以，当何太后听了妹妹的一番话后，就下令召见张让等中常侍，允许他们像以前一样自由进出内宫。

八月二十五日，何进去往长乐宫，奉劝何太后要她将中常侍统统杀掉。中常侍张让、段商议说："在先帝葬礼时，大将军何进以告病的缘由没去参加葬礼。这如今突然入宫，这是什么意图？难道窦武事件真的要重演吗？"于是他派人去窃听何进兄妹的谈话，在得知了全部谈话内容后，张让便率领自己的党羽数十人，手持武器，悄悄地从侧门进去，埋伏在殿门下，假传太后的旨意召何进。何进入宫后，张让等人责问何进说："现今天下的混乱，也并非全是我等的过错。先帝曾多次要废除何太后皇后的资格，是我等叩头求情，才保住太后以及你何进的地位，我们这样做就是想让你们成为我们的依靠。你这个忘恩负义的家伙，现在要动手杀掉恩人，你这简直是太过分了！你们口口声声说我们宦官贪赃枉法，道道你们外戚和官僚们都是清白的吗？"说完，尚方监渠穆就拔出剑来，将何进杀死在在喜德殿前。接着张让等写下诏书，命少府许相为河南尹，命前太尉樊陵为司隶校尉。尚书卢植看了诏书后，觉得十分可疑，就说："请何大将军前来一同商议。"中黄门把何进的人头扔给尚书卢植，说："何进因为谋反，已经被处死了！"

何进部下的军官吴匡、张璋在宫外得知了何进被杀害的消息后,就准备率军入宫,可是宫门已经紧闭了。虎贲中郎将袁术与吴匡等一同向皇宫进攻,用刀将宫门劈开。中黄门手持武器,则牢牢的守住宫门。此时正是黄昏时分,于是袁绍就纵火烧南宫的青琐门,想用此来威逼宫中把张让等人交出来。张让等人来到后宫禀告何太后,说:"何进的部下谋反,进攻尚书门,还纵火烧宫。"他们裹胁着少帝、何太后、陈留王刘协从天桥的阁道向外面逃去。中途何太后从城墙上跳了下去,这才没有没劫持出宫。此刻宫里涌进了大批的士兵,不由分说,见了宦官就杀。有的人并非宦官,就是因为没有胡须,结果被当成宦官误杀了。

张让挟持着少帝和陈留王趁着夜色到达了小平津。尚书卢植在后面紧追不舍,河南郡的一个官吏闵贡也赶了上来,闵贡厉声斥责张让等人说:"如今你们还不死,我就是来杀你们的!"于是挥剑砍死数名宦官,张让等人即惶恐又害怕,立即向少帝叩头辞别说:"我们就要死了,请陛下自己保重!"于是投河而亡。

这场火拼,令张让为代表的宦官集团与何进为首的外戚集团两败俱伤,而控制皇帝和中央政权的则是以董卓为代表的新崛起的豪强势力。从此以后,东汉王朝四分五裂,东汉的天子也只是徒有其名了。

第四章 倒行逆施的太监——刘腾

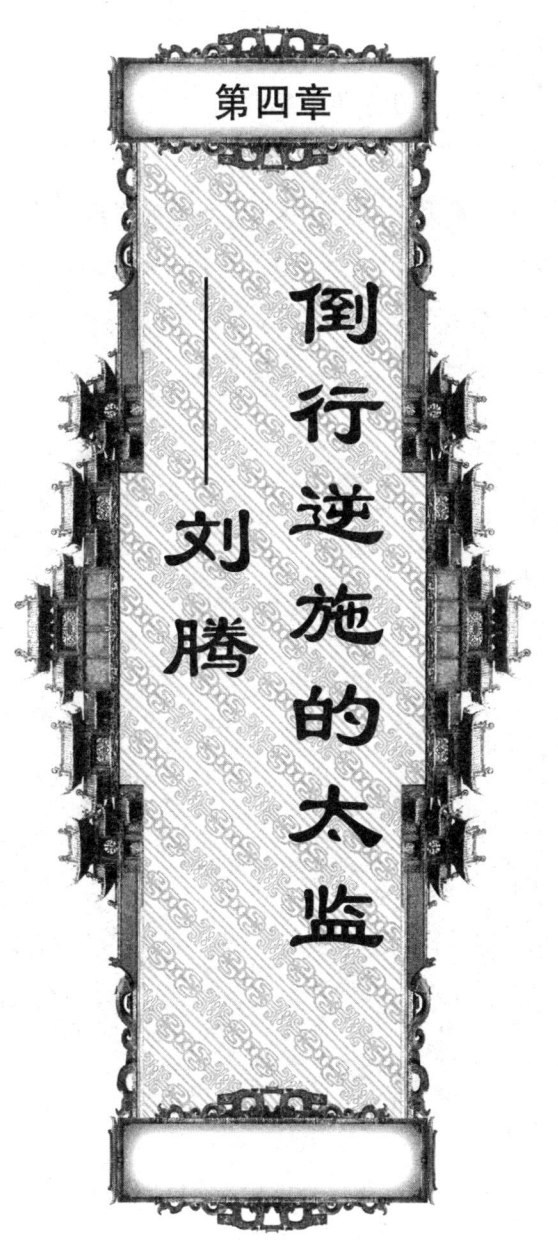

太监档案

☆姓名：刘腾

☆出生地：平原（今山东平原县）

☆逝世日期：公元523年

☆主要事迹：为孝文帝迁都出谋划策，监禁太后，杀死忠良元怿。

☆生平简历：

公元493年，刘腾担任给事中的职务。

公元520年，刘腾软禁太后，杀害元怿。

公元523年，刘腾病死。

人物简评

刘腾从一个小小的宦官，爬到了位极人臣的地位。他善于揣摩主子心意，心藏计谋，得到了孝文帝的宠爱，历经孝文帝、宣武帝和孝明帝三朝。在孝明帝时期，他拥护胡太后母子有功，权势如日中天，后来倒行逆施，废后戮相。作为一个可怜的受阉之人，内心深处隐藏的屈辱和自卑让他做出了种种贪婪、报复的行为，生活奢侈腐化，蓄养美女。他将朝廷内外搅得乌烟瘴气，最后加速了北魏的灭亡。

生平故事

为迁都出谋划策

五代十国时期，少数民族鲜卑族拓跋部建立了中国历史上第一个少数民族政权北魏。公元424年，北魏已经成为北方最强大的政权，此时北魏太武帝拓跋焘执政。

北魏政权强大了以后，内部管理却比较混乱，各种典章制度都不完备。宫里的宦官乘机作乱。大权在握的太监宗爱先后杀死了太武帝拓跋焘和继任的吴王拓跋余，这是中国历史上第一个太监弑杀皇帝的例子，为以后太监弑君开了先河。后来又出了一个对北魏政权翻云覆雨的大太监刘腾。这位刘腾虽然没有弑君，但是囚禁太后，杀了丞相，擅权误国，专横一时。

刘腾，字青龙。他原来是平原（今山东平原）城的普通百姓，后来迁居到兖州的进郡（今安徽亳州）。刘腾从小就进宫了，从来没有念过书，只会写自己的名字。虽然不识字，但是他善于观察，能够揣摩主子的心思，经常为主子排忧解难。他心思缜密，腹有计谋，很快受到恩宠，从小黄门转补为中黄门。

刘腾的父亲就是一个阴险的家伙，可刘腾青出于蓝而胜于蓝，比他的父亲计谋更多，更会察言观色，揣摩人意。虽然身为地位卑贱的宦官，但他却没有认命，只要有机会，他绝对不甘心居于人下。所以他不断地寻找机会，试图着改变命运。

北魏孝文帝拓跋宏即位之后，继续施行先帝未完成的政治改革。孝文帝可谓是一个年轻有为的君主，小时候就非常聪明，念了不少汉民族的书籍，认为汉族文化是先进的文化。他知道，如果要让北魏更加强大，只有抛弃民族偏见，吸收和运用汉族的文化。

北魏的首都在平城（今山西大同），在北魏早期，这个地方是合适的。但是随着北魏统治力量的增强，其统治范围也逐渐扩大，实际统治面积从内蒙古河套一带扩展到整个中国北方地区。作为首都，大同实在太偏远了，周围也没有什么发展空间，制约了北魏的强大。而且其他的北方游牧民族虎视眈眈，这使得大同容易受到攻击。再者，北魏当时处于转型时期，从一个半游牧民族政权逐渐转变成中国的正统政权，并且有开始有计划地为统一全国做准备，如果要作为全国性的首都，大同明显不适合了。

为了和黄河流域的汉民族联系得更加紧密，方便进攻南朝，统一全国，孝文帝决定把都城迁往洛阳。迁都事关重大，或多或少地会损害到一些鲜卑贵族的切身利益。对于既得利益者来说，不变才是最好的，守旧派贵族喜欢在旧都过奢侈的生活，也留恋旧都的田地财产。迁都带来的风险谁都不可知，所以他们是反对迁都的强大阻挠势力。孝文帝迫于压力，又想不到什么好办法，所以每天都唉声叹气。

刘腾看到孝文帝整天提不起精神，虽然他读书不多，但颇有心计，心中暗暗想道：只要能帮助孝文帝迁都成功，那么肯定会被刮目相看，受到重用。虽然大多数人反对，但是实权还是掌握在孝文帝手中，还是孝文帝说了算。刘腾考虑良久，终于想出一则计谋。

这天，轮到他服侍孝文帝了，借这个机会，刘腾便对孝文帝说："陛下,近日有多位妃子询问陛下为什么多日不去后宫看望她们。"孝文帝还在为迁都的事情烦恼,怎么也想不出什么好对策,叹了一口气说道:"你们这些下人怎么会明白我的烦恼呢?"刘腾接着说道:"奴才虽然没读过什么书,但也许能够为陛下分忧。"孝文帝见他如此懂事,就问道:"你知道我因为什么事而烦恼吗?"刘腾说:"平成灾年缺少粮食,柔然又经常骚扰,所以陛下烦恼。"孝文帝见一个太监竟然知道自己的心思,感到非常吃惊,便问道:"你有什么良策?"刘腾说:"当今良策,就是迁都。"孝文帝听了,无可奈何地说:"我也这样想,但是反对的人太多。"孝文帝的话早就在刘腾的预料之中,他已经准备好了应对之策,便很有把握地说道:"当今的贵族大臣,有两件事让他们最为害怕:第一,他们惧怕上战场打仗,向南攻伐;第二,迁都。陛下可以假意南伐,大臣们一定会反对,在这个时候再提出如果不南伐就迁都,恐怕这件事就很容易成功了。"孝文帝对这个计策很是欣赏。一个太监竟然有如此见识,这让他很是惊讶。

太和十七年(493)秋,孝文帝亲自率领三十万人马南征。队伍行进到洛阳,孝文帝停止前进,带着大臣们参观西晋宫殿的遗址,眼前是一片满目荒凉的景象,依稀还能看到旧日的繁华。孝文帝对大臣们说:"西晋的皇帝没有将国家治理好,导致国家灭亡,宫殿荒芜,看了真让人感伤。"

这这时候正是秋天,洛阳下起了绵绵的秋雨,跟随的文武大臣们也想起了太武帝拓跋焘南征刘宋惨败逃回的情景,仿佛就像昨天发生的一样。他们对这次南征一点儿也不赞同,害怕也会惨败而归。正在大臣们对此担忧不已的时候,孝文帝突然下令马上向南进发。他做好准备要出发,文武大臣们不愿意南征,一齐跪下恳求孝文帝停止南进。安定王拓跋休代表群臣讲述了南进的利害关系。孝文帝说:"这次南征的成功或失败,影响都很大,这点我也非常清楚。你们既然反对南下,那么就听我的话,把国都从平城迁到这里来,等将来有机会了再灭亡南朝,统一全国。"南安王拓跋桢认为只要不南征,什么条件都会答应,赶忙说道:

"只要陛下不再南进，我们肯定赞成迁都洛阳。"就这样迁都洛阳的事就定了。

刘腾在迁都一事上可以说是立了大功，孝文帝于是升刘腾为给事中。

迁都后，孝文帝在各个方面进行了改革，废除了鲜卑旧姓，将拓跋改为元，自己的名字改为元宏。

将冯贵妃接回宫

北魏孝文帝拓跋宏即位之初，由冯太后临朝听政。拓跋宏秉性孝谨，事无巨细都首先向太后禀告。拓跋宏的生母是后宫李夫人，李夫人被冯太后以子贵母死的理由赐死，不仅如此，李氏全族都被诛戮。拓跋宏在冯太后身边长大，也没有人告诉他自己是谁生的，所以对冯太后很是敬重，把祖母当成生母一般看待。

为了让自己的家族长盛不衰，冯太后挑选了兄长冯熙的两个女儿进宫。后宫有一位美貌的林氏，深得孝文帝的宠爱，生了皇长子拓跋恂。孝文帝是子贵母死的受害者，连自己的亲生母亲都不知道是谁，所以想废除旧例，保住林氏的性命，但冯太后逼迫林氏自尽而死，目的是让自己的侄女入宫为后。

冯熙的两个女儿一入宫，就凭借着冯太后的关系，次女冯姗马上被册封为皇后，长女冯妙莲被册封为左昭仪。原来妹妹冯姗是嫡出，冯妙莲是庶出。皇后冯姗本来出身大家闺秀，颇有德操，但昭仪冯妙莲却姿容艳丽、妩媚妖娆，使得孝文帝为她倾倒。孝文帝独宠冯妙莲一人，除了上朝之外，每天都在冯妙莲的宫中寻欢作乐。

冯氏姐妹在宫中的第三年，皇后冯姗难产死了，然后冯妙莲也突然身患重病，全身没有力气，不仅无法陪伴孝文帝，连引以为傲的容貌都毁了，脸上冒出了许多白点。冯太后本来在冯姗死后准备立她为后的，现在看来没有什么希望了，就找了个理由送她出宫为尼了。

随后，冯太后又选了兄长的另外一个女儿冯媛进宫。没过多久，冯

太后就病死了，好在冯太后生前已经做好了安排。太和十七年，孝文帝服丧期满后，就册立冯媛为皇后。冯媛的性格倔强保守，孝文帝并不怎么喜欢她，但是每次看到冯媛，就会想起她同父异母的姐姐冯妙莲。

刘腾看透了孝文帝的心思，帮助主人完成心愿也是自己的职责，当然更重要的是能帮助自己升官发财。刘腾想了一计，便对孝文帝说："冯贵妃本来也是宫中人，奴才听说冯贵妃的病已经全好了，为什么不将冯贵妃接回宫中呢？"听了之后，孝文帝心说我怎么就没想到呢！孝文帝恨不得马上见到冯妙莲，一解相思之苦。于是他立刻下旨让刘腾亲自办妥此事，接冯妙莲回宫。

刘腾好好琢磨了这趟差事，冯贵妃回宫之后肯定会得到皇上的宠爱，趁接冯贵妃回宫的机会自己要好好地巴结冯贵妃。想好怎么做之后，刘腾立刻赶往冯妙莲所在的尼姑庵中。刘腾见到冯贵妃后说道："皇上知道娘娘的病已痊愈，特派奴才来接娘娘回宫。"冯妙莲感到很惊讶，问道："皇上怎么会知道我的病已经好了？"刘腾回答道："娘娘在宫中时，对奴才的恩惠甚深，奴才不敢忘。前几天，奴才做梦，梦到娘娘红光满面，奴才想到娘娘的病肯定已痊愈，特地派人来探，但是娘娘正好不在，但同庵的女道士告之娘娘身体已经大好了，于是奴才就赶紧向圣上做了汇报。圣上大喜，特遣奴才来此接娘娘回宫。"冯妙莲听了这话很高兴，仔细看了看这个太监，总觉得眼熟，但实在想不出曾经对他有过什么恩惠。但是，既然他这样说，能回宫毕竟是件好事，所以马上跟着刘腾回宫去见孝文帝。

冯妙莲回宫后，孝文帝对她的宠爱丝毫不减当初。这件事办得好，既得到了孝文帝的信任，也让冯妙莲对他暗生感激。冯妙莲这次回宫，刘腾可谓一举两得。冯妙莲为了取悦皇上，使出了浑身的解数。她每天都变换不同的发型，打扮得也与众不同，总会让孝文帝眼前一亮。不仅如此，冯妙莲还会自制香水：将麝香粉末放到肚脐眼里，让自己的全身浸满飘逸的香味，这种香味刺激得孝文帝热血沸腾，对冯妙莲宠爱更甚。

仗着皇上的宠爱，冯妙莲想当皇后的野心一天天膨胀起来。本来当初进宫就是为了当皇后，谁知道生病被遣送出宫，被妹妹冯媛夺走了。冯妙莲发誓要将皇后的宝座抢回来。她根本就没有将冯媛放在眼里，经常在孝文帝面前说冯媛的坏话。冯媛虽然秀丽端庄、文静贤淑，但是并不喜欢说汉话，穿汉服，而这些都是孝文帝提倡的，所以孝文帝不太喜欢这位皇后。加之冯妙莲经常在皇上面前诋毁妹妹，冯媛最终从皇后被废为庶人，被迫到瑶光寺出家做了尼姑。冯妙莲于第二年，即公元497年，被孝文帝册封为皇后。

之后不久，孝文帝带兵南征。皇上出征在外，冯妙莲在后宫耐不住寂寞，就与中宫高菩萨在宫中寻欢作乐，过着醉生梦死的生活，淫乱后宫。宫里人多口杂，这种风流韵事很快就传到众位大臣耳中。冯妙莲的弟弟冯夙是典型的恶少，看上了年少寡居的彭城公主，公主不从，冯妙莲却出来逼婚。公主被逼无奈，便带着几个婢仆秘密逃出宫，赶往孝文帝的军中，告知了皇后和高菩萨的奸情。孝文帝既惊讶又愤怒，但也没有全信妹妹的话。

刘腾在宫中听说了彭城公主出逃的事情。他心想，孝文帝迟早有一天会知道冯皇后的丑事，那时候冯皇后肯定会被惩处。如果自己隐瞒皇后的丑事不报告给皇上，恐怕到时候自己也会被皇上遗弃，只有舍弃皇后才能保住自己的地位。皇上听了肯定会大发雷霆，恐怕为了掩盖丑事降罪于我，不过如果运气好，可能还会升官。于是，他找了一个借口逃出宫中，见到皇上后和盘托出了皇后和别人淫乱的事情，印证了彭城公主说过的话。孝文帝遂提拔刘腾为冗从仆射，但是皇帝却因此事急怒攻心病倒了。

冯皇后很快知道了刘腾与彭城公主把自己的丑行密告了皇帝，对此她非常担心，急忙和母亲常氏商讨怎么办才好。两人认为只有孝文帝死去，冯皇后才有活命的机会。于是冯皇后找来女巫诅咒孝文帝速死，希望能够另立少主临朝称制。冯皇后同时派心腹太监双蒙多次到军中探望孝文帝，侦探孝文帝的情况。孝文帝假装不知道宫中的事，冯皇后心中暗自高兴。

公元 499 年，孝文帝秘密赶回洛阳，一入宫，立刻逮捕了高菩萨、双蒙等人。两人受到了严刑拷打，供出了皇后荒淫之事和找女巫诅咒皇帝死等事。本来孝文帝已经病好了，但是当即气昏过去。孝文帝派人将皇后带来，从皇后的身上搜出一把小匕首。孝文帝对冯皇后的感情很深，即使冯皇后诅咒自己速死也没有赐死她，还是留下了冯氏的性命。经此剧变让孝文帝一病不起，在他临终的时候下旨道："后宫久乖阴德，自寻死路，我死后可赐冯皇后自尽，葬用后礼，庶可掩冯门之大过。"孝文帝死时年仅 33 岁，正值壮年。

拥立胡贵妃母子

公元 499 年，孝文帝的次子元恪继位，史称宣武帝。宣武帝的皇后为于氏。宣武帝宠爱高贵妃，不久，高贵妃害死了于皇后，高贵妃被册立为皇后。高皇后的哥哥高肇也受到宣武帝的重用。高皇后容颜娇美，但是善妒，不能容忍宣武帝亲近其他妃嫔。她和皇帝生了一子一女，但是都不幸早亡，虽然宣武帝快壮年了，但是一直没有后嗣。

后宫中司徒胡国珍的女儿胡氏，容貌堪称国色天香。据说胡氏降生的时候，她的母亲看到卧房内红光照射，不知这是什么征兆？胡国珍询问了当时很有名气的术士赵胡，赵胡立刻说："这是吉兆，有大贵之表，一定为天地母，生天地主。"等到胡氏长大后，出落得愈加秀美。她的姑妈出家做了尼姑，对她的生世大肆宣扬，很多人都知道胡家出了个才高貌美的奇女子。宣武帝也听到了传言，就召她入宫，册封为承华世妇。

入宫不久，她怀孕了，周围的人劝她想办法让孩子流产，因为只要生下太子就会被杀掉。因为宣武帝的孩子都夭折了，所以胡氏如果生了男孩，肯定被册封为太子。但是她并没有听从周围人的话，反而对佛发誓希望能够生下皇子，即使为此死去，也没有关系。后来，胡氏真的生下皇子，被进封为充华嫔。因为宣武帝的儿子们在出生后不久就被高肇或高皇后想尽办法弄死，所以皇帝对这唯一的皇子非常爱护，严加保护。

他亲自为儿子挑选良善之人当乳母，选择宫殿专门养育，皇后和胡氏都被严令禁止去探视。

这时，高皇后和高肇仰仗着皇上的宠信，在朝中专权行事，大臣稍不顺遂他们的心意就会被杀害。

彭城王元勰就是一个例子，他是朝中重臣、皇室至亲。高皇后在皇上面前进谗言，结果元勰被杀。宣武帝另一叔祖任城王元澄害怕高肇加害自己，为了保全性命，假装痴狂。胡贵妃也处于随时被高皇后迫害的危险境地，但是司徒胡国珍没有能力保护女儿。胡贵妃求助于给事中刘腾，刘腾为了将来考虑，爽快地答应了，并拉拢左庶子侯刚和已故于皇后的世兄于忠。

刘腾和于忠为了保护胡贵妃，献计让宣武帝下旨将胡贵妃移居到其他的宫殿，并派亲军守卫，高皇后想要迫害也无从下手。从此高皇后将胡贵妃视为眼中钉。

延昌四年（515）正月，宣武帝元恪在皇宫式乾殿病死。当天深夜，领军将军于忠和左庶子侯刚来到东宫迎接太子元诩，继承皇位。高皇后的心腹詹事王显，认为应该在天亮后请示高皇后之后再讨论太子即位之事。崔光反驳道："皇帝驾崩，太子继位，这乃是国家常典，又何须皇后的命令！"众人立刻请太子即皇帝位，这就是北魏孝明帝。

软禁太后　陷害清河王

孝明帝当时还是一个6岁的孩子，大权掌握在胡贵妃和刘腾的手中。高皇后被册封为皇太后，胡贵妃被册封为皇太妃。太尉高阳王元雍、任城王元澄、清河王元怿等有势力的皇族均被邀请参预内务。高肇此刻正领军在外，孝明帝即位后，他匆忙回京，没想到，受到算计。元雍和于忠下令卫士潜伏在先帝的灵堂，当高肇为亡帝哭丧时抓住机会将其扼死。然后让皇帝下旨，列出高肇犯下的罪恶，称他已畏罪自杀。

高肇死后，高皇后没有了靠山，胡太妃随即逼迫高皇后出家为尼。

胡贵妃被尊为皇太后，临朝听政，控制了北魏大权。胡太后没有忘记刘腾对她的帮助，提升刘腾为开国子，食邑三百户，后又升任崇训太仆，加侍中，改封长乐县开国公，食邑1500户。

胡太后将政事处理得井井有条。她命令制造了一辆"申讼车"，坐在车内，外边放下帘幕，定期出巡云龙门和千秋门等繁华地区，接受百姓的诉讼并为百姓平复冤案、错案。她自行裁判或者交给有司妥善处理，朝野上下对她的做法都很认同。各州郡向上推荐的孝廉秀才，胡太后亲御朝堂，批阅试卷，评定等级，然后择优录用。

胡太后亲手批阅朝廷的一切政务，她聪慧机智，读了很多历史典籍，而且擅长射箭，技艺高超，能够射中针孔。在执政之初，她踌躇满志，想要有一番大作为。但是不久之后，她就放松了对自己的要求，开始放纵和挥霍。她崇信佛教，大肆修建佛寺和佛像，耗巨资建造了一座全国最大的佛寺——永宁寺。她并没有因此满足，在其他一些地方也广造寺院、佛塔，国库都被消耗殆尽了，对人民的沉重剥削和压迫，激起了六镇大起义。

不久，刘腾突然患了重病，胡太后以为刘腾没救了，作为安慰升刘腾为卫将军，仪同三司。

但刘腾升官之后，身体渐渐好了。胡太后对他的宠信丝毫不减，还有增加的趋势。洛北永桥、太上公寺、太上君寺及城东三寺，都是太后主政时由刘腾主持修建的。在修建这几个寺院的时候，刘腾借机会收敛了巨额财富，而且这几个寺庙建得奢侈华丽，胡太后很是满意。胡太后知道刘腾敛财的恶行，非但没有责怪，反而奖赏他。刘腾受到太后如此宠爱，更加肆意妄为，作威作福。河间王元琛为了复职，堂堂一个王爷也要尊拜刘腾作义父，可见刘腾的权势之大。刘腾派人到各处收刮钱财，并且卖官鬻爵。

刘腾平时过着奢侈的生活，一掷千金。刘腾家里养着几十名貌美的艺女，这些艺女的选拔标准都很严格，平时她们个个穿金戴银。他家里的每一件东西，每做一件衣服，都要花费千金，致使京城人家竞相仿效。

而胡太后从来对此视而不见，朝廷百官也想尽办法讨好刘腾，只有清河王元怿不惧怕刘腾的盛宠，以法相责，两人之间的矛盾日益加深。

清河王元怿是宣武帝的弟弟，长相俊美，并且才华横溢。胡太后看上元怿的才貌，委以重任，经常招元怿留宿宫中。元怿有以天下事为己任的远大理想，得到太后地信任后，更加竭力辅佐幼主，刘腾和朝中的亲贵、百官，只要有不法之处都会以法论处，所以把很多官僚都得罪了。刘腾利用朝中权贵对元怿的不满，等待机会报复他。其中胡太后的妹夫元义，仗势欺人，做了很多不法之事，多次受到元怿的责难，对元怿更是恨之入骨。

刘腾和元义一拍即合，两人密谋，指使党羽在皇帝的膳食中下毒，栽赃嫁祸于元怿，诬蔑元怿谋害皇帝欲自立。小皇帝只有11岁，也没有什么分辨能力，在刘腾等人的引导下，不清不楚地就下令处死了元怿。元怿被陷害致死，时年仅34岁。朝野上下有识之士对元怿的死感到很气愤。

元怿被处死后，刘腾为防胡太后报复自己，向外宣称太后身染重病不能处理政事，将大权还给孝明帝。实际上，刘腾大胆地将太后软禁在北宫，宫门紧紧关闭，钥匙由刘腾亲自掌管着，不允许任何人包括孝明帝在内与太后见面。胡太后被软禁后，衣食供给不足，常常忍受饥饿和寒冷。右卫将军奚康生对刘腾废后的行为表示不满，结果被刘腾处死。百官中再没有人敢提出异议。这时，刘腾升任了更高的职位，担任了司空，位列三公。

死后被戮尸

铲除了妨碍的人之后，刘腾和元义控制了朝廷大权。两人狼狈为奸，共树党羽，一切朝廷大事都由他们说了算。朝中大臣，无论是级别低的，还是级别高的，往往一大早就到刘腾的住宅静候，而不是入宫上朝，就是为了得到刘腾的训令，然后依言而行，一点儿都不敢违背刘腾的意思。

新上任的大臣，也必须要先朝拜刘腾。还有一些没有廉耻的人，认刘腾为义父，希望靠上这棵大树升官发财。

刘腾在经济上越来越贪得无厌，只要有人在公事上拜托他，他都索要巨额的钱财。身为宦官，他还尽挑美女侍寝。

胡太后被幽禁后一方面对刘腾愤恨不已，一方面也埋怨自己养虎为患，终于酿成大错，导致如此下场。但是只要没死，就还有机会。此时，北魏朝政在外由元义把持，在内由刘腾统领，两人的威势如日中天。朝野有人升官或当官，都要给两人送礼，连元义的父亲京兆王也借着儿子得势卖官弄权。他们盘剥六镇边防军人，私自向南朝走私货物，欺男霸女，远近的百姓怨声很大。

北魏朝廷乌烟瘴气，朝纲大乱，戍守边关的将领投降至南朝，宗室内也有元正德、元法僧等人试图谋反，又有柔然、朔州的胡人、沃野镇、高平镇的民众造反，后来情况越来越坏，边防六镇的军民不堪忍受虐待全部造反，一时间到处都在打仗，魏国大乱。

523年4月，大太监刘腾因病去世，元义的势力削弱了很多。此时，元义已经执政有三四年了，认为天下完全能由他一个人掌握，对胡太后也没有过去那么防备了。小皇帝与胡太后见面，胡太后当着众臣的面说要出家，说着还拿剪刀剪头发。皇上和众大臣苦苦哀求，胡太后才打消念头。小皇帝陪着胡太后在嘉福殿住了几天，两人都认为最好除去元义。小皇帝已经长成大人，又学会了演戏，他假装把母子间的谈话一一告知元义，放松了元义的警惕心，让他觉得自己深受皇帝宠信。

525年2月，胡太后和皇上合议将元义的禁军统帅的职务解除，为了稳住他，封他为骠骑大将军、开府仪同三司、尚书令、侍中、领左右等虚衔。元义还没有意识到危险的来临，总觉得自己不会被废黜。

元义对自己估计过高，实际上他志大才疏，耽于酒色，导致政事懈怠，也给了胡太后东山再起的机会。时机终于成熟了，元义的兵权解除之后，对她已经没有了威胁。正光元年（535）四月，胡太后宣布临朝摄政，首先下诏降罪元义、刘腾，将元义的所有职务罢免，将他贬为庶人，

第四章 倒行逆施的太监——刘腾

追削刘腾官爵。有人乘机为清河王元怿翻案，要求诛杀元义，戮刘腾的尸体。这个提议正中胡太后下怀。她为元怿平反，长子元直继承爵位。胡太后又下令挖掘刘腾的坟墓，将骸骨撒露于野，没收了刘腾的全部家产，他的四十多个养子也难逃一死。

第五章 心思细腻的精明太监——高力士

太监档案

☆姓名：高力士

☆出生地：高州良德（广东省高州市）

☆出生日期：公元684年

☆逝世日期：公元762年

☆主要事迹：协助唐玄宗平定韦后和太平公主之乱。

☆生平简历：

公元684年，高力士在高州良德（今广东省高州市）出生。

公元700年，被岭南讨击使李千里阉割入进贡入宫，宦官高延福收养为子，改姓高。

公元731年，协助唐玄宗平定太平公主之乱，后被封官三品。

公元737年，武惠妃去世，高力士推举杨贵妃，并深得二人宠信。

公元742年，高力士因和李白有过节，就借杨贵妃之手将李白驱逐出宫。

公元755年，安史之乱爆发，高力士协助皇帝贵妃离开长安。

公元756年，在众将的逼迫下，皇帝忍痛割爱，命高力士亲自将杨贵妃缢死。

公元762年，在安史之乱后，因玄宗和肃宗的逝世悲伤过度病情加重而逝世，死后和玄宗陪葬。

人物简评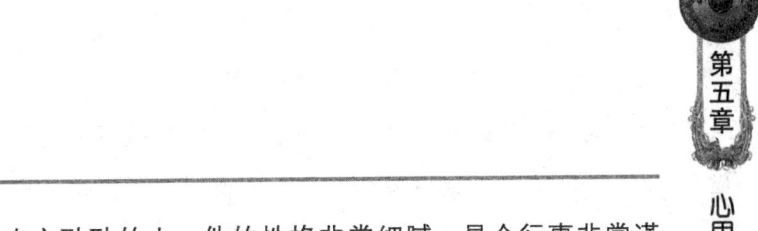

他是个对皇帝忠心耿耿的人,他的性格非常细腻,是个行事非常谨慎聪明的人。也就是这样的先天条件,才致使他分别受到武则天和李隆基的赏识。虽然,在朝廷他曾经设法驱逐了李白,而且在掌权之后搜刮民脂,挥金如土。但是他曾帮助唐玄宗平定韦后和太平公主之乱,包括后来皇室内出现的大小矛盾。和别的宦官不同的是他并不是那么专权,而是擅权。

生平故事

了解宫廷政变　积累政治经验

高力士本姓冯,名元一,潘州人。曾祖父冯盎是广、韶十八州的总管,曾经跟随隋炀帝征辽,得到了左武卫大将军的册封。在唐朝立国之后,就向唐朝称臣,因立过军功,且深得民心,在死后追赠为左骁卫大将军和荆州都督。到武则天当政时期,冯盎的孙子冯道衡因为跟流放的前朝官员、皇亲国戚交往甚密,又受人诬陷,因此被抄家没籍,也因此,冯家一蹶不振。那时,元一还小,不懂世事。到了元一11岁的时候,冯道衡因病去世,又因家里遭了大火,所以冯家就彻底败落了,年幼的元一和母亲麦氏只得流落街头,沿街乞讨。为了避免母子二人遭受被饿死的命运,麦氏就决定把元一卖给权贵之家。分手的时候,麦氏抱着元一痛哭不已,她泪流满面地叮嘱元一:"儿啊,今日娘与你永别,不知道什么时候才能再重聚呀。你胸口的七颗黑痣,别人说这是富贵的象征。平时,你总爱拨弄我手腕上戴的两只金环,我会把它们好好保存的,如果到时候我还没死,再重逢时就当作我们相认的标志,你一定得记住啊!"

年少的元一懵懂的点点头与母亲告别。

被卖到当地权贵家的元一，每天清扫院落，生活的十分平静。唐长寿三年二月，岭南爆发少数民族叛乱。李千里被武则天派往岭南任征讨使，率大军前去镇压。叛乱平息之后，为了讨好武则天，李千里下令在岭南征集阉儿。为了巴结李千里，这户权贵残酷的将冯元一阉割了，冯元一于是被送到了李千里的帐下。李千里见元一身体健壮，又十分讨人喜欢，就将他留下来，送到长安，作为给武则天的进奉之礼。

从风光秀丽的南国来到京都长安的元一，看到熙攘的人群，宽敞的大道，南腔北调的叫卖声，这一切对于他来说是那么的新奇，只是他还没来得及饱览长安的风光，就被一个太监带进了皇宫。元一看到空旷的皇宫和泥俑一样的禁军感到阵阵恐惧，好在，武则天并不是那么的可怕。武则天见元一长的十分乖巧伶俐，非常地惹人喜欢，于是就把他留在了自己身边做贴身宦官。元一虽然很尽力，处处行事小心，还是得罪了喜怒无常的武则天，便下令将他逐出宫。这让年幼的冯元一一下子陷入了困境中。正当他走投无路，举目无亲的时候，一个老宦官高延福收留了他，还将他作为自己的义子，从此冯元一改姓高，名高力士。

高延福当时是个后台十分强硬的宦官。武则天称帝后，将李氏宗室大肆杀害，并提拔武氏子弟，因此，武则天的侄子武三思，居于宰相，有着显赫无比的权势。高延福则正好是出自武三思之家，和武三思的关系非常地紧密，也因为这层关系，时间一长，高力士和武三思的关系也火热起来，这无形中就提高了高力士的地位。

这时候，高力士的心机才慢慢地展现出来。高延福是个贪婪的奸宦，他觉得给朝廷养马可以捞得油水，于是面奏唐睿宗，恳请他去负责养马。后来皇上一准奏，高延福就离开朝廷到高州府专门负责养马了。

后来，狄仁杰被武则天派去高州府找高延福，检查一下养马的情况。高延福听到消息后，吓得胆战心惊，茶水不进，整日愁眉苦脸，不知如何是好。高力士见养父闷闷不乐的样子，就问其缘由。高延福考虑再三，被迫无奈只得如实将事情告知。原来，高延福因终日大肆挥霍钱财，将

养马的粮草都卖光了，使得这里的马都骨瘦如柴。这次皇上派狄仁杰前来检查养马的情况，怎么才能交得了差呢？高力士听完后，眉头一皱计上心来，他劝慰养父道："这样的小事交给孩儿吧，孩儿有办法应对，父亲只管放心。"

这天，狄仁杰来到高州府城，却找不到高延福，想他一定是在野外牧马未归，就立即骑马到城郊的山坡上观望，可是依然没寻见到高延福的踪影，看见的是一群群被拴在大小树上的瘦马，仔细一看，发现有个小伙子满头大汗的在一边割草一边喂马。狄仁杰上前询问道："为什么只有你一人在割草喂马？这样割草喂那么一大群马，什么时候才能将马喂饱呀？"高力士就哭丧着脸说道："大人有所不知，家父高延福已经患病数月，且病情越来越严重，没钱医治，最后马粮都卖光了，也没有把病治好。""那么你就是高延福的儿子了？"狄仁杰似信非信地反问了一句。高力士无奈的答道："是的，朝廷将养马的差事交与家父，如果马养不好，皇上怪罪下来，家父丢了性命是小事，但朝中有战事时没有马用那才是大事啊！"狄仁杰听了高力士的这一番话深觉他不仅是个孝子，而且不辞劳苦地替家父养马，对朝廷也是忠心一片，这实在是难能可贵，就当即免了高延福的罪。

因武三思同高延福的关系，加上武三思左右周旋与推荐，武则天再次将高力士召进宫中。这时候的高力士已经长大，而且一表人才。又吸取了上次被逐出宫的教训，办起事来更加谨慎，惟命是从，加上他知书识字，又很善于揣摩武则天的心思，因此格外被武则天赏识，马上被提拔为宫闱丞，负责处理宫中的一些杂事。

现实社会中，一次偶然的事件会使一个人飞黄腾达，也会使一个人断送政治生命。武则天死后，唐中宗复位，唐朝出现动荡不安的政治局面，朝野中各种政治势力都在明争暗斗。宦官有时候虽然也手握大权，但终究是下人，他们的生命前景都掌握在自己的主子手中。那么，在这动荡不安的时候，谁才是最有希望的靠山呢？现实迫使高力士必须做出选择。

在高力士入宫的时候，也正是唐王朝开始动荡不稳的时候。皇亲贵戚，都在为了争权夺利，不断地引发流血事件。公元705年，武则天因病重居于深宫，数月不见宰相，只有她最宠幸的两位男宠张昌宗、张易之出宣诏命，在宫中处理国家政务。大臣们一直都很痛恨这二人，怕他们在武则天病重的时候。窃弄权柄，作威作福，或者会暇传圣旨诛杀大臣而引发祸乱，宰相张柬之就联合大臣中召右丞敬晖、司农少卿桓彦范、相王府司马袁恕己和右洞林卫大将军李多祚等人发动宫廷政变。从玄武门攻入宫中，再到武则天养病的迎仙宫，将张易之、张昌宗二人斩首在屋檐下。众人虽然只是为了对付张氏兄弟，但是到如今没有办法停止了，干脆逼迫武则天让位于皇子李显，自己则为皇太后。

唐中宗李显复位后，册立韦妃为皇后。韦皇后是个争强好胜的人，她想效仿武则天做女皇帝。因此就千方百计的扩大韦氏家族的势力。同时，她和武三思勾搭成奸，收罗了一批追随者，形成了以韦后为首的韦、武集团，猖獗一时，对有功的臣子诬陷迫害。他们放肆的挥霍着民财，加上各地水旱成灾，边患频频，闹得民不聊生，流离失所。景龙四年元月，韦后和女儿安乐公主在中宗爱吃的馅饼中放毒，将中宗毒死了。16岁的太子李重茂登基，历史上称为殇帝，韦氏垂帘听政。

在这一连串的流血事件中，深居宫中的高力士，耳闻目睹着武氏集团的覆灭，为自己的性命感到深深的担忧，他觉得自己必须找一个可靠的后台。经过权衡，他选择了年轻气盛、精明强干的临淄王李隆基。李隆基很有才干、并且又有大志。可是出于政治斗争的需要，他也要多方延揽人才，更要及时的掌握宫中的情况，对于高力士的倾心交结，李隆基对其优礼相加。

景云元年，韦皇后的亲属、亲信都劝她效仿武则天，委派韦氏的亲属统领南北禁卫，同时将朝中各部门的主要位置都占据，然后另立新朝。但是他们却忌惮唐中宗李显的弟弟、被武则天废除的唐睿宗李旦和太平公主。于是韦后、安乐公主密谋将二人除去。高力士得知这一消息之后，马上向临淄王李隆基告密，奉劝他速度起兵，否则将祸临不测。

得到消息的李隆基,马上和太平公主等人联合起来先发制人,起兵将韦后及其同党一同诛杀了,逼迫上位不到一个月的殇帝让位,扶持李隆基的父亲李旦登上皇位,世称唐睿宗。唐睿宗登基之后,将李隆基立为太子。李隆基对高力士通风报信的事心怀感激,于是便奏请唐睿宗调高力士到东宫,在自己身边服侍,并提拔他为内给事、朝散大夫。从此,高力士就依附上了李隆基这棵大树,时刻关注着李隆基的安危,成为了李隆基的心腹宦官。

李旦即位以后,唐朝的这艘大船仍然航行在险风恶浪中。李旦因为厌倦了政务,就将国家大事都交给太平公主和李隆基处理。他最信任的就是太平公主,每当宰相向他奏请,他就会问:"和太平公主商量过了吗?"接着再问:"和三郎(李隆基的小名)商量了吗?"如果是他们二人同意的,便画敕许可,不然就让宰相去找太平公主和太子去商议。他只管"画敕"。不但如此,他还将太平公主加实封至万户,唐初亲王食实封不超过八百户,公主也不超过三百户。在中宗时期太平公主就开始招权揽势,这时又立了大功,加之李旦对她事事信赖,她就权倾天下,势震朝野。

每次太平公主入宫向李旦请示事情,都要和李旦坐谈好几个时辰。在国家大事上李旦主要和她商量,有时她不进宫,宰相们就会到她的府邸请示。除了宰相,以下百官的进退都取决于公主一人,有时她推荐一个人,可以从一介白丁直接升至宫中侍从,随即就可出将入相。

在这种情况下,李隆基和太平公主之间的矛盾就日益加深了。当时朝廷有七名宰相,但有五名都是来自太平公主的门下,为了求富贵,连一些禁卫军的将领私下也会到太平公主的府中谒见。太平公主见朝中宰相都是自己的亲信,而且禁卫军也都很愿意为自己效忠,虽然李旦对自己很好,但是太子李隆基却十分英明,一旦他将来继位,绝对不会容下自己,就有了再次发动政变的打算。

对于唐睿宗来说,一边是自己的儿子,一边是自己的妹妹,这使他无所适从,左右为难。为了避免流血事件的再次发生,李旦决定提前将自己的位置传给李隆基，李隆基是为唐玄宗。

睿宗李旦将帝位传给李隆基之后，太平公主就依仗李旦的太上皇身份继续擅权用事，并且和自己的心腹密谋要将李隆基废掉，另立新帝。她和宫人元氏商量用毒药将李隆基害死。经历了前几次的宫廷政变，高力士深知事不宜迟的重要性，就赶紧劝李隆基急速行动起来。但李隆基却因太平公主是自己的亲姑姑，父亲的亲妹妹所以投鼠忌器，迟迟不决。

开元元年七月，魏知古报告李隆基太平公主要在四日发动政变。李隆基得知后不敢再拖延，于是与高力士和龙武将军王毛仲紧急磋商，决定先发制人。他派高力士和王毛仲率领三百精兵，将太平公主的党羽诛杀殆尽。太平公主知道后，仓皇而逃，结果被王毛仲和高力士捕获，押回宫中，最后被逼自尽。唐玄宗李隆基将身边的隐患消除取得了全部权力，万分喜悦，对群臣大加封赏，大赦天下，改年号为"开元"。唐王朝拉开了第二个黄金时代的帷幕。

在这次平定内乱的斗争中，高力士因参与谋划，论功授爵，封为行内侍同正员、银青光禄大夫。开元初，又被加封为知内侍省事、右监门卫将军。从此以后，高力士备受玄宗的宠幸，官职也不断地迁升。在天宝初期，又被晋封为冠军大将军、渤海郡公、右监门卫大将军；在天宝七年，又被加封为骠骑大将军。

使用政治手段拉拢人心

李隆基接手的大唐帝国，其基础还是相当不错的。唐太宗开创了贞观盛世，因此为大唐的经济、文化、政治奠定了坚实的基础。虽然，武则天发动周武革命，大行屠杀，另立新朝，但是触动的也只是朝廷中的上层权贵，国家经济的发展依然很稳健。对国家经济造成破坏的是在中宗时代，韦后、武三思乱政，斜封官遍天下，所幸时间比较短，破坏的程度也不大。李隆基在稳定了政权后，开始以少年天子的锐气励精图治。国家的动乱，依赖于大将的平定，国家的安定，取决于忠贤将相的治理，

这就是封建社会时期治理国家最经典的理论。李隆基深明此理，相继任用姚崇、宋璟为相，国家步入了开元盛世时代。

在唐朝初年对宦官的控制十分的严格，基本上没有宦官参与国家政事的例子。东汉宦官兴盛的主要原因是因为女主临朝，武则天不像东汉时期那些女主们凭借着宦官成为自己和男性大臣们沟通的桥梁，在这一段时期，宦官没有什么品级、势力也都很小。到了李隆基时，因为高力士的原因发生了巨变。

唐玄宗即位之后，高力士虽然很受信任，但是他知道自己毕竟是个宦官，是个下人，若想保持特权，巩固好自己的地位，除得到皇帝的宠信之外，还要与朝中的大臣相互走动，收买人心，让他们替自己永远说好话，感恩戴德，这样自己的权势才会巩固。于是，他在最初掌权之时，就开始利用各种方法收买人心。

开元初年，内乱刚得以平定，一切的礼仪形式都要得到调整及规划，唐玄宗于此无暇顾及。姚元之曾奏依照顺序提拔任用郎吏，玄宗一直都是只盯着宫殿的屋顶不作声，姚元之多次重复，玄宗始终是一言不发。这令姚元之十分的恐惧，便急忙退出。当日罢朝之后，高力士就向玄宗进谏道："陛下刚总理天下大事，宰相上奏说事，理应当表明您自己的态度，为什么姚元之的建议您不闻不问、一言不发呢？"唐玄宗回答说："朕让姚元之管理朝政，遇到有关军政的大事，可以当面奏闻共同商议；郎吏属于小官，像这样的事情难道也要朕一一过问吗？"后来高力士奉旨到省中宣谕诏命，就将玄宗的话转给了姚元之，姚元之方才转忧为喜，对高力士的及时通报，心存感激。不仅如此，高力士还曾设法保护一些有功的大臣，然后利用这些人的影响将自己的势力逐步扩大。唐睿宗的时候，有个叫张说的宰相，他很有头脑，而且治国有方，只是他十分爱财。百官在陈述事情时，如果有不符合他的心意的，他就会大声呵斥谩骂。他十分厌恶御史中丞宇文融的为人，担心宇文融权力上升后，会对自己构成威胁，于是对宇文融呈上的奏折，大多加以压制。有个中书舍人叫做张九龄的，他对张说道："宇文融深受恩宠手握大权，又能说会道，很会耍弄权术,对他您应多加防备。"张说对此却不屑一顾。

但是,没过多久宇文融和御史中丞李林甫就一同向唐玄宗上书,弹劾张说道:"张说徇私舞弊,还请术士观星象以测吉凶,并且收受贿赂,生活十分奢侈。"以上这些罪状句句属实,唐玄宗听后大怒,就命人将张说打入大牢。过了一段时间,唐玄宗派高力士去探视张说,回来后,高力士对唐玄宗说:"张说睡在破席上,蓬头垢面。瓦器盛着粗茶淡饭,惶惶不可终日,正在悔过,等待接受惩罚!毫无一点造反的迹象。"唐玄宗也有点怜悯张说。高力士就趁机说道:"虽说张说有过错,理应治罪,但也不是什么大罪,他对国家也是有功劳的。"在高力士的劝说下,唐玄宗只将张说的中书令职务罢免,其余的官职仍旧不变。因为此事,张说的家人及门生都对高力士感恩戴德,礼敬有加。

唐玄宗对于高力士的忠诚十分的赞赏,也因此,高力士就成了唐玄宗生活里不可缺少的一部分。唐玄宗曾经对大臣们说:"高力士一值班,我就睡得踏实。"所以大多时候高力士都留在宫中,宫外的府邸很少去住。各个地方送来的奏表,都需先呈送给高力士,然后再上奏给唐玄宗。小事的话,高力士自己就决定了,他的权势已经超越了所有内侍外臣。事实上已经成为了朝廷的宰相。特殊的地位,为他窃权弄国提供了机会,朝中的很多大臣都争着相攀依附。如杨国忠、安禄山、李林甫等都是通过他才取得将相职位的。高力士同历史上其他的宦官不同,他不但聪明而且非常谨慎,明白如果事情做的过于露骨肯定会引起唐玄宗的猜忌。他将眼光放开,对自己不利的就不做,所以在与朝臣们进行交易的时候,他的手段十分高明,不露出一点痕迹。高力士虽然在朝中作威作福、飞扬跋扈,但他属于性情温和的人,深藏不露,又懂得把握分寸,没有那么骄横,加上唐玄宗对他的信任,士大夫们也并不十分痛恨他。

李林甫是个口蜜腹剑的人,他之所以能当上宰相,真是因了高力士的帮忙。李林甫曾经与侍中裴光庭的夫人私通,裴夫人就是武三思的女儿,武三思虽然已经死了多年,但是武则天在把高力士赶出宫的时候帮助过他。开元二十一年,裴光庭病死,李林甫想登上相位,于是他就去找裴夫人恳请他去求高力士。裴夫人就在高力士的面前为李林甫苦苦哀求，面对旧主人的请求高力士不好一口拒绝。但是这是选相的大事，他也不敢向唐玄宗提及，只能暗中等待时机。高力士在皇上身边第一个知道了唐玄宗要任用韩休为相的消息，便告诉了裴夫人。李林甫得知以后立即向皇上上奏，极力推荐韩休为相。这绝对是一推一个准的事情。韩休当上宰相后，不知道是皇上自己想用他，还以为是李林甫慧眼识珠，大力推荐的结果，对李林甫自然十分感激，就向玄宗推荐李林甫可以出任宰相之职，李林甫于是被任命为黄门侍郎，接着就升为礼部尚书、同中书门下三品，最后进升兵部尚书，从此独步青云。从这件事情上可以看出，高力士是如此的工于心计，不仅玩弄了权术，又悄无声息。

随后，安禄山、高仙芝先后坐上了大将军的位置，杨国忠也当上了宰相，这都是通过巴结贿赂高力士，再由高力士疏通关节，他们才取得高官显位，尽享荣华富贵。除此之外，其他被高力士引荐的文武官员更是不计其数。在开元、天宝年间，高力士的权势到达了登峰造极的地步。这位皇帝面前的大红人，皇子公主们对他也是很尊敬。皇太子李亨，称高力士为二兄，其他的皇子和公主们都称他为阿翁，驸马辈的称他为阿爷。就连唐玄宗都不直呼他的名字，而称他为将军，由此，就可以看得出唐玄宗对高力士的信任及两人关系的亲密程度。

用打击别人的办法来保全自己

高力士为保全自己的地位，在笼络人心的同时，还用很高超的政治手段极力铲除异己。

在玄宗平定韦后与太平公主的事件中，和高力士共同出谋划策的王毛仲也因功升至为辅国大将军，进封至霍国公，深得玄宗宠信，一会见不到王毛仲，玄宗便有怅然若失之感，见到之后方才心里踏实。但王毛仲恃功自傲，十分看不起其他大臣，也包括高力士在内，于是二人的矛盾就慢慢地激发了。高力士就打算伺机将他除掉。开元十八年，王毛仲

第五章 心思细腻的精明太监——高力士

的妻子产下一子，玄宗就派高力士去送些礼物，并授予刚出生的乳子五品官职。高力士回宫后，玄宗问高力士说："王毛仲一定高兴坏了吧？"高力士觉得这正是打击王毛仲的好时机，便灵机一动，对玄宗说道："王毛仲对陛下的礼品漠视无睹，得知陛下封他的儿子为五品官后，显得十分地不高兴，说：'我的儿子做三品官也够格。'"玄宗听完后十分生气，脸色铁青，沉默无言，从此之后便对王毛仲慢慢地疏远了，对高力士也越来越宠信。高力士抓住玄宗对王毛仲不满情绪的机会，趁热打铁对玄宗说："北门那边的奴才，都是王毛仲委任的。他们结党营私，如不及时除去，必为后患。"不久，唐玄宗借故将王毛仲贬官并处死，包括他的四个儿子也被罢免官职，被贬到荒凉的地方，受之牵连的有数十人之多。王毛仲失宠后，高力士也更加被玄宗宠信了。

唐睿宗时中书令肖至忠，谈吐高雅、容止闲敏，节俭自高、不喜宾客。玄宗时，因参与太平公主叛乱而被诛杀，但玄宗十分欣赏他的相貌举止。开元初，有另一官员源乾曜的举止很像肖至忠，唐玄宗就将他提拔为少府少监，兼任邠王府的长史，没过多久，又升迁他为尚书左丞，提拔的速度没有人能比得上。唐玄宗曾对高力士说："你知道为什么我对源乾曜提拔得这么快吗？因为他的相貌及谈吐与过去的肖志忠十分的相像。"高力士听后，觉得不妙，他害怕源乾曜位高权重之后，唐玄宗因宠爱他而将自己冷落。于是，灵机一动对唐玄宗说："肖志忠曾经参与了太平公主的叛乱，他不是背叛过陛下吗？"显然高力士的话对玄宗产生了很大的影响，从此以后，对源乾曜的提升就不是那么快了。

天宝初年，大诗人李白受诏供奉翰林院，作出《清平乐词》三首奉献给玄宗，其中有一首这样写道："一枝红艳露凝香，云雨巫山枉断肠。借问汉宫谁得似，可怜飞燕倚新妆。"词意温婉清新，深得杨贵妃的喜欢。有一次，李白和玄宗一同饮酒，醉意朦胧的他，居然让在玄宗身边的高力士为他脱靴。高力士一向都是玄宗的宠爱，这样一来，他觉得这是李白对他莫大的侮辱，因此便对李白耿耿于怀。高力士深知玄宗十分欣赏李白，若在玄宗的面前诋毁李白未必能有效。工于心计的高力士，

便决定借玄宗最宠爱的杨贵妃之手来对付李白。有一天，高力士看见杨贵妃又在吟唱李白写的词，便趁机搬弄是非，诬陷李白用赵飞燕影射她，这是有意在污辱她。杨玉环也是心胸狭隘之人，她听后，柳眉倒竖，将写有李白诗的锦笺扯得粉碎。从那以后，每当唐玄宗要授给李白官职时，杨玉环就会进行阻止。

华州人吴筠，对经史十分精通，并且文采很好，只是参考无数，都未能考中进士。他是个性情耿直高雅之人，不随波逐流，便加入了道士籍，拜嵩山的潘师正为师。唐玄宗在听到到他的名声之后，便将他召到京师，留他在翰林院供职。吴筠常以名教世务、微言大意讽劝唐玄宗，唐玄宗也对他十分器重。群僧见他被玄宗宠幸，都非常妒忌。加之高力士平时也很信奉佛教，就跟众僧一同在玄宗面前说他坏话。在高力士等人的一再排斥下，吴筠只得离开了翰林院。

倚仗权势　大肆敛财

高力士能够久居深宫，备受唐玄宗的宠爱，是因为他懂得察言观色、见风使舵，能揣摩唐玄宗的心思，并不断地为唐玄宗出谋划策。

玄宗的原配王皇后一直都没有生育，在开元三年正月，唐玄宗立次子，将宠姬赵丽妃所生的儿子李瑛立为皇太子。随着时光的推移，王皇后渐渐色衰，因此唐玄宗对他就更加的冷淡，并且打算以皇后无子为由将她的皇后封号废除。这个消息被王皇后知道了，十分惶恐。其兄太子太保王守一，为了将妹妹的皇后宝座保住，便让和尚明悟祭南北斗，将天地字和玄宗的名字一同写在霹雳震下的木片上，佩戴在王皇后的身边，并祈祝道："佩戴它以后就会有孩子的，就会像武则天那样。"但是事情还是败露了，玄宗非常无情地将王皇后废为庶人，她的兄长王守一则被赐死。这时，妃子武郑深得玄宗宠幸。在废掉王皇后之后，玄宗就特地给武氏加赐惠妃封号，其待遇就同皇后一样，她所生下的寿王李瑁，是唐玄宗的第十八个儿子。李瑁容貌清秀，机智伶俐，深得唐玄宗的疼爱。

武惠妃为了能让自己的儿子立为太子，就在玄宗面前不断地说太子李瑛的坏话，因此玄宗无数次地想将李瑛太子之位废去，都因宰相张九龄等人的据理力争方才作罢。开元二十五年，武惠妃再次向玄宗进谗言，并且诬告李瑛与光王李琚、鄂王李瑶谋逆，唐玄宗大怒，将李瑛等三人废为庶人。对于谁将立为太子，玄宗十分犹豫。宰相李林甫等人都主张立寿王李瑁，武惠妃又时不时的向玄宗吹"枕边风"，玄宗自己则考虑将储君之位交给年长的第三子李亨。因为此事，玄宗终日茶不思饭不想、忧心忡忡。

懂得揣摩玄宗心思的高力士，早就看透了玄宗的心思。一天，唐玄宗还是不想吃饭，高力士就关切地问道："圣上不进膳的原因是因为饭菜做的不合您的胃口吗？"玄宗不但没有回答，反而问道："你都是我的老臣了，我的心思你难道还看不出来吗？"高力士当即回答道："是因储位尚未定夺的缘由吧。依我看来，如果按照长幼顺序来定的话，谁还敢来争？"高力士的一番话正合唐玄宗的心思，于是玄宗就下定了决心，要将李亨立为皇太子。

当然高力士也有想法不合玄宗心意的时候，但是唐玄宗知道高力士并没有恶意，因此并不责备他。天宝中期，戍边将领都纷纷争相把立功捷报送抵京师，玄宗对高力士说："现如今我年纪大了，朝廷的琐务之事就交给宰相去处理吧；守卫边疆，防止番夷的反叛，有众多的将官呢，这样一来我空暇的时间也就多了。"玄宗的乐观非常盲目，而高力士却十分冷静，他说道："臣刚到过阁门，就听奏事的在说我们的军队在云南打了几次败仗。另外，北方的兵卒也十分的强大凶悍。对待这些边事，陛下可有良策处理吗？我怕不久会生出什么祸端，让我们无法阻止。"高力士的意思是向玄帝暗示安禄山也许将会反叛，可是玄宗听了以后却非常不高兴，高力士感觉到情势不对头，马上换成哀求说道："奴才刚才胡说八道，罪该万死，陛下切勿放在心上。"玄宗知道高力士的用心，没有处罚他。从那以后，高力士对唐玄宗的意思更加用心顺从了。

过去的高力士是被人欺负，又毫不起眼的小宦官，如今是权高位重

的宦官统领。掌握着内制册命，外点将相的大权，随之地位的不断上升，随之膨胀的权势，高力士扭曲的心灵也有了进一步的恶性发展。童年时期的母苦，少年时期的阉割，以及和母亲的分离，强者欺凌弱者，这样的念头时刻在他心头萦绕，他决定向社会要回来属于他的幸福索！

随着发迹，他开始追求荣华富贵。他常以皇室采办的名义，命令小宦官去各地进行钱财掠取，每次派出去的人都大获而归。高力士和他的同党广置豪宅大院、良田美产，京城的十分之六七都被他们霸占去了。然而，高力士对现有的财富并不满足，他想要的更多。有一年，高力士分别在长安的来庭坊和兴宁坊各建造了一座佛祠和道士祠，那都是巧工雕凿、镶金挂玉，连国库中的珍宝也为之逊色。高力士在祠内还铸造了一个大钟。当大钟铸成以后，他在这里广宴宾客，京城里的达官贵人、富豪商贾都纷纷前来赴宴。在宴会上，高力士说新钟已铸成，但是每扣一下，要以十万的纳钱做彩礼钱。在座的人都为了讨高力士的欢心，纷纷争着纳钱扣钟。为引起高力士的注意，有的人会连续扣钟二十下。扣钟十次以上的不下十人。这一次宴请宾客，高力士的收入就难以计数。

物质的富裕，填补不了他内心的空虚和不安。尤其是幼年时和母亲的失散，留给了他很深的创伤，长年折磨着他那颗不健全的心。高力士富贵之后，就让岭南节度使帮忙寻找他的母亲。不久，就在泷州找到了他的母亲麦氏。高力士立即将她迎入京。一别三十年的时间，母子都认不出对方了。麦氏问："你的七点黑痣还在胸口吗？"高力士解开衣襟，胸口的黑痣露了出来。麦氏又取出金环说："这副金环还一直珍藏在我身边。"说罢，母子俩便抱在一起，号啕大哭。后来，玄宗知道高力士找到了生母，为他感到高兴，就将麦氏册封为越国夫人，并将高力士的亡父追赠为广州大都督。当时，金吾大将军程伯献来巴结高力士，并与高力士结为兄弟。麦氏死葬时，程伯献还以儿子的身份披麻戴孝，在灵柩前痛哭流涕，以此来讨高力士的欢心。

高力士自幼就被阉割，失去了一个正常男人所具备的生理条件，自然也就无法享受人间的天伦之乐。高力士未发迹前，关于这个他想都不敢想，现在情势变了，他发迹了，所有该有的东西他都有了，但就是不能像正常男人那样娶妻生子，为弥补自己空虚的心灵，他就也想要娶个妻子，向世人挑战。河间人吕玄晤在京师长安为小吏，他有个女儿颇有姿色，而且很守妇道，高力士就将她娶为妻子。吕玄晤也因此升为少卿，包括他的亲属、子弟也都做了高官，后来吕玄晤妻子去世的时候，高力士为她操办了一场很隆重的葬礼。朝中官员想巴结高力士的就趁此机会相送葬礼。从吕府到吕夫人墓地之间的道路上，送葬官员的车马络绎不绝紧紧相接。

在开元、天宝年间，高力士权倾天下，在一颗不健全的心灵驱使下，变的奢侈腐化，敲诈勒索，干出来一些坏事，因他行事小心，加上对唐玄宗忠心不二，所以，唐玄宗对于他的豪华奢侈、寻欢作乐、玩弄权术并没有过多的责怪。

推荐杨贵妃　权位更加巩固

开元廿五年，备受李隆基宠幸的武惠妃因病去世，唐玄宗痛苦万分，对宫中的嫔妃视而不见，让高力士出宫寻找能代替武惠妃位置的女子。在无意间，高力士见到了寿王李瑁的妃子，杨玉环。她生的楚楚动人、天生丽质，身姿窈窕，举止高雅，高力士视若天仙，特别是杨玉环的容貌和死去的武惠妃十分地相似。玄宗听到这个消息后急召杨玉环入宫。杨玉环为玄宗唱歌跳舞，玄宗连连称赞，想马上将杨玉环册立为妃子。可杨玉环她毕竟是李瑁之妃，如若将自己的儿媳妇封为妃子，岂不是失了天子的颜面，更会被世人耻笑。于是，玄宗于开元二十八年先将杨玉环度为女道士，道号太真，在宫内的太真宫居住。天宝四年七月，唐玄宗正式册封杨玉环为贵妃。

杨玉环入宫以后，唐玄宗对她十分宠爱，两人几乎形影不离。不到一年的时间，杨玉环的待遇就和皇后一样了，宫中都呼之为"娘娘"。宫中专门为杨贵妃织衣造布的工匠就有七百人。杨玉环生于四川，喜欢吃

第五章 心思细腻的精明太监——高力士

荔枝。为了取悦贵妃，在每年的夏天，唐玄宗都会兴师动众派人从千里之外的四川涪州摘下荔枝，再快马加鞭运来长安。高力士深知，要想常保荣华，不但要抱住唐玄宗这棵大树，这位玄宗极宠的贵妃也不能得罪。高力士在宫中对她的照顾颇为周到，并且每次杨玉环坐马车出游时，高力士都会亲自为她驾车，左右伺候，听候差遣。平日里，杨玉环如果遇到不顺心的事，高力士就会竭力劝解，为她分忧。

因着唐玄宗对杨玉环的百依百顺，杨玉环慢慢变得蛮横好妒。天宝五年七月，杨玉环第一次冲撞了玄宗，唐玄宗一怒之下，命令高力士用一辆单车将杨玉环送往其兄杨铦的府第。到了中午时分，玄宗就又想起了这几年与杨玉环共同生活的点滴，两人相亲相爱的情景，不免心中烦躁不安，茶饭不思。敏感的高力士即刻察觉出玄宗的心境，不失时机地向玄宗奏道："今日贵妃出宫时行色匆忙，怕是换洗衣物和日常用品都未带吧，能否让臣出宫，把这些东西给贵妃送去？"高力士的提议正中玄宗下怀，即刻送去衣物酒馔有百余车，并分御膳赐给杨玉环。此时，杨玉环的家人因担心遭到大祸而抱头痛哭，一见到玄宗的赏赐，都松了口气。到了夜里，高力士提议将杨玉环召回宫，玄宗当即就同意了。天亮时，一夜没睡的玄宗见到自己的爱妃出现在自己面前，不由地欣喜万分。从此，唐玄宗对于这个善于揣摩自己心思，又能在关键的时候给自己排忧解难的老臣更加的信任了。

天宝九年二月，杨玉环再一次触犯了李隆基，又一次被送出皇宫。杨玉环哭着对送她出宫的中使张韬光说："请转告圣上，我罪该万死！除了肌体发肤是父母所生，其余都是圣上赏赐的，如今我只有一死才能报答圣上的恩德了。"随即将一缕头发剪下交给张韬光让他转交给玄宗，以明心迹。玄宗知道后大惊失色，但也没有什么办法。这时，高力士就在玄宗的面前为杨玉环说好话，玄宗立即命他将杨玉环召回宫。高力士又一次将杨玉环和李隆基之间的危机化解了。

对于杨玉环来说，她能够专宠后宫，这当中高力士有着必不可缺的功劳。但高力士对这位红的发紫的贵妃娘娘也颇多忌惮，有的事也只能违着心去做。在开元年间,高力士出使福建、广东。选了一个才学和容貌双全的少女送入皇宫来,少女姓江,名为采蒙,福建莆田人氏。在江采蒙9岁的时候,就能背诵《诗经》中的《二南》。她曾对父亲说:"虽然我是女子,但我希望以此作为自己的志向。"父亲听后格外惊异。江采蒙入宫以后,备受唐玄宗的宠爱。江采蒙喜欢梅花,因此唐玄宗将她称为"梅妃"。在杨玉环刚入宫之时,唐玄宗对梅妃依然很宠幸,但两人性格却大有不同,梅妃性情柔顺,杨玉环则是泼辣狡黠,玄宗的感情渐渐倾向于杨玉环。后来,杨玉环把梅妃赶到了长阳东宫,梅妃则花千金贿赂高力士,恳请他请词人仿汉代司马相如的作品写作《长门赋》并将之呈献给玄宗,以明自己的心迹。高力士左右为难,毕竟杨玉环受宠日渐加深,权势渐隆。他只得推脱道:"我找不到能写这种赋的人。"无奈,梅妃只得独处寂寞,在安史之乱中不幸被叛军杀害。

高力士百般逢迎、保护杨玉环,只是没想到,最后竟会是他来执行杨玉环的死刑。

从开元末年起,玄宗在长期升平殷富的盛世中,渐渐地发生了变化。政治上,他觉得天下毫无忧虑,就深居宫中,朝政也很少过问。自开元二十二年起,奸臣李林甫专权达十九年之久;在对待周边各族方面,玄宗热衷于开边,就对南诏、契丹、吐蕃不停地发动战争,不仅将民族关系搞得恶化,而且在财政方面,也出现了用度不足的问题,因此只得任用聚敛之臣,对人民大肆搜刮;大量扩充边军战士,这就导致了军事布局上外重内轻的格局,中央政权也被削弱了;个人生活上,他宠幸杨贵妃,以声色为娱,在李林甫死后,杨贵妃兄杨国忠又成了专权的朝臣。在腐化的道路上,唐玄宗越走越远。在政治上,不断被杨国忠、安禄山、李林甫等野心勃勃的大臣蒙蔽,终于在天宝十四年时酿成了安史之乱。

天宝十四年,在范阳、河东、平卢镇守的节度使安禄山,率兵十五万发动叛乱,正式拉开了安史之乱的序幕。在战争爆发后,叛军挥师南下,河北诸县的中央军望风披靡,溃不成军,安禄山的叛军直逼长安。至德元年六月,长安被围攻,百姓纷纷弃城而逃,唐玄宗听从杨国忠的建议，离开京城向四川逃去。

玄宗等逃出长安城，刚过渭水上的便桥，杨国忠马上下令放火烧桥，避免叛军追击。可是后面有无数叫苦连天的百姓，唐玄宗良心发现，就命高力士等人将桥上的烈火扑灭。长安西行四十里后，队伍已经疲惫不堪，唐玄宗命宦官王洛卿去安排食宿，没想到王洛卿却趁机逃跑了。面对这种情况，唐玄宗十分的灰心，他想将江山丢弃，自己入寺为僧，但被高力士察觉出来，赶紧抱住玄宗的脚，边哭边开导，这才使得唐玄宗打消了出家的念头。等到太阳偏西时，唐玄宗依旧没有吃上饭，王侯和随从们也一个个饿得头晕眼花，站都站不稳。这时候杨国忠从集市上买来胡饼献给玄宗，百姓们得知皇帝在此，也都纷纷献出粗茶淡饭，王侯子孙们这才勉强吃了一顿饭。

第二天天一亮，这支队伍就继续西行，当行至马嵬驿时，禁军哗变，龙武大将军陈玄礼鼓动众将士说："现今天下大乱，皇上震荡，这一切的缘由都是因为奸臣杨国忠玩弄权术的结果，如不将杨国忠诛杀，四海之愤如何平定呢！"众将士兵群情激奋随即就将杨国忠诛杀了，之后包围了唐玄宗休息的驿馆。玄宗听见动静，手拄拐杖从驿馆里走出来，命令将士们撤走，但是没有人响应。唐玄宗就让高力士向将士们询问有什么要求，大将陈玄礼道："杨国忠试图谋反已被诛杀，杨贵妃再也不能继续供奉在陛下身边了，请陛下割爱。"玄宗听了之后大惊，他一边宽慰着将士们说"此事我自会处置"，一边走进驿馆。没过多久，京兆司录韦谔进见玄宗，对他劝道："现今外面军心动荡，众怒难犯，安危就在一念之间，肯请陛下速速做出决定。"说完用力叩头，血流满面。但是唐玄宗实在是无法舍弃宠妃，说道："贵妃平日里都在深宫居住，杨国忠谋反她怎么会知道呢？"高力士审时度势，劝玄宗道："虽说贵妃无罪，可是将士们已经将杨国忠杀了，如果贵妃继续留在陛下的身边，将士们如何才能安心？肯请陛下三思。"可是玄宗无论如何也舍不得杨贵妃。现如今落到这般弃京流亡的地步，政治上的尊严早就丧失殆尽，也只有杨贵妃能稍稍让他忘记心灵上的伤痛。可是，面对这帮刀枪林立、剑拔弩张的将士，玄宗知道大势将去，只能倚杖低首，久久而立，一句话也说不出来。最后，还是高力士将这可怕的局面打破了。高力士权衡再三对玄宗说道："愚臣认为，如今最好的办法就是安稳将士，这样陛下也能得到安全。"唐玄宗知道事情已经到了无法挽回的地步，不得不忍痛割爱，但又不忍心贵妃遭到众军士的屠虐，和贵妃抱头痛哭一场之后，就让高力士将她带走，在一间佛堂前的梨花树底下将她缢死。事后，唐玄宗又让高力士将贵妃的遗体裹以锦衣，在胸前放上锦袋香囊，葬在一个小山坡上，这个小山坡就是马嵬坡。当时，贵妃年仅38岁。

杨贵妃被缢死之后，随驾的人员，又因前行的去处而发生了分歧。有人提议去西北、有人声称去太原，也有人主张去朔方。但只有高力士最了解玄宗的心意，他一板一眼地分析道："陇右地处西荒，在浩瀚的沙漠中，大批的人马粮草无法供应；朔方靠近边境，蕃戎居多，他们对朝廷制度又不明确，很难管理，不容易驾驭；太原虽然池城固深，但是离叛军却很近，还是安禄山的地盘，人心难测啊。四川地方虽小，但物产丰富、人口众多，又是山水相依，内外险固，以臣看来四川才是我们要去的地方。"玄宗听后表示赞许，其他的人也跟着附和。于是，就打算先到扶鎣稍作休整，然后继续向四川进发。此时，太子李亨也跟着銮驾南逃。百姓们见唐玄宗执意要南去，便叩首哀泣说："我等都愿意率领子弟们跟随殿下东向破贼，将失地收复，夺回长安。如果殿下南下入蜀，中原的百姓们该由谁来做主啊！"太子李亨害怕不随驾会落个不孝的名声，颇有些犹豫。唐玄宗看出了太子的心思，就将他留在关陇一带，以此鼓舞抵抗叛军将帅的士气，又让高力士代传口诏说："百姓们对你的期望很高，你切不要违背他们的意志，也不要对我有所牵挂。以前，我们对西戎北狄颇为优厚，现今国家有难，他们定会出来相助，望你好自为之。"

大势已去　客死他乡

天宝十五年七月，太子李亨在灵武登基，是为肃宗，将元改为"至

第五章 心思细腻的精明太监——高力士

德",尊称玄宗为太上皇。听到肃宗即位的消息后,唐玄宗甚为高兴,便对高力士说:"我儿没有辜负我的期望,改元'至德'应天顺人,我还有什么好烦忧的呢!"可是,随即高力士就给他泼了一盆冷水:"当下两京都已失守,众生涂炭。汉江以北、黄河以南地区战火纷飞,百姓们为之痛心疾首。但陛下却认为万事大吉了,我真的以为自己听错了!"不难看出,就算高力士在困居西蜀前途未卜的情况下,依然是保持着清醒的头脑。至德二年,在回纥的支持下,唐军收复长安,肃宗把太上皇李隆基从成都接回长安,安置在兴庆宫,由陈玄礼、高力士担任侍卫。

此次唐玄宗和高力士重返京都,朝中的形势已经发生了巨大地变化。高力士的地位开始发生动摇。当时,宦官李辅国因为拥立肃宗有功而备受宠信。李辅国又和皇后张良娣勾结,持权宫中,对政事进行干预。高力士本来是李辅国的老前辈,因深得太上皇的宠信,在李辅国面前常常摆架子,因此,二人就结下怨仇,李辅国一直都在寻找机会对高力士进行打击,好巩固自己在朝中的地位。

回到长安后的唐玄宗,不是思念杨贵妃,就是追悼梅妃。肃宗为了能让玄宗开心,把玄宗以前的扈从优伶全部召还,但到了老境的玄宗,经常无故悲伤,肃宗被弄的很不是滋味。虽不再过问朝政,但是朝中的大臣还是经常去兴庆宫问安,地方的官吏入京之后也都去朝见玄宗。玄宗平时很厌恶张良娣与李辅国,经常劝肃宗不要对他们过于宠幸。因此二人怀恨在心,就编造了许多流言蜚语诋毁玄宗,这使得肃宗疑惑不定。在兴庆宫里有座长庆楼,南边靠近宫外的大道,唐玄宗经常会在楼上饮酒,有时候也向楼下徘徊观望,百姓们从这里经过,看到垂垂老矣的玄宗皇帝都十分激动,纷纷欢呼"万岁"。唐玄宗有时候也会在楼上宴请宾客。

有一回,剑南道的奏事吏路过楼下,就上楼向玄宗拜见,玄宗置酒宴请了他,随后又召见将军王铣等,并且赏赐了他们礼物。这些虽然是小事,但却引起了肃宗的注意,他担心太上皇会复位,因此格外的谨慎。

李辅国得知后便趁热打铁诬陷说:"太上皇在兴庆宫几乎每天都在与

外人交谈，高力士和陈玄礼这些人图谋不利陛下，陛下应当三思啊，为社稷着想应该防患于未然。"张良娣也对肃宗劝说，劝他将太上皇迁至内宫。被李辅国一直蒙蔽的唐肃宗，这番话令他顿生疑虑，流着泪说道："先皇处事是十分慈善仁爱的，怎么会让这样的事情发生呢？"李辅国却答道："太上皇当然没有这个意思，可是他手下的人行事，那他又有什么法子呢，还望陛下为社稷大业着想，把即将发生事变的苗子尽快铲除掉。"接着他又向肃宗献计，将玄宗迁往西内，断开他与外界的联系，但肃宗没有接受李辅国的这个建议，只是将兴庆宫原有的300匹马减掉290匹。玄宗皇帝面对这样的现实，无可奈何，只得对高力士说："我儿被李辅国所迷惑，怕是不能再尽孝了。"

上元元年八月，唐肃宗偶然生病，李辅国于是造谣，诈称肃宗要请太上皇游西内。但当玄宗等人行至睿武门时，李辅国则率领500骑士拦住道路，对玄宗说："如今圣上因兴庆宫太小，所以迎接太上皇迁居至大内。"玄宗大吃一惊，险些从马上摔下来。这时候，高力士挺身而出，快步上前指责在马上耀武扬威的李辅国道："太上皇乃是五十年的太平天子，你区区李辅国究竟想干些什么，你简直太无礼了！"李辅国见状只好下马。高力士又代玄宗问候众将士道："各位将士们，别来无恙？"众将士们也纷纷收起佩刀，翻身下拜，高呼万岁。高力士回头对李辅国说："李辅国能否为太上皇牵马呢？"李辅国无奈，只好和高力士一同将太上皇簇拥到太极宫甘露殿。等到风波平息之后，玄宗皇帝握着高力士的手说："假如没有将军，我可就真的成了乱刀之鬼了！"

高力士此举也深深得罪了李辅国，没过多久，李辅国就勾结张良娣私下诏书，把高力士强行从唐玄宗的身边拖走，然后将其流放到巫州。此时，高力士已经77岁，正患疟疾。接到命令之后，高力士就对李辅国说："我早就该死了，因为圣上的怜悯和仁慈才得以苟活到今日。我只求再拜见一下太上皇的龙颜，那样即使我死了，心里也没有什么遗憾了。"李辅国拒绝了。高力士在流放的途中写了一首诗，这是高力士在世上仅存的一首诗《感巫州荠菜》："两京作斤卖，五溪无人采。夷夏虽有殊，气味终不改。"他以物言志，称自己无论身处怎样的环境，无论自己在哪里，对唐玄宗都忠心不二。

没过多久，玄宗和肃宗都相继去世。李辅国拥立太子李豫登基，李豫就是唐代宗。得知唐玄宗死去的消息，高力士哭得死去活来。因悲伤过度，忧伤成疾。高力士对身边的人说："现今我已年近八十，算是长寿了，官位至开府仪同三司，也可谓显贵了，这一切我都毫无遗憾，可恨的是'二圣'仙去，我竟然无缘再见一面圣容。我这个孤苦的游魂啊，到什么地方寻找我的依靠呢？"说完之后，泪如雨下，听这话的人也忍不住跟着落泪。没过多久，高力士逝于郎州开元寺的西院，享年79岁。唐代宗因高力士是数朝老臣，护卫先帝时功不可没，就诏令将高力士原有的官职都恢复，并追赠他为广州都督，葬礼也由皇家亲自出面操办，并陪葬于玄宗泰陵。生前高力士未能见到玄宗最后一面，但死后却能和玄宗长伴地下，若九泉有知，自然也不会再有遗憾了。

第六章

操纵皇上废立的太监——仇士良

太监档案

☆姓名：仇士良

☆出生地：循州兴宁（今广东兴宁）

☆出生日期：公元781年

☆逝世日期：公元844年

☆主要成就：以甘露之变为人生转折点，文宗死后，扶持李炎皇帝登基，也因为李炎皇帝的登基结束了他一生的骄横。

☆生平简历：

公元前781年，仇士良出生在循州兴宁，就是今天的广东兴宁。

公元835年，甘露之变中以聪明的头脑成了宦官大头目，接着加官封爵掌控大权。

公元838年，设计铲除宰相李石。

公元839年，成为仇士良傀儡的文宗终于大病。

公元840年，文宗皇帝病逝，仇士良伪造诏书立李炎为帝。

公元843年，因大势已去，辞官归故里。

公元844年，被自己亲自扶持的皇帝查抄家产，因病而死。

人物简评

他是在唐宪宗时期时得势的宦官，在宫中他先后侍奉过六主。在朝中专权有二十多年，这二十多年里两个皇帝都先后被他所杀，包括一妃四个宰相。在甘露事变中，他对公卿大臣们展开疯狂的杀戮，朝中的学士、官吏及百姓死在他手下的无数。好在他曾在自己的傀儡皇帝文宗死后拥立新的皇帝李炎，但是李炎皇帝看不惯仇士良的专横，渐渐对他疏远，最终仇士良失势，结束了他长达二十多年的专权。

生平故事

狗仗人势　无法无天

仇士良，字巨美，循州兴宁人。他出身于世代宦官之家。他的曾祖父曾官至内给事、正大夫，并赐绯鱼袋。祖父是内常侍、朝议大夫，并赐紫金鱼袋。到了他的父辈，已经家道中衰，荣耀再不及从前。唐顺宗时，仇士良在太子宫中做太监。唐顺宗李诵因为支持王叔文等人谋夺宦官兵权失败，受制于宦官。永贞元年八月，宦官俱文珍等人逼迫顺宗让位于太子。太子李纯即位，世称唐宪宗。宪宗即位后，唐顺宗最信任的王叔文死于贬所，支持唐顺宗的大臣柳宗元、刘禹锡等被贬出京城。拥立宪宗继位的宦官都给予加封进爵。虽然仇士良不是拥立宪宗的主谋，但因为侍奉太子的时候，善于察言观色，阿谀奉承，所以颇得唐宪宗的好感，也被提升为为内给事，没过多久，先后出任平卢、凤翔监军，从此走上了政治舞台。

仇士良出任监军，手握大权，又得到了宪宗的宠信，因此在外面十分骄横跋扈。一次，他途径敷水驿，想在驿站过夜。可是那天监察御史元稹也在此投宿，并且比他早一步到达。按规定，监军和御史的等级是相同的，在驿站歇息时，谁先到达谁就在正房歇息。元稹先到的，所以就住进了上厅。仇士良是后到的，但他坚决要在上厅居住，并且强行要求元稹搬出。元稹也毫不退让，并出来跟他讲理。仇士良不由分说，仗着皇帝的宠信，对元稹大打出手，结果把元稹打伤了，脸被抓得鲜血淋漓。这件事被朝廷知道了，御史中丞王播上奏，弹劾仇士良目无王法，不但抢占驿房，还将朝臣打伤，要求按法处理。谁知宪宗却把元稹罢了官，没有给仇士良什么处分。

这件事情之后，仇士良见唐宪宗对自己如此的袒护，就更加地放肆，从唐宪宗元和年间到唐文宗大和年间，仇士良曾多次出任内外五坊使。五坊指狗坊、雕坊、鹰坊、鹘坊、鹞坊。这些鹰犬是供皇帝狩猎时娱乐使用的。每当秋高气爽之时，仇士良一伙就会到京城外的郊区去放鹰狗。所到之处，地方的官员都要供饭奉酒，使得所到之处鸡犬不宁，地方官均是敢怒而不敢言。老百姓也只是默不作声，悄悄地自行张网，防止田园庄稼被踏坏。但是，若飞鹰走狗误投了罗网，业主就得以重金作为赔偿，弄得不好还会家破人亡。

元和十四年，在仇士良等人的唆使下唐宪宗开始服食丹药，以求得长生不老，但是唐宪宗在服药后性情却变得十分暴烈，动辄就会对身边的宦官责打、诛杀。在这种情况下，宦官陈志宏设计杀死了宪宗，这也就开了宦官弑君废立的先例。

宪宗死后，唐穆宗李恒被王守澄等宦官拥立继位，任元稹为宰相。仇士良因以前仰仗着宪宗曾对元稹殴打过，如今便不敢狂妄，老老实实在宫中干活。唐穆宗是个昏庸荒淫的皇帝，什么事都委托给宦官去做，自己则天天看戏、打马球，从来不理朝政。著名的牛李党争就是从穆宗朝开始的，元和之后已经归附中央的藩镇开始不听命令，重新对抗朝廷，唐穆宗病死，唐敬宗继位，唐敬宗也是个喜爱玩乐的人，这一点和自己的祖父宪宗非常地像。他更是长期不理朝政，一个月只上朝三天，将所有的政事都交予宦官处理。敬宗本人喜欢角力，又觉得拿身边的宦官为

对手不过瘾，就从外面找来力士。力士们对待皇帝当然会手下留情，但是敬宗下手却非常重，这让身边的宦官和力士们都受不了。宝历三年，宦官刘克明将敬宗在更衣室里杀死，而另一派的宦官王守澄等人联合起宰相裴度又将刘克明杀死，迎立唐穆宗的儿子江王李涵出来当皇帝，是为唐文宗。在这一系列的变乱中，宦官的命运生死未卜，大起大落，但仇士良的地位一直没有受到影响，这是因为他善于察看风向，及时投向比较得势宦官这派的缘故。拥立文宗的时候，仇士良还出过一点力。

唐文宗登基后，将王守澄封为神策军中尉、骠骑大将军。在唐代后期，神策军是主要的禁军。成员主要来自陇右，曾经是唐代中央的劲旅。德宗、宪宗时经常使用他们出征藩镇；北御吐蕃、长安的部分防务也是由神策军承担的。随着时间的推移，神策军的地位日益增加。在宦官统率下，所赏赐的衣粮也要比诸军优厚，于是戍守在长安北、西的其他军队都纷纷要求隶名神策。这样一来，神策军便迅速扩大，到了德宗时期以增加至15万人。唐德宗觉得文武臣僚不可信赖，兴元元年，命令宦官分别领导神策军，为左、右厢都知兵马使。贞元十二年又封左右神策军为护军中尉。从此，虽然神策军是大将军、统军等官所统辖，但实为中尉军掌握。在王守澄掌管禁军之后，变得更加专横跋扈，毫无顾忌。文宗不愿意做个任人摆布的皇帝，想到先朝时敬宗皇帝、宪宗皇帝都是被宦官害死的，就会不寒而栗，于是就细心观察可以信任的朝臣，以剪除宦官势力。太和四年，由于翰林学士宋申锡清正忠厚，很得文宗地赏识，便任命他为宰相，并且秘密召他同京兆尹王埔和御史中丞宇文鼎等人联合起来将王守澄为首的宦官势力铲除掉。王埔个私心特别重的小人，他害怕事情成不了反而引来杀身之祸，便借仇士良到京郊放鹰走狗之时，把要在政事堂捕拿宦官的堂贴秘密地传给了仇士良。得知了这个消息，仇士良大惊，马上回宫，把这个消息告诉了王守澄。王守澄十分的愤怒，恼怒唐文宗不念及拥戴之功，反而想暗害自己，但是王守澄此时的权力还没有到达随意能将皇帝废除的地步，对唐文宗他敢怒不敢言，就将全部的怒气都发泄到宋申锡的身上。

文宗的弟弟漳王李凑为人温雅宽和，人缘非常好。当时，大臣们都认为文宗多病，亲子又小，如果有一天文宗驾崩，再立皇帝，必然是漳王。得知此事后的文宗，对漳王就一直耿耿于怀，特别不放心。王守澄就利用文宗这个弱点，让仇士良诬告宋申锡和漳王串通谋反，想要拥立漳王为皇帝。文宗神经过敏，就把这事当真了，结果上了当，命王守澄将李凑和宋申锡最亲近的人逮捕，并严加审讯。这些人都屈打成招，诬证宋申锡确有密谋。唐文宗觉得证据确凿，就召集满朝文武，将宋申锡的罪状当众宣布。大臣们都知道这是个冤案，有的就力主将此案移至外朝重审。仇士良他们担心此案重审将会暴露出真相，便劝唐文宗从轻处置。宋申锡逃过一死，但被贬为开州司马，李凑被贬为巢县公。唐文宗本想借宋申锡的手将王守澄一派宦官除去，没想到反而替宦官除去了宋申锡。当然文宗并没有感觉到自己上当失败了，还想用同样的方法从宦官手中将权力夺回。

太和八年，文宗患了风湿病，王守澄将自己身边的官员郑注推荐给文宗为他治疗。服用了郑注的药方后，唐文宗的病很快就有了起色，加之郑注口齿伶俐、善承人意，没过多久就讨得了文宗的欢心。后来，郑注劝说王守澄将李训引荐给文宗。此时郑注和李训都被王守澄视为自己的死党，也很乐意将他二人安排在文宗身边，好成为自己的耳目。因李训精晓儒经，王守澄就以给文宗讲《易》为由，将李训引荐给文宗。因李训是由王守澄引荐来的，起初文宗对他心存戒备。但在召见的过程中，李训的博学多能、才思机敏和精辟的议论打动了文宗，这才使得文宗慢慢对他产生了好感，将李训视为难得的奇士。

虽然，李训也曾依附过王守澄，可他和那些见风使舵的官员不同，他不过是想依附王守澄成为自己晋升的阶梯，为反对宦官的势力创造出一个最起码的政治条件。郑注在李训的影响下，慢慢改变了过去想要投靠宦官的心态。同时，二人都看出文宗对宦官的专权耿耿于怀，满腹怨恨。因此，李训就趁讲述《易》的时候，借题发挥，议论宦官的罪行，以及民间对他们的仇恨之情，鼓动文宗下决心铲除宦官之祸。李训的说辞正中文宗的下怀，他正愁找不到合适的机会下手，看到李训、郑注深受王守澄的信任，觉得跟他们合力清除宦官的势力，不但可以掩人耳目，还不会引起宦官们的怀疑。因为文宗和郑注、李训在反对宦官势力上立场一致，这使得文宗对郑注和李训更加地倚重和信任。

　　早些时候，仇士良和王守澄原是一伙一派，他清楚王守澄拥立唐文宗的种种内幕，所以王守澄对他很是提防。虽然在拥立文宗时，仇士良也出了力，但王守澄从来都没向文宗表奏过让仇士良升官，这就加深了仇士良对王守澄的怨恨。李训和郑注了解了这一情况后，就向文宗推荐仇士良，用他来铲除王守澄，以毒攻毒。唐文宗采纳了二人的建议，将王守澄的原神策军中尉授予仇士良，同时又加升王守澄为左右神策军观军容使。这样一来，不但将王守澄的实权夺去，还给他树了一个对立面。仇士良坐享渔翁之利，在当了神策军中尉之后，和王守澄的矛盾更加的激烈了。接着，文宗又借其祖父宪宗被杀一事，逼着王守澄自尽。对外则说他因病身亡，并赐封他为扬州大都督。王守澄死后，仇士良便乘隙而出，掌握了禁军实权，形成了一个以他为首的新的宦官集团。

甘露事变　屠戮群臣

　　在将王守澄铲除之后，李训被升为平章政事，郑注做了凤翔节度使，仇士良担任左神策军中尉，即手握兵权，又兼左街功德使。在王守澄被杀以后，宦官势力中最大的就只有仇士良了。王守澄是拥立文宗的老臣，因是秘密鸩杀，对外并没有宣布他的罪行。同时为了安抚其他宦官，文宗诏命定于太和九年十一月二十六日将王守澄安葬在位于京东沪水的白鹿原上。郑注和李训又密谋决定利用王守澄发丧的机会，召集所有的宦官前去送葬，届时利用凤翔的兵马，内外合力，将仇士良为首的宦官集团一举歼灭。计议妥当后，郑注便去凤翔选调精兵。

　　由此可以看出，李训不但是一个阴险的人，更是一个不惜一切搞政治阴谋的家伙。过去为跻身最高统治阶层，费尽心思投靠王守澄。现在，为了实现自己的政治抱负，又毫不犹豫地处死自己的"恩人"王守澄。这次，铲除仇士良，李训怕郑注会抢了头功，影响自己的地位，就想先下手为强，先将仇士良杀掉，再将郑注逐走，这样不仅独立了大功，而且在朝廷上就再也没有人和自己相抗衡了，下一步就能凭借他获取的权力，实现再创开元盛世的政治抱负。于是，他向文宗奏鸣，决定在宫中提前动手。

太和九年十月二十一日在紫宸殿举行早朝时，金吾大将军韩约奏报："昨天夜里天降甘露，落在左金吾署后的石榴树上。""甘露"意为甜美的露水。冬日里不降霜反而将露水，并且还是甘露，不得不说这是一件很新鲜的事。故此语一出，在朝廷上就立即引起了议论。哪些善于逢迎皇帝的大臣们，纷纷说这是祥瑞，那些参与密谋的人更是煽风点火。李训上奏说："甘露出现在宫中，陛下应当亲自去观看，好承接上天赏赐的吉祥。"文宗就装出十分惊讶，乘辇移至含元殿，众官们紧紧跟随其后，又派李训等去往前观看。过了很久，李训回来煞有介事地说道："我等仔细辨认之后，发觉并非真正的甘露。"唐文宗听后说："难道韩约在撒谎吗？"于是，又命令仇士良等宦官再去观看。

这时前往探视甘露的仇士良来到金吾署外。他抬头望见金吾将军韩约神色紧张地朝门外走来，额头上的汗珠直往下流。仇士良见状觉得很奇怪，故意问道："将军这是为何？"韩约像是没有听见一样，没有回答。这使仇士良起了疑心。他刚迈进金吾署的院子，一阵大风吹起幕布，将手握武器的士兵暴露了。老奸巨猾的仇士良马上发觉大事不妙，立即转身就往回跑。他一口气跑到含元殿文宗皇帝的辇车前，气喘吁吁地说道："大臣们要造反了！"一边说一边指挥着太监把皇帝的辇车推往东上阁门里。见此情景，李训急忙上前拉住辇车，大声喊道："陛下不能去！"仇士良怒叱说："李训，你是不是想造反啊！"唐文宗立即说："李训受我的恩宠，怎么会造反！"仇士良双目怒火，用手击搏李训，因用力太猛闪倒在地上。李训趁机将仇士良压住，又从靴中迅速拔出匕首想将仇士良刺死。就在这时，几个宦官们纷纷围上来，将李训扯倒，拉起仇士良就往里跑。

见事情败露，李训急忙呼喊："邠宁和河东的兵士们你们为什么还不出来保护皇帝？谁保护皇帝就赏钱十万！"这一声令下，在四周埋伏的士兵以及担任警卫的士兵，还有御史手下的随从武士，纷纷操起武器，呐喊着冲进院子，但凡见到宦官就杀。顿时含元殿前乱作一团，宦官们大多被杀伤。唐文宗在被太监们推进阁门以后，就将宫门紧闭。仇士良劫持到皇帝，得意地让太监们高呼万岁，紧接着，他命令左右神策军副使刘泰伦等人率领禁兵五百冲出阁楼，逢人就杀，疯狂报复。

见大势已去的李训，立即化妆逃跑了。百官们都被吓破了胆，纷纷各自奔散逃命。宰相舒元舆原本参加了事变的策划，但在此时，他装作什么都不知道，对另一宰相王涯说："皇上不是要召我们在延英殿议事吗？"不知实情的群臣都纷纷跑来问宰相是怎么回事，宰相说他也不知道，还让大家各自方便。这时，仇士良的五百神策军卫已经杀过来了，不管三七二十一，见人就杀，被杀死的诸司吏等共六七百人。仇士良又命神策军将诸宫门守住，抓获李训的党徒共计一千余人，将他们全部斩杀，顿时血流成河，满地狼藉，那场面惨不忍睹。

李训在乔装出宫之后，一路上装疯卖傻逃到终南山的寺院中。被当地官员抓获。他害怕自己被押送到宦官的手中会遭到酷刑和羞辱，在到达京师附近时，对押送的人说道："禁军现在四处抓我，那是因为抓到我后将会有重赏。但是他们见到我，肯定会将我从你们的手中抢去立功，你们不如直接把我杀了，拿着我的首级去领赏不是更好么。"结果，李训被杀。

郑注全家上下也被仇士良派人诛杀，与事变有关的没关的朝廷官员被杀者上千余人。

次日，唐文宗召见群臣，仇士良却派人把守建福门不允许随从进入。群臣只得一个挨一个走进大殿，因前一天京城极度混乱，许多官吏都被杀死，原先的班序已经被打乱了，群臣只好乱次站立。一开始，唐文宗并不知道王涯等人已被捕，还在埋怨他们迟迟不上朝。这时候，仇士良来到文宗面前，向他禀告说王涯谋反，已经被打入大牢，并且将王涯的画押供词递给文帝阅看。文宗急忙将仆射令狐楚、郑覃等人召近前，悲愤地问他们说："你们看看真的是王涯的笔迹吗？"令狐楚慑于仇士良的威逼，只得回答说："这正是王涯亲笔所写。王涯也确实参与谋反，论罪是要处死的。"文宗被仇士良所逼，无奈被迫下诏公布李训、王涯的谋反罪行。

御史中丞李孝本也参与了李训等人的谋划，在甘露事变发生后，他也化妆潜逃了。他用帽子掩住脸，朝咸阳郑注的住处奔去，在途中被仇士良委派的追兵抓获。宰相贾铼则先隐匿在长安附近的老百姓家中，后因仇士良的党羽追查紧急，见势躲不过，就骑着一头毛驴朝着京城行去，在半路，被宦官抓获当场处死。王璠则聚集太原兵自卫，仇士良派人哄骗王璠。对他喊话说："宰相王涯因罪，现已被处死，皇上决定任命你为宰相，请你立即入阁。"王璠胆小怕事，听这么一说不禁喜出望外，立刻打开城门迎见，神策军将士纷纷向他道贺，请他上马速行。到了城外，几个骑士将他从马上拉下来，就地捆绑。王璠哭泣着说："是李训，都是因为李训连累了我呀！"王璠被带进狱中，见到了王涯，气愤地说道："你怎么也在这儿！"王涯讥讽地说："以前你泄露宋申锡宰相的机密，今日你真是死罪难逃了！"

再说郑注，到了凤翔后，精心挑选了五百骑士，就朝着长安奔去，准备按照原计划和李训来个里应外合，趁着宦官们为王守澄送丧时一网打尽。部队走在路上时，他得知了李训因提前发难而被处死的消息，于是，又率兵返回到凤翔，窥观其变。此时郑注的部下都劝他将宦官监军张仲青、大将贾克中等十多位和仇士良亲近的人杀死，郑注则认为，这个举动就是告诉天下自己也参与了李训的密谋，所以没有答应。没过多久，监军张仲青和亲信李叔和邀请郑注宴饮。郑注带上兵卫，贸然赴会，在饮酒的时候被伏兵诛杀。接着，又秉承仇士良之意，张仲青令李叔和率兵屠杀郑注的附属共计一千余人。事后仇士良将张仲青升为内常侍，李叔和为检校太子宾客，并各赏钱千万。

这次事变后，宦官变得更加盛气凌人，对待皇帝也变得更加不礼貌，常常出言不逊，文宗羞惧难当，从此便不再做声。据说，文宗只有在独居无人的时候，才会自言自语，说道："必须要将此等人杀去，以解除我与大臣的间隔。"文宗留下了一首"辇路生春草，上林花发时，凭高何限意，无复侍臣知"的诗，这正是一种凄凉无奈的神情写照。

甘露之变中，仇士良成功地劫持了皇帝，挟天子以诛群臣，不但瞒过了天下人的耳目，并且成了宦官的大头目。一时间加官封爵，当上了右骁卫大将军，另外一个宦官头目鱼弘志则当上了右卫上将军兼中尉。此时朝廷大权就全部掌握在宦官集团的手中了。

顺我者昌　逆我者亡

在甘露之变后，仇士良的气焰更加嚣张，可以说是一手遮天。上要挟天子，下欺凌宰相，对不按照自己旨意办事的人，统统除去。

令狐楚，陕西华原人，是唐德宗七年的进士。宪宗在位时，他曾出任宰相，是个历朝为官并且一直坚守操守的老臣，官声甚佳。他的身材很高大，留着长胡须，仪表非凡，十分有威仪，为人上却待士有礼、谦和宽厚，并且十分爱才。在五岁的时候，令狐楚就能作文，文采很高，在当时也是一位比较有名的诗人。他最擅长的就是用今体文撰写政令及奏章，文词优美、思路严谨，深受宪宗、穆宗和敬宗几位皇帝的欣赏。文宗登基以来，他曾任太原尹兼河东节度使、郓州的天平军节度使，后来又奉调，入京担任检校右仆射兼吏部尚书，属于朝中的元老和实权派。王涯四相遇害之后，因朝中无人，文宗于是起用令狐楚辅政。令狐楚认为王涯等人冤枉，于是奉命起草诏书，在宣布他们的罪状时，用语模棱两可，因此得罪了仇士良。不久，仇士良就将其降职为山南西道。把令狐楚排挤出朝廷之后，唐文宗又提拔李石、郑草为相。

李石在担任了宰相之后，发现京兆尹张仲方性格懦弱，不能威服禁军，就奏明皇上让司农卿薛元赏代替他。文宗答应了。薛元赏的为人不卑不亢，做事雷厉风行。一天，他到李石府中办事，见李石在厅中和一个神策军将领争得面红耳赤，就大步走上去对李石说："辅佐皇上治理天下，连一个小小的军将都不能制服，竟让他如此无礼，更别说镇服四夷了！"于是命令左右将这个依仗仇士良作恶多端的将领捆绑住，带到下马桥候审。当薛元赏回到下马桥时，军将已被脱去了军衣，跪在地上听候发落。他正要动手，一宦官急急赶到跟前，说奉了仇士良的命令，请大尹过去有话说。元赏请来人转告仇士良说："因为暂时有公事在身，元赏很快就会到。"说完就杖杀了那军将。

薛元赏换上一身素服去见仇士良，仇士良冷笑着说道："你一个呆书生竟敢杖杀我禁军大将！"薛元赏从容的回答说："中尉和宰相都是朝中大臣，如果宰相对中尉无礼，会怎么样呢？如果你中尉对宰相无礼，难道就可以原谅吗？元赏现在是向你请罪来的。"这一番话，反倒让仇士良觉得很尴尬，一下子就失去了嚣张气焰。他想既然人都死了，薛元赏又执法如山。他只好强作笑脸，显现出很宽宏大量的样子，将薛元赏留下来饮酒，实际上是想将来再报复。没过多久，仇士良在煽动禁军攻击新宰相李德裕的事件中，找了个借口将薛元赏杀掉了。

仇士良就是这样，在权欲膨胀时，只要有人不合他的心意，他会想尽一切方法搬掉，无论是皇帝还是宰相。李石就是仇士良一直想要搬开的一块大石头。李石不仅推荐了一些正直的人士担任朝廷官员，就连他本人也是非常清正廉洁的。甘露之变后，宦官专权，人情危惧，李石一心致力于加强皇权，打击宦官。

开成元年九月，李石向文宗上书，要求为冤死的宋申锡宰相平反昭雪。文宗看完表章，神色黯淡，双目垂泪，懊悔地说道："宋丞相死的确实很冤枉啊！但是宦官来逼，我也是没有办法啊。我自己的亲兄弟漳王我都保不住，更别说宋申锡了！唉！怪只怪我太懦弱，太放纵宦侍，冤枉了宋申锡呀！"李固言、郑覃也在一旁替宋申锡抱不平。文宗就命李石处理此事，下诏为宋申锡平反，将他的官爵恢复，并委任他的儿子宋慎微为城固县尉。这更加引起了仇士良的嫉恨。

公元836年，文宗升坐紫宸殿，因奏事，李石上前拜谢。没过多久，外面风言风语就传开了："皇上准备令宰相掌握禁兵了，都已谢过恩了。"这下就搞得朝廷内外的关系渐渐紧张起来，京城里的百姓也是人心惶惶，不知道接下来会发生什么事情，连着好几个夜晚都不敢解衣就寝，还有很多人打算出城外逃。李石只得奏请皇上召见仇士良，当面向他解释此事，并公布于朝廷内外，说这纯属谣言。仇士良见无论如何都挑不出李石的过失，就准备派人对他进行暗杀。

开成三年正月的一天早晨，和往日一样，李石早早梳洗更衣，对镜整冠，上马入朝议事。但当他行至一片小树林时，忽然听到身后有弓弦拉动的声音，于是他本能地一躲，一只羽箭"唰"地一声，飞过他的肩头，划破了锦衣朝服，肩头上的皮肉也被带去一块。马下的随从都吓得惊慌失措，四处躲藏。马也因此受到了惊吓，掉头就朝前狂奔而去。跑过石碑坊门时，迎面冲过来一匹黑马，上面骑着一个黑纱蒙面的武士，挥刀就朝李石砍来。李石连忙拍马绕着躲了过去，人没事，但马的尾巴却被砍断了，血流不止。

早朝上，文宗不见李石，心里十分担心，便派内侍前去探问，这才知道在上朝的路上遭遇行刺。文宗知道后，大惊失色，急忙命令神策六军派兵在门下、中书两省进行防卫。敕令紧关四门，搜捕刺客，当然是毫无收获。

仇士良见行刺未成功，马上一反常态，变得十分热情起来，一边虚张声势的派禁军对凶手进行搜捕；一面又虚情假意，提着礼品亲自去往李石的府中探视。他将李石担任宰相之后所立的功绩，大大颂赞了一番，并且翻着凶残的黄眼珠，皮笑肉不笑地向李石表示，自己一定会捉到凶手严惩，为李石报此一箭之仇。

李石本是个聪明的人，一想到仇士良同自己素有芥蒂，并无深交，仇士良凭什么来探视自己？又为什么突然要关心自己？这其中一定大有文章，他来的目的一定是来试探、威胁、警告的。如今他自己深受文宗的信任，被文宗重用，逐渐与宦官分庭抗礼，争夺权力；加上自己向来秉公执法，刚正不阿，他仇士良又岂能容忍自己！如此看来，这些凶手一定是仇士良指使的，仇士良才是行刺的主谋。他来的目的就是想看看我的伤势如何！可是生死又怎样！现今我轻伤未死，他一定会在暗中用更卑劣的手段来暗害我。李石连续好几天都在家养伤，思前想后，自己舍身为国，却屡遭暗算，不如告老还乡，颐养天年。

接到李石的辞呈，文宗深知其故却无可奈何，可是他又舍不得这个人才，就让他保留着宰相的头衔，出任荆南节度使。

仇士良略施手段就将李石赶走了，文宗只得将户部尚书杨嗣复与户部侍郎李珏递补相职。

某天的黄昏，文宗把陈夷行、郑覃、李珏、杨嗣复四相召进御书房，心情十分沉重地说："朕素有中兴志，常读圣贤书，也不愿当个无为的庸主。可是阉宦猖獗，力不从心，无可奈何。愿卿等和朕同舟共济，齐心协力，同阉宦的势力抗争，使纲纪有序，朝事康宁。不然，朕只能终日饮酒，在酒醉中寻找快乐，了此一生了！"说着潸然泪下。

四位丞相十分同情文宗的处境，但是又没有什么良策妙计铲除宦官，只能以安慰敷衍过去。后来郑覃、陈夷行先后被仇士良排挤，因而辞职。文宗在万般无奈的情况下，忽然想起在东都洛阳留守的四朝元老，治国良相裴度，于是马上派人奉诏赴洛阳相请。可是一纸诏书，换来的却是一纸讣告，年迈的裴度因病前日就去世了。文宗悲痛不已，将裴度追赠为太傅，谥号文忠，予以厚葬。

眼看着朝中刚正耿直的大臣死的死，走的走，仇士良一伙人更加耀武扬威神气起来，对文宗更加不客气。因文宗也参与过郑注、李训等人的谋划，所以仇士良对他格外的憎恨，多次想设计将他废掉。

一天快半夜的时候，翰林学士崔慎由洗漱完毕，正要上床就寝，突然有人来报宣他即刻入朝。崔慎由不禁想到，想必朝廷出大事了，否则皇上怎么召的如此急迫。他这样想着，就跟着来人走了。来到秘殿，见到的却是仇士良一人端坐在大堂上，看得出来已是等候多时了。他环顾四周，屋内被窗帘遮的严严实实，崔慎由不由得心下狐疑。

等崔慎由落座之后，仇士良对他说："皇上患病已经好长时间了，自他即位之后，很多政令都荒废紊乱了。连皇太后看到这种情景，也终日忧心忡忡，常常同我说再这样下去怎么能行呢？所以让我重新立个嗣君。今夜急着召来，为的就是起草诏书的事。"

崔慎由听到这儿，不由自主的警觉起来，以前从来没听见有人提过要立嗣君的事，这弄不好可是要杀头的。他坚决拒绝说："如今皇上的恩泽遍布天下，我们在这里怎么好随便地议论呢？慎由亲族中表近千人，妻妾兄弟就将近三百，这种灭门九族的事我怎么能做得出来！即使是杀了我，我也不敢答应。"

仇士良本来考虑到他很难答应，可是却没有想到他把话说的这么死，一下子就陷入了僵局。过了好一会儿，仇士良打开一个小门，将他带去后面的一个小殿，看见文宗正在那里。当着崔慎由的面，仇士良开始一条条地数着文宗的过失，声色俱厉，文宗被说的低头不语。接着，仇士良看了看崔慎由，指桑骂槐似的指着文宗说："作为学士，你就得负责起草诏书。如果不想当学士，就不要占着茅坑不拉屎！"崔慎由临出来时，仇士良还威胁他说："如果今晚的事你走漏一点风声，我就让你吃不了兜着走！"

唐文宗在被仇士良完全控制了之后，精神就彻底崩溃了，一心沉湎于后宫的花天酒地嬉戏游乐之中了，从此开始过着醉生梦死的生活。开成四年，在一次延英召对的间隙，文宗退坐思政殿，悄悄地问当直学士周墀："你觉得，朕是个怎样的君主？"周墀拜道："陛下，这件事不是臣有资格评价的。但天下对陛下的评价是尧舜一样的君主。"文宗苦笑道："朕的意思是，与周赧王、汉献帝相比呢？"周墀惶骇跪奏说："陛下的才德岂是他们能相比的呢，就连汉文、景二帝也是无法相比的。"文宗道："周赧王、汉献帝不过是被强臣所制，如今朕被家奴所制，自觉远远比不过他们。"说罢，又是一阵感伤。宦官们对待皇帝尚且如此，更别说对待宰相了。天下的大事从此都是由宦官的北司决策，南衙的宰相机构也只是"行文书"而已。

第六章　操纵皇上废立的太监——仇士良

权倾朝野　擅专废立

　　唐文宗在世的时候，有两个儿子，王德妃所生的长子李永和次子李宗俭，不幸的是李宗俭在10岁的时候就病了。文宗即位后，朝中大臣多次上表要求立长子李永为太子。虽然当时李永还未成年，但比较喜欢酒色，整日沉溺其中，这令唐文宗特别不满。唐敬宗的儿子李普洁身自好，长于经史，深得唐文宗的喜爱，打算将帝位传与他，因此，立太子的事一直没有定下来。岂料，大和二年李普也因病夭逝。

　　无奈，文宗只得将长子李永立为太子。太子的生母王德妃姿貌平常，而且没有什么心计，所以，并不得唐文宗的宠爱。相反，后宫的另一名贵妃杨贤妃，资质丰艳，又生得花容月貌，伶牙俐齿，被唐文宗视作掌上明珠，她的话文宗几乎是言听计从。杨贤妃害怕太子即位后，会对自己不利，就设计将王德妃害死了，又对文宗屡屡进言，数说太子的短处。时间一久，文宗就有了将太子废掉的念头。

　　开成三年九月，唐文宗最终下定决心将太子李永废除，他在延英殿召集宰相以及中书、门下两省的官员，御史台官员和尚书省各司的郎官，一同商议太子废除之事。他对群臣说道："太子行事不稳，有许多的过失，不适合继续做太子。"但群臣都认为不妥，御史中丞狄兼劝阻的最为恳切，他哭泣着说："太子现正直年少，虽然有过错，但是将来一定会悔改的，并且储君关系着国家的安危，不可轻动，还望陛下三思！"给事中韦温也说："陛下您只有这一个儿子，平时不重视教诲，才导致今天这样，这难道是太子一个人的过错吗！"因群臣的力争，文宗才没有下决定，就速速退了朝。接着，翰林学士六人、神策军和禁军六军军使共十六人再次联名上表进行劝阻，文宗这才慢慢回心转意。于是，文宗命侍读窦宗直、周敬复二人前去少阳院为太子传授经义，申明是非。但是太子本性难移，仍然喜欢游宴，狎近小人。杨贤妃对唐文宗身边亲近的小宦官们密嘱，要他们诋毁太子。文宗虽然屡次听到太子不好的消息，但废立之事一直都没有行动。一个月后，在少阳院中太子突然暴死，看样子像是被人毒杀的。文宗前来验视，见太子的模样甚惨，忍不住泪涌如泉，默默想着太子的死因，然而却无处觅证，只好殓葬了事。

太子李永在神秘地暴死后，储君之事就再次提上议事的日程。于是文宗于开成四年将敬宗少子陈王李成美立为太子。懦弱的文宗将太子的死记在心里。一次宫中表演杂技，有一个小儿爬竿而上，众人都兴高采烈的拍手称绝，只有一个中年男子在竿下，显得惊恐的样子。文宗见状便问缘由，侍者告之那个在竿下面异常紧张的男子就是爬竿小孩的父亲。文宗听后，不由想起太子的死因，悲凉油然而起，长叹一声说："朕身为天子，但连自己的儿子都不能保全，这难道不可叹可悲吗？"随即命驾返宫。从此，文宗病重，一日比一日严重。

开成五年正月，文宗病危，他命枢密使薛季棱、刘弘逸、宰相杨嗣复、李珏入宫，商议太子监国之事。仇士良等人唯恐在立太子时，功不在己，所以时刻都在注意着朝臣的动向。当宰相大臣们一入皇宫，仇士良、鱼弘志便接踵而至。面对临死的文宗以及辅政的大臣，仇士良口吐狂言："太子现在年幼，而且身患疾病，请更议所立。"宰相李珏当即批驳："现今皇上已经将陈王立为太子，不能再更变了！"坚决反对仇士良更立太子。仇士良、鱼弘志二人气得脸色发紫，随即哼一声，拂袖离去。晚上，仇士良等伪造诏书，将穆宗第五子文宗的弟弟颍王李炎立为皇太弟，同时，又将文宗刚刚册立的皇太子李成美复贬为陈王。另外仇士良还派兵将颍王迎进宫中，负责处理军国大事，并且带李炎登上朝堂接见百官。唐文宗得知后无可奈何，群臣更是没有人敢反对。

两天后，唐文宗在长安宫中的太和殿驾崩。仇士良便以所谓文宗"遗诏"出示群臣，在文宗灵柩前拥立李炎为皇帝，并命令百官谒见，是为唐武宗。

历史上对文宗的评价是："有帝王的德行，却没有帝王的才能。"就是说，文宗虽然勤勤恳恳，但是却缺乏治国的才干，最终也没能把祸患除去。

第六章 操纵皇上废立的太监——仇士良

连上天也不眷顾文宗，到开成年间各地水旱蝗灾不断，百姓房倒屋塌，田苗颗粒无收，文宗发出了存抚百姓实施赈济的诏书，但至于能够取得多少赈荒的实效，他已经完全顾不上了。开成四年六月，天旱无雨，派往各处祈雨的使者没带回多少能值得振奋人心的消息，文宗对宰相们表示，如果上天再这样不下雨，他决定退居到南内兴庆宫，大家另选贤明之主，表示不再做这个皇帝了。当年十二月，高宗和武则天的乾陵失了火，文宗的身体也出现了不适。开成五年的新年没过多久，文宗帝就结束了他屈辱的一生。

武宗即位，有拥立之功的仇士良被封为楚国公，鱼弘志被封为韩国公。此时仇士良开始想方设法控制武宗，他对武宗说道："杨贤妃曾密谋立皇子安王溶，被我等发现才没有成功，但安王对陛下颇有影响。还请陛下除掉安王以绝人望。"武宗点头应允，立即下诏令将安王、陈王、杨贤妃赐死。可怜安、陈二王就这样死了，倾国倾城的杨贤妃求生无术，只得饮毒自尽。

在仇士良的操控下，唐武宗下敕，在本月二十二日为文宗举行文宗入棺大殓的仪式，但凡亲属和百官一律穿上丧服服丧。谏议大夫裴夷直上表说大殓的日期太远，但唐武宗以此事已经议定为由答复他。这时，仇士良等人对文宗依旧怀恨在心，就将教坊的乐工和曾经被文宗宠爱的宦官诛杀或贬逐。裴夷直又对唐武宗上言说："陛下以藩王的身份继承帝位，应当对文宗皇帝尽心哀悼，并迅速举行丧礼，早日亲政，以慰抚天下人心。现今文宗皇帝去世还不到几天，就将亲近他的臣僚诛杀，导致各地的官员纷纷惊扰，这样的话，先帝的神灵也会受到伤害。如果再这样下去，人们会如何看待陛下呢！现在，国家的体面才是最重要的，如果与先帝亲近的臣僚无罪，那就不应该对他们进行惩罚；如果有罪，他们已经在国家法律的天罗地网中无法脱逃，待十天之后先帝入棺大殓结束，对他们再惩罚也不晚！"但此时，仇士良大权独掌，唐武宗也毫无办法。

在文宗大殓之后，由枢密使刘弘逸、薛季棱率领禁军护送文宗灵柩赴章陵。二人平时与仇士良就不合，立储之争的矛盾更加激化了他们的关系，二人担心仇士良会再控制武宗，就密谋诛杀仇士良。但事情却被仇士良的党羽发觉了，率军先发制人，于是二人被诛杀。

刘弘逸、薛季棱死后，仇士良更加嚣张，目中无人。在仇士良的谗言下，很快宰相李珏被贬往桂州为观察使，杨嗣复贬往潭州为观察使。仇士良又对武宗一派谗言意将其二人处斩。武宗是个急性子，听到仇士良的一番邪说，就打算派遣中官前往诛杀杨、李二使。因朝中大臣力谏，二人才幸免一死，分别被贬为潮州、昭州刺史。通过这一番打击异己，仇士良的地位更加巩固了。

作孽太多　死于非命

唐武宗寡毅善断，喜怒不形于色，表面上对仇士良十分尊崇，并赐仇士良"纪功碑"，而且对他加官晋爵，但对于他的专横内心十分不满，非常清楚自己处境的危险，有成为仇士良傀儡的可能。血气方刚的武宗暗中发誓，一定要清除宦官，但尽早摆脱仇士良的控制。首先，要有一位能取代宦官并且能控制大局的宰相。经过慎重选择，武宗在登基的当年九月，将拥有才能声望又很高的淮南节度使李德裕擢为宰相，同时将李宗闵、牛僧孺等仇士良的党羽贬除，朝廷中顿时形成了李党独掌朝廷的局面。

初为宰相的李德裕，正赶上回纥入侵。他凭借自己的雄谋勇断，打赢了战争的胜利。李德裕乘机上书武宗说："治理天下关键是辨别群臣中的小人和君子。正直与邪恶是不能相容的。所以，在他们相互指责时，皇上很难辨别是非。我认为，真正的君子就要像松柏那样独立生长，不必依赖别的器物。邪恶的小人就如同藤萝一般，不攀附器物就没法自立生长。所以，正直的君子是专心侍奉皇上的，邪恶的小人则争先恐后地朋比为党。在宰相中不可能每个人都是忠臣，皇上一旦发现某个宰相欺骗了自己，就会开始怀疑其他的宰相，于是，只能通过身边的侍从和宦官了解宰相的情况。德宗皇帝在他晚年的时候，只信任裴延龄一人，别的宰相不过是在朝廷的敕书中签名而已。这也是当时朝政紊乱的主要原因。陛下若真能谨慎的选拔出德才兼备的宰相，并且诚心诚意坚定不移的委任宰相，但凡朝廷的政令都有政事堂审定颁布。再把哪些奸邪虚妄的宦官铲除。那么，天下必定会兴旺起来。"紧接着李德裕将话锋一转，又说："从前朝廷出征作战屡次失败，原因是宦官的军权太大，宰相们不能参与决策。"在分析了原因之后，李德裕对武宗建议，应当将宦官的军权即刻消弱。武宗见李德裕言之凿凿，因此对他越发信任和器重，从而对宦官也就疏远了。

仇士良对李德裕当宰相，感到非常地恐惧，他又得知李德裕对唐武宗进言疏远宦官，便觉得此人不是那么好对付。仇士良为讨好武宗，劝他出城狩猎，很晚才回城。李德裕见此，针锋相对地劝武宗应及时地处理朝堂政事。仇士良见武宗对宰相十分信任，自己又无隙可乘，既怕又恨，气焰便有所收敛。

没过多久，仇士良就察觉到了武宗对他的厌恶，觉得十分懊悔。没想到自己拥立的皇帝却在疏远自己。为发泄心中的不满扭转危机，就无事生非、妖言惑众，并且煽动禁军攻击宰相李德裕。会昌二年，仇士良趁着给皇帝上尊号的机会，大造谣言说："宰相们正在和度支商议起草诏书，要减少禁军的衣粮待遇和军马草料。"

同时，还公开对左右神策军的将士说："对钱粮消减之事是真的，但你们可以到中书门前找宰相力争。"受到仇士良的煽动，神策军开始骚动起来。李德裕闻讯，赶忙进宫，对武宗进行了详细的报告。武宗听到后，也觉得事态严重，即刻派出使者前往神策军中宣布："消减开支的赫令，是皇帝下达的，和宰相没有关系，你们是想违抗圣意吗？"众军士听后，便安定下来。仇士良此时看自己这招没用，就有点心虚了。

自从仇士良入宫以后就不停的被加官晋爵，到唐文宗开成五年，他的官已升至开府仪同三司、右卫将军兼内谒者监，正所谓官高位显。但仇士良却并不满足，还请求以开府宫品荫其子为千牛备身。千牛备身是

中央禁军左右千牛卫的属官,官位不高,但实握兵权。为此,给事中李中敏嘲讽仇士良说:"开府的官阶可是一品,按规定可以荫子。但是宦官哪有儿子呀?"仇士良被这一质问,就觉得羞愧难当,荫子一事也只好作罢,嚣张的气焰受到了沉重打击。

此后,仇士良深觉大事不妙,整日里惶惶不安。他心里暗想:自己曾权倾一时,作恶多端。现在就暂且退避吧,以避锋芒,也好避免惹来杀身之祸,为保荣禄。会昌三年,一时无法扭转败局的仇士良,提出因老弱体病求散秩的要求,武宗给了个"内侍监",让其知内侍省事。仇士良就顺着竿子爬了下来。没过多久,仇士良又提出告老还乡的要求,武宗无意挽留,顺水推舟,应其所请。

仇士良的门生故吏簇拥着将把他送回家时,他对他们非常地感激,说道:"你们一定要好好的侍奉天子,现在听老夫讲几句话行吗?"大家点头说好。仇士良说道:"不可让天子有空闲,一有空他就会看书,然后召见儒臣,这样一来,天子就会变得深谋远虑,考虑的也周全了。他的玩好减少了,兴致也就少了,那么,对我们的恩宠也就薄了,我们的权力就会变小。老夫今日在这里为你们从长计议,你们不如多积蓄些财货,将鹰马养肥,并用鞠毯、打猎、五声和美女将天子迷惑住,竭尽奢侈铺张,令他天天都玩得高兴,并且不知疲倦。那样他就不会再谈论经术,对于外面的事情也就不知道了。这样一来,国家的大小事务都会让我们来处理,恩泽和权力还能跑到哪里去呢?"仇士良的这番话,使众太监茅塞顿开,都以为如获至宝,一个个俯首拜谢。

然而,恶有恶报。会昌四年,因仇士良私藏兵仗,被人告发。借此机会,唐武宗立即下令将仇士良的官爵除去,并且抄没了他的全部家产。在查抄时,只见仇士良的家库中塞满了金银珠宝,每天用30辆车搬运,用了一个多月还没有搬完。武宗见了不禁拍掌称怪:"朕的国库中也没有这么多的财宝"仇士良失势后,那些依附他的小人都渐渐离去,每天在在困苦中度日。没过多久,便被他的仇家刺死了。六朝阉宦罪恶的一生终于结束了。

在仇士良贪暴的二十余年里，正是唐中央皇权削弱的时候。他利用皇帝的无能，大臣的争权，才得以控制朝廷，掌握大权。二十余年他参与朝政，干扰国事，上要挟天子，下欺凌宰相。他的阴谋奸计之所以得逞，一方面是因为他手握着禁军，不断地在左右神策军中树立党羽，排除异己，众禁军对他惟命是从；另一方面，在于他老谋深算，弄权有术。宦官本是皇帝的家奴、内侍，是皇帝比较亲近的人。在封建皇权专制主义的时代，皇帝的昏庸无能，正好给宦官提供了机会，他们不但左右了至高无上的皇帝，而且误国害民，更别说像仇士良这种蓄意弄权干政的阴谋家了。仇士良的目的就是让皇帝腐败堕落，不问政事，只有这样他才能有机可乘，才有可能控制朝局。

第七章 历史上唯一长胡子的太监——童贯

太监档案

☆姓名：童贯

☆国籍：中国（北宋）

☆出生日期：公元1054年

☆逝世日期：公元1126年

☆主要事迹：平定西夏叛乱；出使辽国。

☆生平简历：

公元1103年，童贯被任命为监军。

公元1111年，童贯进太尉，领枢密院，以宦官之身份而位列三公。

公元1125年，童贯封为广阳郡王。

公元1126年，童贯被钦宗斩杀。

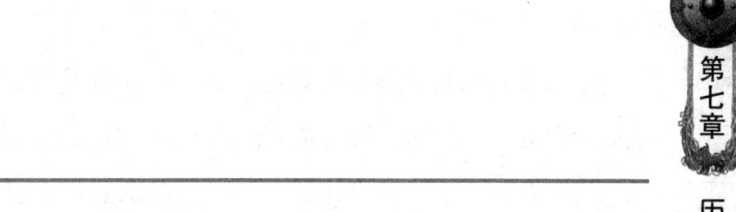

人物简评

作为太监,童贯的一生与其他的太监不同,大多数的时间都在外带兵打仗。他善于阿谀奉承,揣摩主子的心意,深得徽宗的宠信。童贯是中国历史上最富传奇性色彩的太监,开创了中国太监史上的几项之"最":中国历史上掌兵时间最长的太监;中国历史上掌控军权最大的太监;中国历史上获得爵位最高的太监;中国历史上第一位出使外国的太监;中国历史上唯一一位被册封为王的宦官。

生平故事

得徽宗欢心 扶持蔡京

童贯,字道夫,开封人,少年时净身入宫,为大太监李宪办事。李宪是神宗朝的著名太监,曾经在西北边境担任多年监军,建立了一些战功。

童贯在入宫前上过四年私塾学校,所以颇有些文字功底。童贯和其他的太监不一样,一般来说,太监是不长胡子的,但他的下巴上长有十多根胡须。他不是那种娘娘腔般的太监,而是身材魁梧,相貌英俊,并且还有一些武术功底。童贯由于经常跟随李宪在前线打仗,所以对军事也比较熟悉,可以说是能文能武。

太监一般都在宫里边伺候主子,但是宋朝经常打仗,所以不管是太监还是大臣,只要是人才,都能受到重用。童贯在太监中的经历不同寻常,曾经十次深入西北,对当地的地形相当了解。李宪的门生很多,看来童贯不特别讨他的欢心,所以没有特别地提拔照顾他。童贯入宫有二十多年了,始终默默无闻,直到赵佶当了皇帝。

宋徽宗赵佶是皇帝里的奇葩，是一个颇有成就的艺术家，艺术家来搞政治总是不太靠谱，特别是在用人方面。他用人的标准就是投其所好，只要得到他的欢心，就有出头之日。这时的童贯一直在寻找机会接近徽宗，以图博取徽宗的欢心。

童贯性情乖巧、心思细腻、处事机警，皇帝有什么心事，不用吩咐，提前就给办好了。对于后宫受到皇帝宠爱的、地位高的妃嫔，他更是曲意奉承、鞍前马后。同时他不吝啬钱财收买人心，大肆贿赂其他的宦官、大臣，所以得到了大家的交口称赞，这些人就在徽宗面前都说他的好话，很快就被徽宗委以重任。

徽宗登基后的第二年，在苏州、杭州设置了造作局、明金局，征集了数千名工匠，从事象牙、犀角、金银、玉器的琢磨雕刻和编织竹藤、装裱书画、针织刺绣等项工作，为皇帝制作提供各种奢侈品。童贯奉皇上的命令以供奉官的身份南下苏、杭主持此事。

童贯一到江南就大肆搜刮民脂民膏，给皇帝进献了大量造型奇异、做工考究的工艺品。

在杭州，童贯结识了被贬于此地的蔡京。两人来往很密切，大有相见恨晚之感。蔡京是神宗朝的进士，王安石推行新法的时候，蔡京支持新法。

后来王安石新党失势，司马光旧党当政，蔡京立刻转变态度，主张废除新法。哲宗皇帝继位后，任用章惇等人实施新法，蔡京立刻又宣扬废掉旧法。蔡京就是一个毫无政治操守的小人，徽宗登基初期，将他贬去杭州，做了一个虚职的官员。蔡京不甘心在杭州当个无作为的官员，他有更大的野心，所以结识童贯给他带来了机会。

蔡京希望童贯能在皇上面前为他说好话，将他早日调回京城。他使出了浑身解数讨好童贯，不惜以大量财物贿赂童贯，尽心尽力地陪童贯玩耍游乐。童贯领会了蔡京的心思，高价收买了蔡京所画的屏幛、扇带，还将题跋的名人字画送到宫中供徽宗赏玩，而且还附语说蔡京才华卓越，是国家的栋梁之材，闲置在杭州简直是国家的损失。

蔡京的书画作品都是在童贯的热心指导下完成的，是专门为了讨皇上的欢心绘制的。果不其然，皇上对这些书画很是喜爱。回京后，童贯又赠送给宫中的妃嫔、皇上的近臣、皇上的心腹宦官梁师成和曾经预言赵佶能当皇帝的道士等人许多贵重的礼品，为蔡京回京铺好了路。

不到一年的时间，蔡京不仅回京，还迅速升到了宰相的高位。这对童贯产生了深远的影响。可是童贯为什么会帮助贬谪的蔡京呢？这一点就可以看出童贯的心计了，培育一个宰相要比讨好当红的宰相容易的多，而且童贯自己又有恩于这个宰相。

笼络人心　因功受奖

为了"报答"童贯，蔡京推荐他担任军中的要职。崇宁二年（1103）二月，徽宗打算出兵征讨西北的羌族，将青唐一带领土收复，以显国威。蔡京在皇上面前力荐童贯，说他曾经去过西北十次，对地形和将士们的能力相当了解。如果童贯前去，肯定能旗开得胜。于是在蔡京的强力支持下，童贯被任命为监军。

童贯来到熙州（今甘肃临洮），与主帅王厚、副帅高永年会和，一共调集十万人马，准备和羌族作战。队伍开到湟川，碰巧汴梁的太乙宫失火，这只是一起偶然事件罢了，但是宋徽宗认为，宫里失火肯定是上天阻止出兵的征兆。于是宋徽宗火速下了一道手谕传给童贯，让他立刻阻止出兵西战。童贯一直想找个机会建功立业，当然不愿就此而止，所以看罢手谕后立刻折起来塞到靴筒里。王厚问道："不知陛下何故降旨？"童贯装作什么事没有发生的样子说："没有什么，只是陛下敦促我速速取胜罢了。"

童贯显然没有听从徽宗的旨意，如果失败，他肯定会受到惩治了。在这次战争中，童贯不敢表露自己，而是支持、配合领军将领，打了一连串漂亮仗，平息了西北部族的叛乱。收复四个州后，举行了庆功大会，将领们为国家立下了军功，高兴地接受赏赐。

这时，童贯将徽宗给他的手谕拿出来给大家看，大家看了之后，无不倒吸了一口气，如果战败了，恐怕童贯就要掉脑袋了。领军主将惶恐地问他为什么要违背皇上的旨意？童贯大无畏地回答说："那时士气非常旺盛，如果当时收兵，今后还怎么打仗？"主将问道："那要是打败了可怎么办？"童贯说："这正是我当时不能给你们看的原因。打败了，一切后果由我一人去担待。"众位将领心中充满了钦佩之情，全都跪倒在地，以表达感激之情。谁都知道，军令如山，违旨不遵会搭上身家性命的。

另外，童贯还做了一件让大家感动的事情。开战后，有一位将领阵亡了，当时这位将领的妻子早已去逝，独生儿子在他战死后流落街头，成了无家可归的乞讨儿。童贯命令手下人把他找回来，收为义子，并且当众声明自己一定会将这个孩子视如己出，把他抚养成人。这一手收买人心的手段确实高招，那些平日里在战场上搏杀随时可能死亡的将领们，对童贯更是死心塌地卖命了。从此，童贯在西北军队中的威望牢牢地树立了起来。

这次战争的胜利对大宋帝国来说意义重大。因为大宋军民好歹认为自己是一个强大的帝国，但是在对西北地区作战中，许久没有取得这么辉煌的胜利了，所以军民心中都憋了一口气，现在这口气总算是理顺了。自从"澶渊之盟"后，大宋与辽国结盟，东北和北部地区就一直没有了战事。可是西北的羌族却一直骚扰大宋边境，名臣范仲淹也险些在这里送了性命。所以，童贯就像是大宋的民族英雄，受到了京城民众的热烈欢迎。从此以后，童贯常年主持西北的军事。他率兵打了好几次胜仗，收复了积石军、洮州。可以说，童贯支撑起了西北的军事，成为了大宋的著名将领，让人险些忽略了他的太监身份。

大观二年（1108），蔡京和童贯之间的关系出现了严重的裂痕，因为童贯立下了赫赫军功，徽宗奖赏他，下令授童贯为"开府仪同三司"。这一官职被称为"使相"，一般是在宰相外放为节度使时加官所用，表现了皇上对此人的重视，地位极为尊贵，其含义是与宰相具有等同的待遇、地位和荣耀。过去，宦官从来没有人能得到过这个尊贵的官职。蔡京表示不满说道："童贯以一个宦官的身份受封节度使已然过分，使相尊位哪里是他所应该得到的？"作为宰相的蔡京拒绝奉诏委任，皇帝也没有多说什么，此事不了了之。

事实上，蔡京心中积聚了很多对童贯的不满，他认为宰相的尊严和权力被童贯侵犯了。原因是，童贯差不多没有把他放在眼中，在选拔西北地区的将校官员时，没有通过政府程序，而是直接禀告皇上，直接从皇帝手里取旨任命。有时他自作主张，先任命再禀告。这种行为严重伤害了蔡京作为宰相的自尊心。所以，蔡京决定让童贯知道知道自己的厉害。

童贯对蔡京也相当恼火。不过，他没有表露出来，而是冷静地观察，等待合适的机会。第二年，即大观三年（1109），童贯策动了三方面的力量将蔡京从丞相的位置上拉下来。这一次，他计划周详。第一，他在宫中贿赂内廷总管，让自己的徒弟在妃嫔和皇帝身上下工夫，将蔡京干的坏事在他们耳边不停地絮叨。第二，在朝中寻找和蔡京有仇怨的官员，在台谏官的身上下工夫，最后由中丞和殿中侍御史给皇上上奏折弹劾蔡京。第三，他找到皇上最宠信的道士，让道士密奏皇帝，说太阳中出现黑子，必须要斥退大臣，否则不祥，这一招相当有效。徽宗感到相当害怕，屡次拒绝蔡京的求见，并下旨把蔡京贬到了曾经谪居的杭州。蔡京尝到了苦头，到了这个时候，知道了童贯的厉害，明白了自己与他在皇上心中的分量是不同的。

在与蔡京的争斗中，童贯大获全胜。但是，他并没有高兴多久，因为继任的宰相张商英为人忠心正直，连皇上都对他非常忌惮。显然，这对童贯没有什么好处。

出使辽国获得意外收获

政和元年（1111），童贯晋升为检校太尉，这是武官的最高职位。这一年在徽宗的支持下，童贯做了太监从来没有做过的一件大事：他以副大使的身份，代表大宋出使辽国。童贯极力促成了这件事，因为这阶段西线也没什么战事，童贯闲得无聊，想到东北方向的辽国去看看有无建功立业的机会。

虽然大家对童贯一致认同，但是，这毕竟是代表皇帝与国家出使外国。所以，有的大臣认为童贯作为一个太监，不能代表皇帝和国家出使外国，会让人小看大宋，偌大的一个国家竟然没有人能够委派。但是，徽宗皇帝想得相反，他反而为童贯感到骄傲，童贯的名声已经传到了契丹，契丹人对童贯也很感兴趣，正好借此机会让童贯考察一下辽国的情况。于是，徽宗将他的官职加为检校太尉，命端明殿学士郑允中为正使，太尉童贯为副使，出访辽国。这一次出使，为大宋遭受灭顶之灾埋下了隐患。

不久，童贯担任了开府仪同三司的职位，打破了历史传统的安排。不久之后，童贯受命领枢密院事，成为除了皇帝之外的最高军事首长，是第一个主持枢密院的宦官。然后，拜太傅，封泾国公爵。

这次出使辽国，并没有什么需要讨论的重大议题，只是两国交好的外交惯例，他们前去祝贺辽国天祚皇帝的生日，没有别的什么。童贯来到辽国之后，留心观察沿途的山川形势，考察辽国的风土人情。一路上没发生什么新鲜事儿，但是在回国的途中，却有了一件意外的大收获。

童贯一行人来到卢沟这个地方，就是今天北京西南郊外的卢沟桥附近时，有一位辽国的汉人马植深夜来拜访他，贡献出一条灭亡辽国、收复燕云十六州的奇计。

马植出身于辽国的大族，官至光禄卿，但是在辽国的人缘很差，没有什么前途，所以为了自身利益，考虑出卖辽国，投奔宋朝。马植听说童贯来到了辽国，认为是自己的机会，就深夜去见童贯，声称有灭辽的良策。童贯听到他的话后感到非常地吃惊，作为朝廷重臣，他知道收容辽国的叛徒违背了"澶渊之盟"，犯了重罪。但是，这又不是从他自己开始的，辽道宗和宋神宗违约在先。于是童贯将马植改名为李良嗣，带他秘密回东京去拜见宋徽宗。

李良嗣向徽宗提出："女真恨辽人入骨，如果宋朝通过海路联络女真，两方夹攻辽国肯定能够成功。"宋徽宗心动了，如果能将辽国灭掉，肯定能让大宋扬眉吐气。但所有人都表示反对，主要理由是宋辽两国已经交好了百余年，宋帝国也没有多么吃亏，相反还占了人家不少便宜，如果为了女真部落，因小失大太不值当了。更为重要的是西夏马上就能拿到手了，这时候不是对契丹动手的时机，应该先把西夏的问题解决好了再说。但李良嗣急迫地又说："辽国肯定会灭亡。幽燕之地本来就属于大宋，百姓们都盼望大宋来解救他们于水火之呢。如果女真赶了先就麻烦了。"

其实当时女真这个部落非常落后，辽国虽然有衰弱的趋势，但是不至于马上就能灭亡。宋徽宗、童贯在不了解实际情况的前提下，被李良嗣所蛊惑和利用了。宋徽宗于是确定了扶植女真、夹击辽国的战略。李良嗣被赐予国姓，担任秘书丞，主要职责是联络女真。女真在大宋的扶持下，慢慢地变得强大起来，在短短几年就摆脱了落后的面貌，国家机构和军队组织也日渐完善，完全能够与士气萎靡的辽军作战了。

与女真联手　灭亡辽国

阿骨打继承汗位之后，几次率兵攻打辽国，但并没有引起辽国地重视，女真的力量迅速发展壮大起来。

公元1115年，阿骨打在会宁（今黑龙江阿城南）称帝，国号大金，为金太祖。金太祖阿骨打率领军队攻打辽朝东北重镇黄龙府（今吉林农安县）。辽天祚帝这才意识到金国对他们的威胁，派了二十多万军队到东北去防守，士气低落的辽兵被金兵打得大败，为了逃命，一路上把武器都丢弃了。辽天祚帝向金朝求和，金太祖没有答应，态度强硬地要求辽天祚帝投降。

辽天祚帝对金国的无理要求气愤极了，迅速组织起七十万的军队，亲自带领到黄龙府去攻打金军。金太祖已经准备好了，命令将士挖掘壕沟、修筑营垒，准备抵抗。但是这个时候，辽朝内部发生了动乱，形势非常紧急，辽天祚帝下令撤兵回京。金太祖逮住机会，趁机追击，没想到几十万辽军就如一盘散沙，一点儿都不经打，一下就垮了。辽天祚帝差点成了俘虏，连夜马不停蹄地逃跑，累死了好几匹马，才总算捡了一条性命。

这时候，辽朝的主力已经被金军完全消灭了，辽国国内的局势也非常紧张，北方各族人民对辽朝贵族的统治早就心怀不满，纷纷起义。金国对辽国攻战，大宋一直采取观战的态度，始终没有什么动作，这不是因为手握重兵的童贯不想打，是因为西夏的问题还没有彻底解决，而且国内又发生了方腊叛乱的事情。

辽国在金的强势攻击下，快要灭亡了，对于大宋来说这是一个收复北方燕云失地的绝好机会。宋徽宗派使者从山东渡海，前往金朝会见金太祖，表示愿意与金朝合作夹攻辽朝。双方约定辽朝灭亡之后，大宋收回割让给辽朝的失地燕云十六州，为了答谢金朝，大宋将每年送给辽朝的银、绢，转送给金朝，这件事在历史上被称为"海上之盟"。

金兵势如破竹，向南猛烈进攻，很快就攻下了辽朝四座重要的城市。只剩下一个燕京，按照双方的约定，燕京由宋军来攻打。

宣和四年（1122），童贯终于把西夏打趴下，剿灭了方腊叛乱，率领十五万陕西军，数万藏、羌军在河北边境集结。开始的时候，辽国人还以为童贯是来帮助他们攻打女真叛乱的，后来才知道宋军居然是来夹击的！辽人总算明白过来了，女真叛乱竟然得到了宋朝的支持。辽国和宋国百余年来一直是兄弟国家，虽然时时发生战事，但是辽国并没有对不起宋朝。得知真相后，辽人非常伤心。

辽天祚帝向童贯军中派遣使节哭诉道："今天大宋贪图一时之利，舍弃两国的百年之好，结交豺狼般的邻国，为以后的大祸埋下伏笔，到时候怎么办呐？救灾恤邻是古今通义，这才是大国应有的作为啊！"辽使这番话说得非常有道理，一针见血地指出了宋帝国的短视，大宋和辽国应该唇齿相依。童贯没有话来反驳他。

这番话虽然说得很有道理，但是在童贯看来，个人的成就比百年盟约更为重要，如果辽朝灭亡，自己岂不是又会高升？即便后来辽国为了保全国家，非常诚恳地向大宋投降，甚至屈辱地将兄弟之国降为伯侄之国，但是童贯封王的决心无法被撼动。童贯赶走辽使，免去了想接受投降的种师道的军权，另以主战派将领取代他的职位，快速向辽国进军。

童贯督军前进，辽军只好迎战，宋兵组织两路大军，同时作战。辽国的司令官郭药师，投降了宋国，并献上两州土地。宋徽宗赵佶命令童贯再次出击。面对两国的夹击，萧皇后（辽穆宗皇后）派遣使节韩昉求见童贯，奉上降表，请求童贯念及两国友好邦交119年，放弃进攻，辽国愿意降为臣属。童贯想都没想就拒绝了，将韩昉叱出帐外，韩昉在庭院中哀号说："辽宋两国，和好百年。盟约誓书，字字俱在。你能欺国，不能欺天。"痛哭而去。

童贯满以为可以不费吹灰之力就能拿下燕京，因为金辽作战这么久，辽兵的主力早已被金军消灭。谁知道辽兵虽然打不过金兵，但是打宋军却轻而易举。童贯接连打了两次败仗，不但没有收复燕京，而且损兵折将，丢光了多年来积存的粮草、武器。

燕京在自己手里总是攻不下来，童贯为了逃避失败的责任，尽快给皇上一个交待，暗地里派人联络金军进攻燕京。金军很快拿下了燕京，但是却不肯轻易地还给大宋，提出了交换条件。童贯只好答应把燕京的租税，既每年一百万贯钱献给金朝，这才把燕京赎了回来。这样一来，大宋王朝的腐朽，可让金朝摸透了。

溃败逃跑　被宋钦宗诛杀

虽然名义上是两国夹击，但实际上辽国都是金军攻打下来的。在这种尴尬的情况下，大宋依然派遣使者大言不惭地向金索要燕云十六州，金国的大臣肯定要反对呀，凭什么出力的是金军，得利的是宋国呢？但是皇帝完颜阿骨打不理会众大臣的反对，将五州还给了宋朝。两国于是在1123年签订了友好和约。不管过程如何，大宋总算借了金国的光，成为了胜利的一方，丧失达188年之久的领土得以收复。徽宗赵佶总算干了一件举世瞩目的大事，成为大宋的救星，童贯以一个太监之身被封为王爵，全国都为之欢欣鼓舞，庆祝大宋的胜利。

攻燕之战，把宋朝的虚弱腐朽全部在金军面前展露无遗，徽宗、王黼和童贯等人却自称立下了"不世之功"。童贯上"复燕奏"，将败仗吹嘘成胜仗，被封为郡王。王黼、童贯、蔡攸等都加官晋爵。朝廷大小官员纷纷上表祝贺童贯等人，又立"复燕云碑"纪功。徽宗等人没有意识到金朝对大宋的狼子野心，全部自欺欺人地沉浸在吹嘘出来的胜利之中。

1125年十月，金太宗发兵两路，大规模南下攻打大宋。一路由完颜宗翰（粘罕）率领，进攻太原。一路由完颜宗望（斡离不）率领进攻燕京。两路金兵准备打到大宋的都城东京，计划在东京会合。当时童贯驻守太原，得知宗翰向太原进军的消息后，童贯找了一个理由，扔下驻守的官兵，吓得赶忙从太原逃回东京。金兵很快来到太原城下。宗望军来到燕京，宋守将郭药师原是辽将，一见情形不好，就投降了金朝。金兵以郭药师为向导，长驱南下，进逼东京。

徽宗以为收取燕京之后，只要每年屈辱地向金朝缴纳岁币，从此就天下太平了。金兵南下，徽宗根本就没想到，惊慌失措。宋军参议官宇文虚中曾经上书指出朝廷失策，"将有纳侮自焚之祸"，建议派遣重兵戍守边防，王黼没有理会。这时，徽宗问宇文虚中应该怎么办。宇文虚中说，现在只有先下罪己诏，改革弊政，以求挽回人心。徽宗让宇文虚中替他起草诏书悔过,并号召各地驻军"勤王",入援京师。

金兵来势凶猛,很快就距离东京不到十天的路程,情势变得非常紧迫。徽宗想要弃国南逃。给事中吴敏求见徽宗,竭力阻止徽宗逃跑,主张任用威望高的官员,坚持固守东京。吴敏推荐太常少卿李纲。李纲临危受命,奏上"御戎"的五条对策。又对徽宗说,"非传位太子,不足以招徕天下豪杰",意思是让徽宗宣布退位。徽宗本来不想退位,但是金兵逼得越来越近,于是拉着蔡攸的手说:"没想到金人会这样!"说着就气得昏迷过去了,跌倒在床前。徽宗身边的人都吓坏了,赶紧灌药急救。徽宗苏醒后,想通了,将皇位传给太子,避居在龙德宫。

太子桓,即宋钦宗继位,改年号为靖康。徽宗退位,称"太上皇"。第二年正月,金兵渡过黄河,童贯听说了这个消息,东京看来也不安全,所以决定连夜向南逃亡。徽宗也带着蔡攸和内侍等几个人,以"烧香"为借口,急急忙忙地逃出东京。逃到亳州,又担心亳州不安全,立刻又逃到镇江。童贯和殿前都指挥使高俅率领胜捷军和禁卫,在泗州境内追上徽宗。蔡京也带着家人连忙逃到拱州。

大敌当前,徽宗、童贯、蔡京等人的溃逃,长久压抑在人们心中的愤怒和仇恨一下子迸发了。朝野官民纷纷上书揭露童贯集团犯下的罪恶。太学生陈东等人上书,指童贯、蔡京、王黼、梁师成、李彦、朱勔为六贼,请求宋钦宗处死他们,以安抚天下人。宋钦宗在舆论压力之下被迫将王黼罢免。后来又斩杀了王黼,李彦、梁师成被赐死。蔡京、童贯在亳州被贬官流放,蔡京年老体弱,经受不住奔波,在流放途中死在了潭州。

虽然童贯遭到了贬谪,但人们仍然对他心存畏惧。所以,张澄奉诏追赶童贯,目的是要斩杀他。张澄一路追到了南雄州,为避免打草惊蛇,先派人上门"拜谒"童贯,假称皇上念及童贯立下的军功,有圣旨赐给他一些茶叶、药物等,并且说让童贯回京担任河北宣抚,第二天使者就会来传旨。童贯根本没有想到使者地到来是为了置他于死地,还很欣慰地拈拈下巴上的几根胡须，笑着说："还是少不了我！"并将张澄派来的人留在身边。

　　第二天上午，张澄来了，童贯欣然出迎接旨。张澄带来的不是让他回京担任河北宣抚的圣旨，而是当即宣布了童贯的十大罪状。等到童贯省悟过来的时候，已经晚了，被张澄派来的人一刀砍下了他的脑袋。

第八章

把皇帝送给敌人当俘虏的太监——王振

☆姓名：王振

☆出生地：蔚州蔚县（今河北）

☆逝世日期：公元1449年

☆主要事迹：依仗皇帝对他的宠信，毁掉了明朝初期制定的"宦官不得干预政务"的限制。

☆生平简历：

公元1435年，朱祁镇登基，王振被提升为司礼监。

公元1441年，依仗着皇帝对自己的宠信，开始展开了他在朝廷专权的魔爪。

公元1440年，气焰嚣张的王振逼死了明朝"三杨"，不久太皇太后张氏病逝。

公元1443年，针对不服从他的大臣，采用阴狠歹毒的手段，起到杀一儆百的效果。

公元1449年，著名的土木堡之变，因为王振的专横无知，导致明朝大军失陷，皇帝被俘，王振丧命。

第八章 把皇帝送给敌人当俘虏的太监——王振

人物简评

他是在明朝时期第一个专权的宦官，他的存在加剧了明朝的灭亡。但是和其它太监不同的是他通晓诗书，也是因为这一点又凭借着他的诡计多端赢得了皇帝了宠信。他依仗着皇帝的宠信，在朝中横行霸道，当时的明王朝被他搞得乌烟瘴气。土木堡之变就是因他一手造成，虽然他把皇帝英宗送入了虎口，他自己也命丧黄泉，可是英宗不但不记恨他反而为他树立牌坊，并且时常怀念他。可见皇帝对他的放纵和娇宠程度。

生平故事

有了靠山才能有以后

在中国古代历史上，因宦官专权误国的悲剧，在每个朝代几乎都上演过，基本上没有或是很少有的朝代只有两个，而且是少数民族入住中原的朝代，那就是清朝和元朝。元朝是因对汉族文化的吸收不多，宫中使用的功臣贵族子弟的侍卫又很多，自然宦官的数量就较少，更别说地位，所以元朝基本没有宦官之祸。清朝是离明朝太近了，明朝时期宦官祸国殃民直接就导致了明朝的灭亡，这留给清朝的教训也是十分的深刻了，所以，在对宦官的管理上非常地严格。只有慈禧太后有几个比较得宠的宦官，像安德海、李莲英等，不过是窃取一些威势，聚敛些金银而已，对国家的政事是不敢染指的。

明朝建国之初，太祖朱元璋吸取以往朝代宦官祸国的教训，对宦官做了各种限制。例如，不许宦官识字，不许兼任外臣，职位不许超过四品，并在宫门外立一铁牌，上面写着"宦官不许干预政事，违者斩"。因此，明朝初期对宦官的控制，可以说是非常地严格和有效。在朱元璋去世之后，明成祖发动了靖难之役，从侄子的手中夺取了皇权，这其中宦官起到了不小的作用，因而他对宦官多所任用，也是因此宦官在朝中的地位也开始逐渐的提高了。到明宣德年间，宫中开设了宦官学校——内书堂，选的是一些聪明伶俐的小太监入堂读书，并且派大学士任教。因此，许多的宦官都能粗通文墨，有的还能通晓古今，拟旨援笔立就。每当皇帝沉迷酒色玩乐时，皇帝就会让他左右的司礼太监来替他批复奏章，时间一久就成了惯例，称为"批朱"。如此一来，司礼监的地位和权势也越来越大，慢慢地凌驾于内阁之上。伴随着宦官权势的扩大，到了明英宗时期，就出现了宦官王振专权的局面。

王振，明初蔚州人，因读过私塾，所以略通文墨。本想通过应试进入仕途，飞黄腾达，可是屡屡挫败，渐渐就丧失了信心。对他来说中举人、考进士这条荣身之路已是死路，只有另做打算。据记载，王振因触犯刑律而被发配充军，那时正赶上皇帝下诏："有子者许净身入内"，王振便自阉入宫。

王振与宫中其他头脑木讷的宦官不同，他是个读书人，对古今文墨都通晓，受到欢迎也是自然的。他知道在宫中要想出人头地就必须依附朝廷中举足轻重的靠山。后来他终于成功的寻到了他的大靠山——太子朱祁镇。当时的史著记载，王振善于揣摩别人的心思，为人"狡黠"。实际上这是所有的奸佞宦官取得昏庸帝王信任的共同特点。

大臣能够在朝中立身，受到皇帝的赏识和重用，靠的是过人的才能和可遇不可求的机遇，无耻小人，靠的就是"狡黠"二字。王振进宫之后凭借灵敏的头脑从而获得了宣宗皇帝的喜爱，便任他为东宫局郎，服侍皇太子，就是后来的英宗皇帝，陪着太子读书。这时候太子还是个小孩子，王振略施手段就让太子对他既敬重又害怕，并且称他为"先生"。颇有心计的王振也知道自己陪读的人就是将来的大明皇帝，他除了表现出严肃的一面外，还竭尽全力讨好太子，并且挖空心思讨太子的喜欢。小孩子的依赖性本来就很大，朝夕相处的陪伴令太子和王振二人形影不

离,关系也是格外密切。大概昏君与奸佞之间都有一种很难言说的"缘分",这其中并非是单纯的手段。有时候英主和贤臣也是会这样,比如唐太宗善于纳谏,却只愿意听魏徵一人的,别人向他进谏,不合心意他就会发火,还是得魏徵出来解围。王振就是如此,当时宫中也有很多宦官,论奸佞、论狡黠他未必是突出的,如宣宗宠爱的太监金英等人,王振并没有夺取金英在宣宗心中的地位。而他一遇到日后的英宗,就如鱼得水一般,谁都离不开谁了。王振和太子不同寻常的交情,也就成了日后王振专权的条件。

宣宗时期,司礼监太监已是位高权重,并且经常替皇帝批朱。但当时担任掌印太监的刘宁不识字,明宣宗见王振对文墨很精通,就常常让他代笔。后来宣宗也考虑到刘宁不识字是个很大的问题,就将他调离现下的职位,由王振取代他任司礼监掌印太监。担任司礼监掌印太监,给了王振更多了解朝中大事的机会,也给了他一个很好的学习机会,为以后的专权做了充分的准备。

宣宗在宣德十年正月病死。此时太子朱祁镇还只是个未满九岁的孩子,宫中就开始谣言四起,说襄王朱瞻会接替皇帝之位。太皇太后急忙召集朝臣,指着朱祁镇泣不成声地说道:"这就是你们的天子。"随即英宗即位,改元正统。英宗这时年幼,不能亲自处理国家大事。为了将局势稳定,太皇太后张氏,就是英宗的祖母,只能垂帘听政。虽然张太后秉政,但并不直接处理国家政务,而是将国家一切的政务都交给内阁大臣"三杨":杨士奇、杨荣、杨溥他们来处理。在明朝这是一个非常好的传统,这样的传统杜绝了外戚的专政,一方面保持了皇权的权威性,另一方面也维持着国家的统治秩序。纵观中国的各个朝代,因外戚专权误国的不在少数,也只有在明朝没有太后专权外戚乱政的事。英宗即位之后,自然重用自己喜爱之人,凭借与英宗的亲密关系,王振便越过原来的司礼太监金英等人,担任宦官中权力最大的司礼太监。这也是一件十分正常的事,一朝的天子一朝的臣,包括宦官也不例外。

在明代的宫廷中,司礼监是24个宦官衙门中最重要的一个,宫中宦官事物，提督东厂等特务的机构，替皇帝掌管内外的奏章和文件，并代传皇帝的谕旨等都是由司礼监负责的，因为此职事关机要，向来都由皇帝的心腹宦官来担任。后来因为"票拟"制度的形成，皇帝最后意见的裁决，要由司礼监秉笔太监用红笔在奏章上批写，成为"批红"。在经过"批红"之后，奏章再叫内阁撰拟诏谕颁发。掌握了"批红"大权的宦官，就成了皇帝的代言人。这些宦官每天都在皇帝的身边，善于观察懂得迎合皇帝，而且经常利用皇帝深居简出、和外廷官接触又少的弱点，欺上瞒下，假传谕旨或者撰改谕旨，从而满足自身利益。英宗将这样一个重要的官职交给了王振，为他日后专权提供了极其便利的条件。

野心勃勃　遭受压制

　　王振为明代宦官的专权起了带头作用。和其他的太监不同的是，因他在内书堂念过书，所以是个"文人型"的宦官，这也是他自身独具的优势，所以在专权的过程中，控制皇帝，解除太后对他的防范，超越内阁对他的钳制等方面，他有着与众不同的手腕和伎俩。

　　虽然王振手握"批红"这一重权，但是他明白自己的出头之日还没来到，眼下要做的就是取得张太后以及内阁大臣的信任。朝中现在一切的大事都是由太后和三个内阁大臣掌控。张太后垂拱而治，三杨也是忠心秉政。由于三杨均是前朝的元老，在朝廷内外的威望又非常地高，王振十分清楚自己现在还很难和他们匹敌，所以不敢放肆，只是将野心压着，采取比较委婉的手法，等待着时机成熟，再行窃权。为此，对于三杨和张太后他是百般的殷勤，毕恭毕敬，极尽谄媚之能事，以此讨得他们的信任和欢心。

　　有一次，英宗朱祁镇和小宦官在宫廷内玩耍击球，被王振看见了。第二天，他故意当着三杨等人的面，向英宗跪奏说："先皇帝曾经为一球子，差点误了天下，今天陛下又重蹈其好，那国家社稷要引到哪里去呀！"王振义正词严，装出忠心耿耿、为国家前途命运担心的样子。三杨

听后,非常感动,慨叹地说道:"没想到在宦官中也有这样识大局的人啊!"日后,王振每次到内阁传达皇帝的旨意时,都装作十分的恭敬和小心,并且从不入阁内,总是站在门外。他的用心良苦终于见证了效果,三杨终于被他的举动深深的感动了,后来,王振再次来传旨的时候,三杨就打破先例,将王振特地请到屋内就坐,在明朝这是从来都没有过的事情。三杨之中,数杨荣的谋略最高,经长时间的接触和观察,他已经稍微观察到了王振的危险性和他的野心。他觉得自己三人已经老了,再过几年就要告老还乡,而皇上现在还年幼,面对日益强大的王振势力该如何是好呢?于是杨荣便和杨溥、杨士奇商量,先把一些正直有才干的人引到内阁,培养外臣的势力,一旦自己三人退位,这些人就有能力和王振的势力对抗,只是当杨荣想到这一步的时候就有些晚了。

杨荣的警觉没有错,手段高明的王振在表面上讨好三杨,事事顺从,装作一副从不干预政事的样子,可是内心对权力的渴望一天比一天膨胀,一旦有机会,就想方设法抓权,赶出一些干预朝政的勾当。他经常趁着英宗身边没人的时候,劝英宗用重典治御臣下,并且反对开"经筵",对英宗建议发展军事,以武来治国等等。英宗在他的诱导之下,曾经让他带领朝中的文官武将去朝阳门外阅兵,王振则利用这个机会,将真正有才能的人压制下去,将他的私党隆庆右卫指挥佥事纪广报为第一骑射,提升为佥事都督。

伴随着时间的推移,王振的野心就开始慢慢地暴露了。贤明有德的太皇皇后,见王振逐渐抓权并且干预朝政,心里十分的不安。她怕因前朝宦官专政而耽误国家的悲剧重演,就提醒英宗对宦官的专政加以戒备,并准备严惩王振,好将他要干预朝政的念头打消。有一天,张太后命官中的女官穿上戎装,佩好刀剑,在便殿旁边守卫,肃穆凛然。紧接着太后把英宗、英国公张辅、大学士杨荣、杨傅、杨士奇、及尚书胡焕等人召集到便殿。英宗等大臣见状都不知道发生了什么事情,英宗忙按照规定在东边站立,五大臣则站立西边。太后看了看英宗和五大臣,指着五大臣对英宗说:"这五位大臣是先朝的元老,奉先皇的命令辅助你治国,你若有什么事情,就须和他们商量,他们不赞成的话,你千万不能去做。"接着张太后将王振找来,命其跪在地上,声色俱厉地说道:"太祖定下的规矩,宦官对政事不得干预,如有违反格杀勿论。现今你侍奉皇帝时不守规矩,又干预政事,依照大明律法,当赐你一死。"张太后话音刚落,事先安排好的女官应声而上,将刀架在王振的脖子上。王振一听赐死,吓得面如土色,浑身哆嗦,大呼救命。英宗听后也大吃一惊,说到底他还是舍不得自己的心腹密友被杀,就赶紧替王振求情。五大臣见状也纷纷跪下求太后免王振一死。张太后的意愿是想给王振个下马威,并没有要将他处死的意思,她见状,脸色一变说道:"皇帝尚且年幼,你们都是饱读诗书,了解宦官自古就祸国殃民,今天我姑且看在你们的面上,饶了王振,但是今后绝不允许他再干预国政,若有违反,定斩不饶。"王振听后,接连点头,并不断地磕头谢恩。从那之后,张太后隔几天就会派人去内阁调查王振都做了些什么,有没有未通过内阁由他自己决定的事情。王振受此一吓,只好先将自己的野心收了收,等待着东山再起的时机。

  王振自阉入宫,目的就是自己能站在国家权力的最高峰上面。他不惜低声下气,小心翼翼的侍奉着宫里的皇亲国戚,好不容易才当上司礼太监,一时间心花怒放,得意忘形。岂料,"三杨"等元老德高望重,张太后对自己的管制也特别的严格,所以他想控制朝政的愿望始终难以实现,心里难免有些不快。可是也没有办法,只得在这条道路上暂且停下脚步。采取以屈求伸的办法,等待时机。王振知道,要想达到自己的目的,牢牢地抓住英宗和培植党羽十分的重要。因此,他改变策略,直接干预朝政的事先不去干,而是进一步对英宗讨好,并且在暗地里广交朋友,大量培植私党,为日后的专权奠定基础。他这招儿还真灵,很快就得到了一些大臣的赞誉,从而使得英宗对他更加得信任。

  王振对英宗的讨好十分有效,皇帝慢慢长大,已经把他当作了最信任的人,皇帝的宠信给了王振自身实力发展的资本。于是王振在皇帝羽翼的庇佑下,势力逐渐扩大了。正统六年十月,奉天、华盖、谨身三

大殿重建竣工，皇帝英宗在皇宫内大摆筵宴，朝中文武官员纷纷进宫庆贺。依照明朝宫中的规定，宦官是没有资格参加宫宴的。但此时的王振已经得到了英宗的宠信，英宗在宴会上没见到王振，就感觉像少了点什么，急忙派人前去看望。王振见了来人，大发牢骚说："周公辅助成王，为何唯独我不能到宴会上一坐呢？"使者把王振的话向英宗做了报告，英宗不仅没有怪罪他，反而觉得王振受了委屈，随即命人将东华门中间的大门打开，让王振入宫参加宴会。王振刚来到门外，宫中的百官就向他行礼以示欢迎。这件事充分的说明，虽然王振受到了张太后和三杨的压制，但是他倚仗着英宗对自己的宠信，暗中拉帮结派，势力慢慢地强大起来。这为他后来的专权奠定了基础。

利用时机　广结同党

对于王振来讲，正统七年，是他命运发生重大转变的一年．这年十月，太皇太后张氏病逝。张太后的去世，令王振很是振奋，朝中上下，再也没有人能约制得了他了。此时的内阁也丧失了往日的辉煌，三杨中的杨荣因为被揭发受贿抑郁而终；杨士奇则因儿子杀人引咎辞职，愤懑成疾，两年之后死于家乡；只有杨溥在朝，然而杨溥年迈多病，对朝政心有余而力不足。杨荣引入内阁的大学士马愉、曹鼐因资历尚浅，威望不够，此时对于王振擅权的所有条件都已经成熟。事实上英宗并非是个只知道享乐而不理朝政的昏君，他只是常常发晕，对于王振太过于依赖了，只要是王振说的，他马上就会相信，并且就一定是最好最对的。

一个由太监专权统治的时代已经来临！王振见阻挡自己掌权的所有障碍都被自然规律所铲除，就当仁不让，轻易地就尽揽了明王朝的大权。王振做的第一件事，就是把悬挂在宫门上写着"内臣不得干预政事"的铁牌毁掉了，随后在京城内大兴土木，为自己修建府邸。

虽然王振深受英宗的信任，但他知道自己毕竟只是一个宦官，皇上身边的一个下人。想要永远保持特权，巩固自己的地位，除了皇帝的宠信,还有朝中大臣的拥护更加的牢固。于是,在王振最初掌权之时,就想尽办法培植自己的势力。

王振曾经劝导英宗以重典治御臣下,他自己就是如此做的。顺我者昌,逆我者亡。谁对他顺从巴结,谁就会立即被提拔晋升;谁要是违背了他,谁就会立即受到贬谪和处罚。一时间,朝廷内外乌烟瘴气。

与此同时,王振残害忠良、屠戮异己达到了无以复加的地步。那些对自己稍有不服,甚至要和自己分庭抗礼的朝臣,王振的凶残本性就立刻显露出来,对其大加迫害、杀戮决不留情。翰林侍讲学士刘球,就是王振在当朝制造的最骇人听闻的惨案。正统六年,王振为显示自己的军事才干及勇气,怂恿英宗派大军征讨麓川,翰林侍讲刘球上书对其极力谏阻。皇帝最后听取了刘球的意见没有派军征讨,但是刘球却因此得罪了王振。王振当然咽不下这口气,就寻找一切机会伺机报复。正统八年的一天,炸雷将奉天殿的一角击坏了,英宗将此事当成是上天对他的警告,就特地下诏要求群臣极言自己为政的得失。刘球直言英宗不理朝政,王振擅权不法,引起了朝政的紊乱。皇帝应当亲自处理政务,不可将权力下移。起初奏折并没有引起王振的注意,但是刘球的同乡钦天监彭德清认为这是个讨好王振的机会,就马上向王振做了汇报。王振苦于自己一直没机会整治刘球,这下机会终于来了。

王振看到刘球的建议很明显针对自己,就勃然大怒,即刻下令将刘球逮捕入狱。这时,正值编修官董璘因为自己要求任太常卿一事被王振关进监狱,王振就想通过董璘的事将刘球置于死地。便立即命其党徒马顺用毒刑拷打逼迫董璘承认自己所请太常卿的事是受刘球的指使。事已至此,王振依旧感到气愤难平,就暗中指使锦衣卫指挥马顺将刘球设法除去。是夜,领命前去的一个姓卢的小校持刀进入狱中,砍下了刘球的头颅。并将刘球的尸体肢解,埋在囚室的门口。刘球在死的时候,虽然是人头先落地,但是身体却依然直挺。他的亲属在收敛时,只得到他的一只手臂和被董璘收藏的血裙。刘球的惨死,令朝中的良臣大为震惊,背地里对王振极其不满。经过此事,朝中大臣都不敢再上书言事了。除此之外还有驸马都尉石璩，某天在家中责骂佣人太监。王振听说之后就有了兔死狐悲的感觉，觉得石璩是在侮辱他的同类，于是就将石璩投入锦衣卫的大牢。

不过朝中依然有宁死不屈服于王振的。大理寺少卿薛瑄是王振的同乡，但是他不屑于王振擅权专恣，因此不和他往来。有一次，王振在东阁开会，众人见王振到来，纷纷俯首揖拜，只有薛瑄一人不拜。在这么多人面前，薛瑄这么不给自己面子，这下将王振惹恼了，就怀恨在心，伺机报复。正巧北京有位指挥病死了，王振的侄子王山想将其妾岳氏据为己有，但指挥的妻子不同意，王山就和岳氏密谋，诬告该妻子毒死了自己的丈夫，随即将她逮捕交给都察院审讯。薛瑄在审理这一个案件时，发现所告的与事实不符，即出来主持公道，为该妻子辩冤，薛瑄便又一次地触犯了王振。王振听说了这件事之后，不禁大怒，立即指使其党羽对薛瑄控告受了被告人的贿赂，并将薛瑄定为死罪。临刑时，薛瑄的几个儿子都争着要代替父亲受刑，此时王振的仆人与侍郎王伟也为薛瑄申辩。王振一看众怒难犯，只得将薛瑄的死罪免去，但罢去了他的官职，放回乡里。对同乡都这样无情，对待同僚更是心狠手辣。有一次，御史李铎碰到了王振，对他没有跪拜，随后就被逮捕，关进了监狱，之后被贬官流放到辽东铁岭卫服役。

此后，王振又对一大批的无辜者进行凭空捏造、栽赃陷害，简直是是丧尽天良。对那些敢于揭露他罪行的大臣，王振是更加的心狠手辣、残暴屠杀。太监顾永、张环，以写匿名信的形式对王振的丑恶嘴脸进行揭发。王振查出来后，把他们统统都处以极刑，在行刑之前还命令所有的宦官朝臣前去观看，以达到杀一儆百的效果。

王振把持朝政后，凭借他的心狠手辣、作恶多端的诡计，大肆安插亲信，残害无辜，朝廷内逐渐的组成了一个以王振为核心的集团，其势力在不断的扩张。王振及其亲信都大肆收受贿赂，购置良田美宅。昏庸的英宗反而对王振更加重用，一时间，朝廷内外乌云密布，百官庶民每天提心吊胆地过日子。

依仗权势　贪得无厌

自古权和钱总是连接在一起的，历朝历代无法避免的弊病就是权钱的交易。拥有无上的权利，也就意味着拥有了无比的财富。王振此时就拥有着一人之下万人之上的权力，而是还要继续追求的唯有财富。

抓住王振的这个心思，一些为了升官发财的人，每次朝会时都会向王振送礼。更有一些巴结王振的无耻小人，为了讨好王振，极力帮助王振收礼，并且当众将礼物的数目公布。比如，王祐就曾在众人面前说，某人送给王振某物，某人没有送礼等等。结果送礼的人很快就被提拔，没送的人就会受到处罚。于是，人们便纷纷向王振送礼，多至千金，少亦百金左右。这个举措直接导致送礼的人相互攀比礼物的贵重，为了升官发财，这些小人想尽了办法给王振送珍奇异宝，即使倾家荡产也在所不惜。当然受益最大的还是王振。据说江阴布衣徐颐、常熟魏某都是当地家财万贯的富豪，为了求得一官半职，就重金贿赂王振。作为回报，徐颐得到中书舍人的职位，魏某则当上主事一职。此口一开，使得官场风气大为腐败，京官以及地方官的人数翻了倍的增长。而徐某和魏某也被写入史书，并且戏称为"金中书、银主事"。这股风一起，时间久了，给王振送礼也就成了宫中一个不成文的规定，王振借此机会大肆地搜刮钱财，金银珠宝装满了家里一间又一间的房子。此时的王振再不是当年没入宫时那个寒酸样啦，现在的他过着奢靡浪费、挥金如土的生活。

贪婪就是个无底洞，就算现在已经富可敌国，但对钱财的追求一点都不会放松，相反会更加的变本加厉。朝中若有人不送礼，就会受到王振的责罚。比如，国子监祭酒李时勉，曾经建议为发展教育事业改建国子监。但他为人比较正直，因不喜欢王振跋扈专权的行径，所以从来都不向王振献媚，也不贿赂不送礼，只是依制接待，他的正义之举引起了王振的不满。面对李时勉的不屑，王振怒火中烧：小小国子监祭酒，脾气还真硬啊，当今天下还有谁敢直着腰板跟我讲话的？王振就以李时勉

将国子监前古树的树枝砍掉为由,罚他身带重枷在国子监门前示众。李时勉身披烈日、头戴繁星,在屈辱之中坚持了三天三天夜。一介饱学之士,宁可头断也绝不低头,李时勉从始至终都没有向王振低头。因此他的正义赢得了很多人的尊敬,纷纷为李时勉求情。他的一千多名学生伏阙上书,请求释放李时勉。其中有个学生叫石大用的,他上书皇帝,称自己愿意替老师受刑。王振毕竟是读过诗书的人,他看到李时勉学生的奏章后,感觉很惭愧。正好国子监的助教李继通过太后的父亲孙忠向太后求情,孙太后告诉了英宗。英宗惊愕地说:"这一定是王振干出的事。"为了将内外臣的矛盾调和,英宗对王振开口,希望他能将李时勉的惩罚免去,王振见压力太大,连皇上都在给他求情,就只好将李时勉放了。从这也能看出,皇帝并不是不知道王振的胡作非为,甚至他比任何人都清楚,可他不但不因此对王振进行处罚,反而坚决重用他,这当中的隐情着实令人费解。

在王振专权的时候,贪污、受贿成风,地方官员进京办事都要先用白银贿赂上司,于谦是个从来不送礼的官。有人劝他说:"您不送金银财宝,就不能带点土特产过去?"于谦甩动他的两只袖子笑着说:"只有清风。"他还写了一首诗,以此表明自己的态度,诗的后面两句是:"清风两袖朝天去,免得闾阎话短长。"于谦的刚正不阿,得罪了王振,王振命令自己的同党诬告于谦,将他打入大牢,并且判了死刑。河南、山西的地方官员和百姓听到于谦被诬陷的消息后,成千上万的人联名向英宗情愿,要求将于谦释放。王振一伙看到众怒难犯,并且抓不住于谦的什么把柄,只得释放了于谦,并将他的官职也恢复也。后来,于谦被调到北京担任兵部侍郎。

在王振专权的这几年里,采用高压的手段欺压官民,朝中的文武大臣提心吊胆,惶惶不可终日。一些胆小怕事的官员为了免遭不测,只得看王振的脸色行事。这样一来就有更多的无耻者为了升官,不择手段,抓住机会就向王振献金送银,以求升官发财。虽然朝中有良心不泯者,但面对王振的淫威一样敢怒不敢言。只有将希望寄托在皇帝的身上,希望英宗会有觉悟的一天。但是面对王振的骄横跋扈、专行独断，英宗不但不加以制止，对王振更是事事纵容，深信不疑，名字都不直呼，尊他为先生，并且时不时的赏赐王振黄金白银、珠宝美玉。这样更助长了王振嚣张的气焰。

王振利用手中的权力，一面结党营私，对那些溜须拍马、谄媚逢迎之徒大力提拔，一面对那些反对自己专权和对自己不恭不敬的人残酷镇压。并且抓住一切机会收受贿赂，大肆贪污，家中的财富越来越多。后来王振被杀，朝廷在查抄籍没家产时，发现金银就有六十余库，一百多个玉盘，珊瑚树高六七尺者二十余株，其余珍玩不计其数，可见其贪污受贿的程度。

王振知道自己大肆收受贿赂难掩众口，为了堵众人之口，他捐巨款广修佛寺，以一个善心的模样呈现给天下。先是修庆寿寺，后改名为大兴隆寺。接着建智化寺，修筑得富丽堂皇，在明朝历史中实属罕见。不过，大兴隆寺、智化寺再，也无法和他的府邸相媲美。他府邸以及服饰器皿华美程度，甚至皇家的都不及。为了表示自己是个虔诚的佛教徒，正统五年春夏两季，由他发放给僧侣的类似今天的身份证被称为"度牒"的竟达二万二千三百多个。一时间，大明帝国的首都僧侣充斥，香火袅袅不断，红砖绿瓦沉浸在若神若仙之中。王振所作的这一切不但没有将他的罪孽减轻，反而使他的本性更加凶残暴虐，只会使得他在世人的眼中显得更加虚伪和可笑。

土木之变与王振的作为

王振自从控制朝政以后，对内大耍淫威、党同伐异，对外破坏边防、投机取巧，终于招致了瓦剌贵族的进犯。

元朝自公元1368年灭亡后，就退回塞北，建立了被称为"北元"的王朝。后因朱元璋的数次打击，内部发生混乱，逐步的分裂为鞑靼、瓦剌和兀良哈三部分。明朝初期时，这三部都臣服于明朝，每年都会向明朝献马朝贡。

永乐之后，在蒙古的三部中，瓦剌部日益强大，宣德时，瓦剌慢慢地控制了鞑靼，正统初年，又将兀良哈征服，统一了蒙古三部。在将蒙古三部统一之后，又想恢复大元天下。因此开始不断的骚扰明朝，成为明朝北方最严重的边患。

面对这样危急的形势，王振为一己之利将大明朝的安危置于不顾。他不但不布置加强北方的边防，反而还接受瓦剌的贿赂，和瓦剌的贵族进行交易，从中获取私利。为了获利，王振让其死党，镇守的宦官郭敬，每年私造大量的箭支送与瓦剌，瓦剌则用良马作为报答还赠给王振。不仅如此，王振还对他们的贡使加礼款待，赏赐丰厚。瓦剌自从和明朝建立"通贡"关系之后，每年都会派出贡使携带着良马等货物去明朝进行朝贡，明朝政府再根据朝贡物品的数量，给予相应的回赐。一般情况下，回赐物品的价值会稍稍超过朝贡物品的价值，同时对贡使也会有一定的赏赐。因此，为了能获取更多的中原财富，瓦剌十分乐意来明朝朝贡。

遵照双方原来的规定，每年瓦剌到明朝的贡使不得超过五十人。但是瓦剌在尝到甜头之后为了从明朝获取更多回赠财富，便每年都增加贡使的人数。到了正统初年，瓦剌贡使人数已经增加到两千多人。在王振专权后，因与瓦剌有暗中的交易，所以对瓦剌增加贡使也不限制，并且仍然按照人数给予赏赐。正是因为他的纵容使得瓦剌的胃口越来越大。

正统十四年，瓦剌的首领也先竟然派出了两千五百人的贡使团，为了能多领取赏物，又虚报为三千五百人。瓦剌贡使冒领赏物，本来就是习以为常的事情，因为王振和瓦剌有勾结，他也接受也先的贿赂，并且，对于瓦剌贡使冒领赏物，他都会装作不知道。原本也先以为这一次还能像以前一样收获颇大，但是这一次，王振却一反常态。专司其事的礼部官员在查验到没有那么多使者时，也发现瓦剌进贡的马匹都是优劣混杂的。礼部将情况报告给了王振，瓦剌的这次过分举动令王振大为光火。王振命令礼部按照实际人数来发赏赐，而且将瓦剌贡马削价五分之四，付给瓦剌索求诸物的五分之一。瓦剌使者看一计不成，又称这次贡马是聘礼，因为英宗的使者曾经向他们透露过要将公主嫁给也先的儿子。但是明朝官员的答复却是根本就没有这样的事。两国相交，必须要谨小慎微，稍有不慎就会惹起事端。这次，王振的随性举措满足了自己一时的心意，但是却将明王朝推到了战争边缘。今天的我们来看王振的这次任性之举，我们知道了是他把明王朝推向了由盛转衰的路口。可见宦官专权真是祸国伤民！

瓦剌贡使没有实现满载而归的愿望，反而受了一肚子的窝囊气。愤怒地回来后，在也先的面前添油加醋的作了汇报。也先一听，勃然大怒，立刻召集军队，以明朝减少赏赐为由兵分四路对大明开始进攻，并且亲自率领一支大军进攻大同。

瓦剌军队来势凶猛，迅速向南推进。守卫西北的明朝将士，屡次作战失败，急忙向京师请求支援。王振在接到告急军书之后，认为只要人多，就绝对能打赢，自己的权势富贵已经到达顶点，就是没有尝过指挥千军万马的滋味。更重要的原因，是在大同不远处的蔚州有他的大批田庄，这可绝对不能落在瓦剌手里。这时，对军事一窍不通的王振，既不懂排兵布阵，对瓦剌的军事进攻也没有足够的认识，一时慌了手脚，他认为英宗亲征就会把瓦剌兵吓跑。所以，他为了侥幸取胜，冒领边功，在明王朝没有准备充分的情况下，便怂恿英宗，让英宗以宋真宗为榜样率军亲征，以便青史留下美名。平日里英宗对王振所谓言听计从，这次听了王振的话，觉得亲征正是他大显身手，炫耀皇威的好机会，就没有跟大臣商议，轻率的做出了亲征的决定，并且宣布两天之后立即出发。

英宗亲征的诏旨刚一颁布，满朝文武大吃一惊。兵部尚书邝埜和侍郎于谦，极力说明现在军事准备不够充分，皇帝不宜轻率并且亲征，这样会有很大的危险。吏部尚书王直亦率群臣上书说："现今秋暑未退，天气炎热，旱气未回，土马之用不甚充足。一切的条件都不利于出征。恳请皇帝能取消亲征的命令，另行选将前往征讨。"只可惜英宗现在能听得进去的只有王振的话，对于众大臣的劝阻，他是一句话都听不进去，非要亲征不可。

第八章 把皇帝送给敌人当俘虏的太监——王振

英宗同王振都犯了兵家的大忌，两天之内他们集合了50万大军，胡乱地配了些粮草和武器，就这样在没有准备充分的情况下匆匆地出发了，这样一支在仓促中组建的军队前途未卜，失利也就在意料之中了。王振为了能够摆足威风，要求自公侯以下的勋戚众臣一律随行，且在三天之内一定要出发。当时，与英宗和王振一同前行的还有英国公张辅、户部尚书王佐、兵部尚书邝埜以及内阁大学士曹鼐、张益等百十名文武官员，英宗此时已经被王振蒙蔽了双眼，对王振是宠信有加。并且不让随行的其他大臣参与军政事物，一切大权都交给王振一人专断。事实证明，英宗的这个选择是错误的，而且为自己的选择付出了代价。

因准备仓促，组织不当，所以，大军在出发不久，军内就自相惊乱，没到大同，军中已经乏粮，接二连三地有人死亡，尸体铺满了道路。加之数日的风雨，还没到达前线就已军心不稳。一些随驾的官员，见到此番情景，再次请求英宗回朝。王振听后，大为恼怒，为了杀一儆百，就处罚谏阻最力的官员，跪在草地中，一直到天黑才准他们起来。后来，王振的同党彭德清以天象谏阻，王振还是不听，硬是逼着大家继续前行。

也先敢向天朝挑衅，自然怀着必胜的信心。在英宗气势汹汹地叫嚷着御驾亲征的时候，也先就已经决定采取诱敌深入的策略，佯装退却，将明朝的大军引入大同及以北地区，然后趁其不备，一举击溃明军。

明军的侦探详细向王振报告了也先"丢盔弃甲"的狼狈之相，王振听到后精神一振，随后命令大军继续向北而行，他要让英宗、大臣们看看自己是怎样谈笑破敌的。八月一日，大军顺利地进入大同。王振和英宗看到瓦剌军队北撤，还以为瓦剌害怕英宗的亲征，继续坚持北进。邝埜等人觉得在途中没有见到瓦剌的一兵一卒，并非好的兆头，恐怕瓦剌的退兵有诈。因此，他再次的请求回军，并提醒王振千万不要中了瓦剌的埋伏。王振仍然不听。第二天，镇守大同的宦官郭敬，王振的同党，将前几日在前线惨败的情形密告给了王振，并且说，如果还要继续北进，那就正中瓦剌的诡计了。听了郭敬的话王振才开始觉得害怕，急忙传令，第二天撤出大同。

作恶多端　命丧黄泉

　　命运不给王振这次建功立业的机会，他只得班师回京。但王振又不想就这样丢人现眼的回去，于是他打算从紫荆关退兵，目的是能途经他的家乡蔚州，请英宗驾幸他的府邸，好向家乡的父老炫耀自己的威风。王振的计划当然受到随军官员的反对，但是英宗却又一次的听取了王振的意见。于是，王振下令取道紫荆关回京。王振没有和瓦剌接战，就仓皇退兵，这使得军纪更加的混乱。在走了四十里以后，王振忽然想起，这样一大队的人马经过蔚州，一定会将他家园的庄稼田园损坏，于是，立刻改变主意，火速传令改道东行，向宣府方向行进。这样反复无常，不仅耽误了时间，又给了也先极好的机会。这时候，瓦剌已经知道明军不战而逃的消息，急忙整军追来，形势十分紧张。大同的参将郭登和大学士曹鼐等向王振提建议说："自此趋紫荆关，只有四十里，大人应该从紫荆关回京，不应再取道宣府，免得被瓦剌大军追击。"王振偏偏不听，非要一意孤行，坚持折向宣府。

　　五十万大军被王振呼来唤去，令士兵疲惫不堪，满腹的怨言。更加糟糕的是，这样来来回回的折腾，已经耽误了战机，给敌人争取了时间。

　　明军迂回奔走，直到八月十日才退到宣府。这时候瓦剌大军已经追了上来。英宗急忙派都督吴克勤、恭顺伯吴克忠率兵断后，掩护英宗撤退。结果，他们都战死沙场。英宗又派出成国公朱勇等人率骑三万前去阻击，当朱勇冒险进军到鹞儿岭，彻底陷入了瓦剌的包围，虽英勇奋战，终寡不敌众，最后三万军队全部覆没。

　　王振在朱勇率军阻击瓦剌时，加紧撤退。十三日，狼狈的英宗逃到了土木堡。这里距离怀来城仅仅二十里，随行的文武官员纷纷主张进入怀来城宿营。但是，王振认为一千余辆辎重军车还没到达，担心自己搜刮来的财物受到损失，毅然把英宗和数十万军队的安危于不顾，下令就在土木堡宿营。邝埜一再地上奏，为了确保安全要求英宗先行驰入居庸关，同时组织起精锐的部队断后拒敌。王振依然置之不理。无奈，邝埜单身闯入英宗行殿，请求英宗速行。见状，王振怒发冲顶，骂道："你个腐儒，用兵之事你懂吗，再敢胡言，必死无疑！"之后便命令武士将其强行拖了出去。

第二天，当英宗想继续前行时，已经晚了，瓦剌军队将他们团团地包围了。土木堡地势较高，附近没有水源，南面十五里处有条河流，但已经被瓦剌占领。明朝数十万军队被困两天，喝不到水，一个个渴得嗓子都冒烟了。没有别的办法，王振只好命令士兵就地挖井，但是挖了两丈之深，连一个水滴都没看见。士兵们都急得如同热锅上的蚂蚁，骂声连天，军心进一步地涣散了。王振见局面已经失控，怕有人趁此机会揭穿他的底细，就和几个心腹宦官不离不弃的陪伴英宗左右，严令大臣们也不得接近英宗，就这样将英宗严严实实蒙在鼓里。

瓦剌军包围了土木堡，知道明军找不到水喝，饥渴难忍，就准备将他们引出堡垒，一举歼灭。十五日，也先派出使者到明军处装作与王振谈和，来麻痹明军。王振见也先居然派人来谈判了，不禁喜出望外，也不顾真假，满口就答应了，并通过英宗让曹鼐起草诏书，派两人去先也的军营谈判具体议和事宜。

也先为让明军彻底的迷惑，就假装撤退，并且故意将土木堡南面的河水让出，却在暗地里做好埋伏，单等明军因饮水争做一团的时候，出兵将他们全部歼灭。王振看到瓦剌军向后撤退，还以为瓦剌军真的想议和，遂不加考虑，就下令转移大营靠近水源。饥渴难耐的将士得到命令之后一哄而起，纷纷越过战壕，向河边奔去，军队顿时大乱。就在明军争相乱跑时，忽听一声炮响，瓦剌的伏兵四起，像潮水一样涌了过来，喊杀声震天，乱作一团的明军，怎么能经得起这样的冲击，顷刻之间，全军溃败不堪。伴随着瓦剌骑兵飞舞的刀剑，一排排的明军倒下去，再加上溃退的明军自相践踏，没过多久，尸体就铺满了大地。一些侥幸未死的士兵也很快地成为了也先的俘虏。

在两军交战之际，英宗皇帝在亲兵地保护下，奋力突围，但是不管

第八章 把皇帝送给敌人当俘虏的太监——王振

如何的左冲右突，就是无法冲出去，身边的护卫开始慢慢地减少。英宗见大势已去，知道突围无望，干脆就不再突围了，直接跳下马来，面朝南盘膝而坐，等待着被缚。没过多久，瓦剌兵就冲上来了，一个士兵上前想要将英宗的衣甲剥去，一看他的衣甲与众不同，猜想他一定不是一般的人物，就推拥着他去见也先的弟弟赛刊王。赛刊王盘问英宗，英宗反问道："你是也先还是伯颜帖木儿，或是赛刊王？"赛刊王觉得英宗说话的口气很大，就立刻去向也先报告。也先将留在瓦剌军中的明朝使者派去辨认，才知道他就是英宗。

眼见英宗被俘，几十万大军顷刻之间瓦解，随行的官员纷纷失声痛哭。英宗的护卫将军樊忠万分愤怒，他一把抓住王振，一手抡起铁锤，大喊一声："现在我要为天下人诛杀此贼！"说完，他将满腔的仇恨都凝聚在铁锤上，对准王振的脑袋，狠狠地砸下去。王振哼叫一声都没来得及，只见脑浆四溅，像一滩泥似的倒了下去。这个祸国殃民的恶宦，最终落得个罪有应得的可耻下场。

土木堡之变，英宗被俘，明朝的五十万大军几乎全部被歼，陪征的百名文臣武将也差不多全部战死。消息传到北京，百官惊慌失措。聚集殿前嚎啕大哭。后来，皇太后忍住眼泪，命令英宗的弟弟朱祁钰监国。同时都御使等人也纷纷擦干眼泪，开始面奏，历数王振的罪行。他们满怀悲愤地说道："王振罪不容诛，死有余辜。如果殿下不将其家族正典，臣等今日就死在这里。"说罢，便跪地不起。这时，王振的死党马顺还在为王振遮护，并且呵斥群臣。给事中王竑见马顺装腔作势，怒不可遏，快步上前将马顺一把抓住，拳打脚踢，当场就将他的性命结果了。愤怒的人们随即将王振的另外两个死党宦官毛贵和王长也当场打死。

九月，大明皇朝第七代皇帝代宗朱祁钰特别下诏，诏书中写道：凡是和王振属于本宗的，无论大人或小孩，一律斩首；妇女赐给有功之臣作为家奴，但已结婚的可宽恕死罪，杖刑一百发配边疆效力。同时，对王振的府邸进行了查封。

王振这个祸国殃民的恶宦终于得到了应有的下场。土木堡之变后一年，被俘虏的英宗从蒙古回到了皇宫。后经八年的密谋准备，发动了"夺门之变"，将景帝推翻，又一次成为大明王朝的皇帝。因此，英宗也算是前无古人后无来者的皇帝。但是，每次英宗在批阅奏折、忙完政务的空暇时间里，他就会沉浸在对王振回忆的痛苦之中。可怜的英宗，即便身陷蒙古人之手，丢掉了皇帝的宝座，他也没有怨恨过置他于尴尬境地的王振。他所怀念的只是王振的忠心和可信。回忆的也是当年王振承前奉启的样子。王振不仅仅是他的臣子，更是他的朋友和知己。为了表达对王振的思念，他不顾群臣的反对，采纳了一名太监的建议，用木头雕刻出王振的模样，供奉于智化寺。又精心修建了一座精忠祠，并且命人撰写了一篇文采华美的墓志铭，极力鼓吹王振的忠心。

　　如果说英宗以前属于年幼时期，忠奸不分，但土木堡之辱应该让他有所觉醒，但英宗现在的所作所为又算什么呢？是历史给我们留下了错误的信息？回答这个问题并不是一件容易的事，我们也只能用"昏庸"二字来概括英宗，但王振是大明朝的千古罪人则是无疑的。

第九章 被称为"立皇帝"的太监——刘瑾

太监档案

☆姓名：刘瑾

☆出生地：陕西兴平

☆出生日期：公元 1451 年

☆逝世日期：公元 1510 年

☆主要事迹：杀害忠良大臣

☆生平简历：

公元 1492 年，刘瑾成为太子朱厚照的贴身太监。

公元 1506 年，刘瑾担任司礼太监。

公元 1508 年，刘瑾建立内行厂，对东、西二厂进行监督管理。

公元 1510 年，刘瑾被处死。

人物简评

刘瑾本来姓谈,出生于偏远穷困的陕西兴平,后被太监刘顺收养,所以跟随刘顺改姓刘氏。在代宗景泰年间净身入宫当了太监,当时只有6岁,进宫后侍奉太子朱厚照,也就是后来的明武宗。刘瑾善于察言观色,也很会随机应变,深受太子朱厚照的信任。太子继承皇位后,他多次升迁。当上了司礼监掌印太监。掌握大权后,便开始引诱武宗整日沉溺于骄奢淫逸的生活中,自己趁机专擅朝政,当时朝中官员称他为"立皇帝",武宗为"坐皇帝"。他逐渐地开始排斥异己,陷害忠良,朝中很多的正直官员都遭受到了他的迫害。他最终落得个凌迟处死、千刀万剐的下场,他的一生从一个极端走到了另一个极端。

生平故事

得到宠信　掌握大权

孝宗弘治五年(1492)三月,经宦官李广的推荐,刘瑾当上了皇太子朱厚照的侍臣。刘瑾在服侍太子期间十分地小心谨慎,想方设法博取太子的欢心,这个聪明的太监很快就得到了太子朱厚照和孝宗的喜欢。也正是由于刘瑾聪明、谨慎、狡黠的特点,使他在后来的官场中如鱼得水。明武宗登上皇位后,刘瑾深受宠爱与信任,并将他视为心腹。刘瑾在武宗这棵大树下逐渐的成长壮大,权势逐渐地扩张,最终完全掌控了朝政。

宪宗成化末年,凭借近30年的入宫资历,刘瑾摆脱了那种低贱的杂役生涯,担任了教坊司使,掌管宫廷伎乐。虽然从地位上来看是提升了,可这只是一个正九品的芝麻官,而且薪俸也非常地少,这与他内心对财富和权利的渴望，相差得很远，他不会甘心一辈子就做这个小官、领那少的可怜的薪俸。那些日子里，他每时每刻都幻想着自己有一天能够手握大权、手中财富滚滚。幻想着自己也能像正统年间王振一样成为执掌大权的大太监。刘瑾在少年和青年时期，学会了察言观色、见机行事、阳奉阴违、挑拨离间等一系列本领。

弘治十八年（1505），明孝宗去世，太子继承了皇位，就是明武宗。在武宗的身边，有八个太监对他的影响很大，即马永成、高凤、罗祥、魏彬、丘聚、谷大用、张永和刘瑾，被人们称为"八虎"。而刘瑾是这"八虎"之首。在刘瑾的带领下，这些宦官挖空心思地鼓动武宗整天游玩享乐，他们趁机专权跋扈，背着武宗为非作歹。刘瑾最得武宗的信任，在内宫监任职，同时掌管了京城的守卫部队。

所以刘瑾认为自己与武宗的相遇就是命中注定，是上天的安排。是老天爷把他和武宗紧紧地捆绑在了一起。

刘瑾进入东宫就像鱼儿进入了水中，十分的自由自在。明武宗朱厚照与刘瑾相遇，就像春天里干涸的麦苗遇到了水分，更像想要飞上蓝天的鸟儿，获得了一双翅膀。那些看似一本正经的阁老们想把朱厚照塑造成满腹诗文，懂得治理国家之道的皇帝，可他们根本就不知道自己是在瞎费功夫。刘瑾与朱厚照第一次相见，就看出来朱厚照根本不是一个能管理朝政的君主。江山就是他的桎梏，皇冠就是他的枷锁。除非这些能为他提供有趣的、好玩的东西并且不会约束和妨碍他，否则他是不会要这些的。

遇上这样的君主，是朝廷正直大臣和百姓们的不幸，却是宦官奴才们的大幸，更是整日幻想着权利和财富的刘瑾的大幸。

刘瑾进入东宫后，就开始用尽一切办法的诱发并且满足这个未来君主朱厚照的玩性。朱厚照的生活也从此变得丰富多彩，射箭、骑马、踢球、摔跤、打猎、斗鸡、遛鹰、驯豹等等，这些他之前没玩的都让他玩了个遍，甚至后来玩起了打仗。刘瑾经常召来很多的宦官，让小太子领着大量人马在东宫中"大动干戈"，每次都打得人仰马翻、鸡飞狗跳。刘

第九章 被称为『立皇帝』的太监——刘瑾

瑾希望太子可以根据自己的意愿成长，便于自己日后掌控朝政，于是他想方设法让朱厚照远离那些头脑中全是仁义道德的儒臣，因此，他便怂恿朱厚照逃学。

朱厚照本来就不喜欢读书，对那些老夫子们教授他的一系列的修身治国的大道理极其厌烦，每次听老夫子们为他讲课时，他都像是坐在了针毡上，要不然就是拿着书本打瞌睡。刘瑾的提议正中朱厚照的下怀，于是他常常找借口推辞那些例行讲读。所以在他即位之前，也就是读书就学的7年里，他没有读完一本《论语》，至于《尚书》和《大学衍义》之类的那就更没读过了。

刘瑾有强烈的权力欲，群臣的弹劾为他制造了一个良好的机会。他对其他宦官说："使瑾入司礼，可使科道结舌，文臣拱手。"他曾经对武宗说道："弘治在位期间，朝权大权都被司礼监、内阁所掌控，朝廷其实就是一个虚名而已。如天下镇守、分守、守备等项内官都为司礼监官所担任，大受贿赂。如果不相信，就把司礼监掌印太监抄了，金银能装满三间房屋。如果把那些镇守内臣取回，另用一些人，令彼备银一二万两，进上谢恩，胜赂司礼监。"于是刘瑾逐渐博得了武宗的宠爱与信任，视他视为心腹。

刘瑾得到武宗的宠信后，势力逐渐的膨大。他开始培养自己的亲信，能死心塌地为他效力。主掌内阁的大学士焦芳称刘瑾为"千岁"，自称"门下"，只要是出自内阁的禀拟章奏，都按照刘瑾的意思拟写的。各种公文，都称刘瑾为刘太监而不直呼其名。都察院上奏的本章，因为没有称"刘太监"，而是直称刘瑾之名，刘瑾看后十分地恼怒。都御史听说刘瑾生气了，急忙率属下去刘瑾府中请罪，才免于刘瑾的惩治。

群臣看到明武宗整天游玩，对朝政不闻不问，不思进取，都纷纷上书劝谏。这一年的六月，雷声异常的响亮，奉天殿的鸱吻、太庙的脊兽和天坛的树木都被震得四下摇动，宫门房柱也被摧折，甚至烧毁了几根。人们都认为这样异常的天象，一定是上天用震怒来给予一些示警。于是，武宗根据朝廷惯例下诏自省，请求群臣进谏。群臣们开始纷纷上书，大学士刘健、李东阳、谢迁等人相继上书言事。上书的内容概括起来主要有五类，一是单骑驱驰，轻出宫禁；二是频行监局；三是泛舟海子；四是鹰犬弹射不离左右；五是内侍进献饮膳，不择而食。对于阁臣的上书，明武宗也只是敷衍了事，而对那些一般臣下的进言根本不理不睬，甚至还对他们加以责罚。因此，这次大臣们的进言根本就没有起到任何的作用，明武宗还是与之前一样，做自己喜欢做的事，依然不理朝政。

同年八月，明武宗准备大婚，将夏氏册立为皇后，遣官迎入大内。群臣们进宫的次数越来越少。不久，大学士刘健等人上疏建议武宗要改正三件事，武宗虽然没有反对，并表示接受这些建议，但却没有一点实际行动。

九月，武宗重开经筵，但是在重开的当天就想废除午讲。刘健等人出来进行劝谏，惹得武宗非常不高兴，勉强应付。

从此以后，武宗更加放纵自己，嬉戏玩乐，甚至仿照集市，在宫中设立了很多的商店。刘瑾等八人整日陪在他的身边，最终成为他最大的祸患。群臣见朱厚照游玩之心日益严重，对于朝政不管不问，新政不行，诏令不信，而且还不知反省不改正，便十分地担忧起来。他们很早就对"八虎"不满，想除掉但是一直都没有机会。就在大臣寻找机会的时候，太监崔杲出事了，于是朝臣想借此机会，一网打尽刘瑾等"八虎"。

正德元年（1506），太监崔杲接受命令前去南京监督织造。他上书请求武宗将盐引作为这次去南京的经费。盐引是为课盐设置的，它的税收是专门为边龄准备的，但太监崔杲向武宗提出了这样的请求，武宗却不假思索地就答应了。刘健、李东阳等人知道后，极力劝谏，请武宗三思，并且列举了之前宦官当权带给朝廷的危害。武宗对他们的劝谏很不高兴，他说道："朝廷难道都是宦官为害吗？历来朝臣坏事就有十分之六七，这些你们想必是知道的。"刘健等人还是不肯放弃劝谏，终于迫使武宗改变了给崔杲盐引作经费的想法。但是，却改变不了武宗对"八虎"的信任。刘健等人认为经过他们这次的劝说，武宗对"八虎"已经失去了信任，除去"八虎"的时机到了，于是，他们开始做准备工作。

第九章 被称为"立皇帝"的太监——刘瑾

此后，李东阳、刘健、谢迁等人不断地给朝廷上奏章，请求明武宗除掉刘瑾等人，清除朝中的内患。十月十二日，韩文向朝廷大臣们发出了弹劾"八虎"的提议，得到了三位阁老和百官们的支持。韩文开始设法除掉"八虎"，让李梦阳草拟一份奏疏，并对李梦阳说道："措辞不要太雅，否则皇帝不知道什么意思；也不能太长，太长皇帝会看的不耐烦。"奏疏拟好后，韩文就召集阁老、九卿和诸大臣联合署名，之后上呈给皇帝。

奏疏呈上，朱厚照看后傻眼了。一直只知道嬉戏游玩的小皇帝终于感觉到，他屁股底下坐着的这张舒服的龙椅竟然也会让他有左右为难的时候。一边是帮他治理国家的朝臣，一边是让他开心、快乐的宦官，而现在却要逼迫他做出选择——要朝臣，还是要太监？要社稷江山，还是要自由自在的快乐？

就在当天晚上，吏部尚书焦芳就把这个消息透漏给了刘瑾等人，刘瑾听后大惊失色，"八虎"相对而泣。不久，刘瑾就带领他们去求见武宗。寥寥数语，刘瑾就明白了武宗内心的矛盾，于是便使用激将法使武宗迁怒于大臣们。武宗大怒之下，立即任命刘瑾掌管司礼监。司礼监在朝中是一个很重要的内宫官署，有掌印太监一名，秉笔太监八至九名。

在明朝，文武百官向皇帝的所有上书，都要先送到内阁，内阁辅臣审阅之后，给出初步的处理意见，叫做"票拟"，之后再交给皇帝批阅。皇帝使用朱笔在奏章上做的批示，叫做"批红"。有的皇帝如果不想看这些奏折时，就会让司礼监宠信的太监代为批示，这就给太监的胡作非为创造了大好机会。另外，司礼监的太监还有传达皇帝旨意的权利，这可是任何部门都没法比拟的。有时由秉笔的太监把皇帝的话记录下来，然后交给内阁起草，或者让太监口头传达给大臣们。这种制度为宦官的为所欲为提供了可能，甚至还会篡改圣旨。刘瑾就是司礼监的主管，这是他专横跋扈的重要资本。同时，武宗还册封刘瑾的同党马永成、谷大用分别掌管东、西两厂，将王岳等大臣发配到南京去看守祖陵。

翌日清晨，阁老和大臣们还没来得及"伏阙面争"，朱厚照便命李荣传达了他的旨意，否决了大臣的提议。

阁老们内心十分的清楚，昨天晚上肯定发生了什么。而无论是什么，都意味着他们这次铲除"八虎"的计划失败了。同时，他们也明白，武宗为了自己的享乐，完全不在惜祖辈辛辛苦苦打下的江山。宁愿与朝臣反目，也不愿与太监决裂。

当天，刘健和谢迁就主动请求致仕，武宗立马就批准了。至此，内阁就只剩下李东阳一人了。随后，吏部尚书焦芳在刘瑾的推荐下进入了内阁。朝臣们担心内阁布满刘瑾的心腹，经由廷议举荐一向刚直敢言的吏部侍郎王鏊也和焦芳一同进入内阁。刘瑾无奈之下，只好同意大臣们的提议。自此，朝中大权就被刘瑾为首的"八虎"所掌控。

大权在握　铲除异己

刘瑾担任司礼太监一个月后，也就是正德元年十一月，便大展身手，开始政治大清洗，首先就是把户部尚书韩文贬为庶民，同时还把徐昂、户部郎中陈仁以及之前负责起草除掉"八虎"奏疏的李梦阳全部罢黜，为自己和同党出了一口恶气。刘瑾打击异己并没有什么计划之类的，完全是随心所欲。由于武宗对刘瑾的宠信，致使刘瑾的势力逐渐强大起来，公侯勋戚都害怕威势强大的刘瑾，不敢与他平起平坐。每次去拜访刘瑾时，他们总是跪拜，而刘瑾从来毫不谦让。公侯勋戚只要稍有一点让他不满意的地方，他就会大声呵斥，就像对待指使他家中的奴仆一样。

刘健、谢迁除掉"八虎"的计划没能成功，反而使"八虎"的势力更加强大起来，掌握了朝政大权，刘健、李东阳这两位阁老也被迫提交了辞呈。由此，朝廷中很多正直的官员虽然对武宗的所作所为不满，但却不敢挺身而出，上疏的官员也越来越少。给事中刘、吕二人上疏，请求武宗皇帝挽留两位阁老，并说出了两位阁老不能离去的原因。虽然他们说的有道理，但武宗就是不予以理会，而"八虎"对此却记恨在心。

刘瑾想扩大并进一步巩固自己的权力，他想把武宗彻底架空。刘瑾

变着法地、频繁地为武宗进献各种新奇好玩的东西，目的使武宗沉迷，同时又在武宗玩的兴奋时，拿着一摞一摞的奏章请武宗审批。每当这时，武宗就会怒目圆睁，对着刘瑾喊道："你是干什么用的？什么都要朕亲自做！"

刘瑾急忙趴在地上请求武宗原谅，但心里却美滋滋的。入宫50年了，刘瑾等的就是这句话。

韩文被刘瑾赶出朝廷时，给事中徐昂上疏请武宗明断。武宗在"八虎"的蛊惑下，以徐昂和那些被逐出朝廷的大臣同党为由，将他也逐出了朝廷。

此后，为了阻止朝中百官上疏言事，武宗命六科给事中守科，不允许大臣出衙门。此外，还常常派锦衣卫特务对大臣们暗中监视，如果在酉时前有人走出衙门，就立即向皇帝禀报。但是，远在南京的官员根本不知道朝中的局势，纷纷上疏为谢迁、刘健等人求情。这让武宗和刘瑾等人十分气愤。

正德二年三月，刘瑾已经成了朱厚照的全权代理人。为了扫清所有的障碍，在朝廷上可以震慑百官，刘瑾用天子的名义下诏，将刘健、谢迁、韩文、林瀚、李梦阳、戴铣、王守仁、陈琳、王良臣、蒋钦等53位朝臣污蔑为"奸党"，榜示朝堂，并且下令所有的朝臣跪在金水桥，宣示奸党名单。罪状是"递相交通，彼此穿凿，曲意阿附，遂成党比"。刘瑾这次的宣示奸党，将异己逐出了政治舞台；让廷臣跪着听诏，使大臣们内心产生了巨大的压抑感，这是刘瑾在朝臣面前树立权威的重大的一步。

自此，刘瑾成为"内相"，又被人称为"立皇帝"。武宗仍然那么贪玩，一点都没有改变，对于朝政更是不理不睬，把臣下的奏章直接交给刘瑾帮他处理了，此后，刘瑾的权势如日中天。

朝中大臣与"八虎"的搏斗，没有成功，反而被虎吞噬。刘瑾掌握朝廷军政大权后。对朝臣进行大肆报复，利用东、西厂和锦衣卫来铲除异己。

刘瑾知道朝中负责劝谏的言官是他的一大威胁，在掌权后，对言官们一个都不放过。除了借故进行罢免、廷杖以及给诬定一些完全没有根据的罪名外，常日里还制裁威胁他们：要求他们在早晨寅时（3点到5点）入朝，等到下午的酉时（5点到7点）才允许回家。一天要在朝中待上14个小时左右。刘瑾的意图很明显，就是让言官们不得休息，从而没有精力来弹劾自己。

刘瑾在打击异己方面，实在让官员们猜测不透，不知道自己什么时候就得罪了这位太监，即使他们觉得已经很小心、很谨慎了，但最终还是会遭到打击。比如，翰林院里的官员平日里见了他只作揖，没有磕头行大礼，他不会放过。找了个借口一次性就将二十多名官员，有的赶至南京任职，有的削职为民。

刘瑾为了排除异己，尤其是儒生文臣，只要他们有一点点的过错就严厉惩处。正德三年（1508），刘瑾改变旧例，规定那些省亲、丁忧、养病的官员都按照旷职处理，三个月之内的可以宽恕，四五个月的要罚其俸禄，六七个月的则要逮捕讯问，八九个月的算是自动离职，十月以上的直接削去官籍。这个新规定下发后，吏部一共检查出违例的文武官员146人，根据刘瑾制定的新规则，很多人被罢免了官职。但这个制度的制定在一定程度上是有利于国家的，有些官员领着朝廷的俸禄，却在家中享乐，不为朝廷办事。

群臣中为了自保或弹劾他人以讨好刘瑾者大有人在。正德五年（1510），兵科给事中高为了讨好刘瑾，弹劾包括自己父亲在内的官员共61名，当时所有的官员都很惊讶，不敢议论此事。文武官员为了避免灾祸降临到自己头上，无不顺从或保持沉默，谁都不再讨论时政。在刘瑾专权横行时期，上疏者中只有罗侨得以幸免。

事情是这样的：正德五年，北京遇上了大旱，罗侨上疏奏章，请求武宗皇帝不要再游玩了，应摒弃小人，将刘瑾等人严惩。他之所以敢上疏，就是下定了必死的决心，让家人携带棺材紧紧跟随着，在朝房静候武宗皇帝的旨意。刘瑾看过奏章后，勃然大怒，矫诏下旨让廷臣议罪。大学士李东阳出来求情，最终赦免了罗侨的死罪，但把他降为了江西原籍教职。朝臣们本以为罗侨会遭遇不测,然而,只是被降职,因此,都觉得十分惊奇。

明武宗贪图享乐,非常奢侈,加上宦官们巧取豪夺,很快国库就空虚了。内库告急,北部边防地区的粮食储存也发生空虚,边防危机随时可能爆发。面对这种情况,宦官刘瑾想出了一个绝妙的主意,就是官吏罚米法,用罚来代替他们的罪过。

明武宗听从了刘瑾的建议,颁布这个罚米法后,在缓解国家财政危机方面起到了很大的作用,所罚米数从一二百石到上千石数目不等,因此,仅正德三年(1508)被罚的官员就有182名,运到京师的大约有六千多石,再加上没有上缴的罚米,大约就有一万石。此外,还有大约近百倍的粮食输送到了边镇地区。刘瑾的官吏罚米法,在短时间内解决了朝廷的危机,但也带来很多的弊病,最后受损的还是国家。由于罚谁、罚多少完全由刘瑾说了算,因此刘瑾既为朝廷解决了危机,同时自己也是最大的受益者。此外,这个没有任何标准尺度的罚米法也成为了刘瑾及其党羽借机公报私仇的一个工具。很多的忠臣被剥夺官职贬为平民,很多廉洁的官员因此倾家荡产。很多被罚米的人为了免罪避祸,往往向刘瑾行贿。甚至是那些号称忠直的官员也为免受械杖之苦而贿赂刘瑾。因此,刘瑾满足了他一直以来对金钱的欲望。

各地官员对刘瑾的所作所为恨之入骨,但又不敢言语。刘瑾也知道官员们不仅不敢言,就连怒都不敢表现出来。

为了镇压官员们的不满情绪,刘瑾等人派出大量的特务到处侦察。这个消息很快就传开了,各地都十分地惊恐,只要看见口操京腔的人,就互相告知,甚至贡献重金来保全自己。

东、西厂特务越来越横行霸道,正德三年(1508)刘瑾又在荣府旧仓创建了"内行厂",亲自对东、西二厂进行监督管理。虽然刘瑾这个太监贪婪无度,但他并不懒惰。从此以后,内行厂和东西二厂等特务机构就成了刘瑾专权的工具。他不仅派特务在外胡作非为,而且还让特务打探官员的隐私。大学士王鏊对刘瑾的行为非常地不满,但他又没办法制

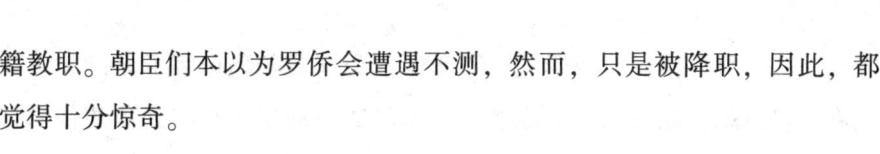

第九章 被称为『立皇帝』的太监——刘瑾

止这一切，只是整日唉声叹气。不久，王鏊知道刘瑾派特务暗随，觉得实在是没意思，就请求辞去职务，回乡隐居。刘瑾没有找到他的任何罪证，只好同意他的请求，在当时这可是少有的事。

独断专权　纳贿自肥

在排挤异己之后，刘瑾不再经过吏部、兵部和礼部的审查，就让他的亲信直接升官。罢黜官吏也是由刘瑾一人决定，吏部、礼部和兵部只需要备案。

如果吏部要升任一些重要的官吏，一定要请刘瑾过目，而且每次他都要求吏部推举数人，从中选取出他满意的人，否则他就不通过吏部直接选人。可见刘瑾的用人是完全依据自己的意愿选用官吏的，只要他想用的就用，他不想用的就废。没过多久，刘瑾的亲信就掌握了许多要职。

刘瑾在排除异己后，就开始随心所欲地专权了。这个聪明的太监很会控制武宗为他所用。很会抓住武宗的弱点，让武宗整天沉迷于游玩之中。武宗越玩越有心情，而对朝政则越来越不愿意过问，全权交给了刘瑾。刘瑾就成了当时的代理皇帝。

刘瑾为了能够彻底掌握内阁，在打击那些反对派的同时，也拉拢一批官僚。最初结交的是焦芳。焦芳的人品、才干都不足道。他既是行贿者，又是分赃者。要贿赂刘瑾的人，首先要拿出贿赂刘瑾三分之一的财物来贿赂焦芳，然后由焦芳再转交给刘瑾。这时的焦芳，已被刘瑾安排到了内阁任职。所有的事情，焦芳都要根据刘瑾的意思来办，从此，开创了内阁辅臣要听从太监指挥的先例。

除了内阁，还有一个政权机关就是六部了，刘瑾在六部安排了许多自己的同党。他的专权程度简直让人无法想像，有时，他只需把要安排谁做什么官职，写在纸上，六部便按照他的意思去安排。那些地位高高在上的公侯们，见了刘瑾也要跪拜，没人敢直视他。

刘瑾因为能力有限，有些奏章他不明白意思，他就把大臣们的奏章

拿回家里，让他在礼部做官的妹夫代他批阅，之后再拿到内阁让焦芳修改。所以，当时官员们在暗地里都叫他"立皇帝"。

掌握了权利后的刘瑾和其他的贪官一样，开始利用手中的权利收敛钱财。他的手法也像多数贪官一样，索贿、受贿、贪污，没有什么其他新奇的手法。可是他要比一般的贪官大胆的多，因为他现在是一人之下万人之上的"立皇帝"。

接受官员们的贿赂之后，刘瑾还枉法行事，甚至翻造冤狱。御史葛浩由于得罪了刘瑾，被杖责后贬为了平民，但刘瑾收了葛浩仇人的贿赂后，又找借把葛浩押进京城，处杖三十。有一段时间，刘瑾突然不再接受任何的贿赂了，而且还将那些行贿之人治罪。这是因为他听从了他的一位亲信的话后，才这么做的。这个亲信的话真的很有道理，说那些行贿刘瑾的人的钱得来的途径只有两种，要么是盗取的官银，要么就是剥削百姓所得，都是借用刘瑾的名义获得的，但给刘瑾的钱只是他们的十分之一，而百姓们的所有怨气都直指刘瑾。刘瑾听完后，觉得确实有道理，于是不再接受任何贿赂，似乎一下变成了个清官，开始惩罚行贿者。可以说，刘瑾这个人还是能听取别人的一些意见的，能及时地改正自己的错误。

但是他像很多人一样，经不住金钱的诱惑，清官没当多久，只要有可贪的机会就照贪不误。

刘瑾这个太监，虽然已经是在一人之下万人之上了，但他还不满足，最后竟起了篡位之心，他私下里刻了印玺，还偷偷制造弓箭，私藏盔甲，企图寻找机会夺位。然而他的所有举动时时刻刻都被其他的七虎关注着。

刘瑾虽然亲信、党羽很多，但是他没能好好地团结其余七虎。不久，七虎发现刘瑾专权越来越严重。对刘瑾十分的不满，都离他而去了。刘瑾为与张永争夺权力，准备把张永调到南京。张永得知后，立即去找武宗，诉说刘瑾想要谋害自己。虽然武宗派来谷大用劝解了这件事情，但是，刘瑾因为得罪了七虎，尤其是七虎中拥有实权的张永，加速了他的覆亡。

刘瑾想立功，好为自己将来的登基做铺垫，于是开始整顿军队，结果引发了安化王叛乱。正德五年（1510）四月，安化王朱寘鐇的反叛事件在宁夏发生。朱寘鐇起兵的口号就是要除掉刘瑾，起兵后得到很多武臣的支持。朱寘鐇的反叛对刘瑾后来的命运起了决定性作用。

追逐权利　惹来杀身之祸

五月，朝廷命泾阳伯神英为总兵，右都御史杨一清为提督，太监张永总督军务，一起出征，率兵征讨朱寘鐇。武宗一身戎装，亲自为他们送行，出征显得非常地隆重。这时，一场铲除刘瑾的密谋开始了。

让张永等人出乎意料的是，他们在去往宁夏的途中，游击将军仇钺已把朱寘鐇的叛乱平定了。这场叛乱只经历了19天。武宗命杨一清和张永前去宁夏安抚，并将朱寘鐇以及他的同党押解进京。

就是这次出征，使得杨一清和张永结成了一个政治同盟，而且很快就把矛头指向了刘瑾。

杨一清原来是陕西一带的军事统帅，曾在训练士卒、加强边防方面立过功。他为人正直，因不附和掌握大权的刘瑾，而遭到诬陷迫害，后经大臣们的请求，才免于杀头，被释放回乡。在平定这次藩王叛乱时，明武宗又重新起用了他。

杨一清早有铲除刘瑾的心了，他早打听到了"八虎"之一的张永与刘瑾有很大的矛盾，一直想拉拢张永。这次押解朱寘鐇回京，杨一清觉得是一个很好的机会。于是，杨一清极力说服张永，说除掉刘瑾不仅为朝廷除掉了一个大祸害，而且还可以名垂青史，张永终于被杨一清说服了，决定立即展开行动。

刘瑾这边也开始准备发动政变。他觉得趁宁夏动乱之际，武宗将很大的兵力都用于了平定朱寘鐇的叛乱，这是发动政变的一个绝好时机，于是决定采取行动……

八月初，刘瑾在朝中担任都督同知的兄长刘景祥病卒。刘瑾决定在刘景祥的葬礼上发动政变，他把发丧日期定在了八月十五日。到了那天，趁百官莅临送葬时将他们劫持。刘瑾奏请武宗将张永回朝献俘的日期推迟，他这是为自己的政变做安排，是想在发动政变后，再铲除张永。可是消息走漏了，很快被人飞报给了张永。张永遂押着朱寘鐇等人昼夜不停地赶回京城，于八月十一日回到了京城。

武宗亲自在东华门迎接他们，并且举办了一场盛大的献俘礼，同时还设宴为他们庆祝，让刘瑾和马永成等人来陪坐。那天在酒席上，刘瑾和张永目光相对，充满了杀气。

由于张永的归来，使得刘瑾心情很不好，宴席还没有结束，刘瑾就拂袖离去了。

可刘瑾万万没有想到，这场酒宴的结束，就是他灭顶之灾的到来。

刘瑾离开宴席后，张永马上向武宗密奏刘瑾的反状，并从袖中拿出了他已经拟好的奏章，上面列举了刘瑾的17项罪状。当时武宗已经喝得醉醺醺的了，斜看了张永一眼，说道："别说了！喝酒吧。"

张永惊慌失措不停地叩首说："差一点臣就再也见不到圣上了。"

武宗问："刘瑾想干什么？"

"取天下！"张永说。

"天下？"武宗一边打着酒嗝，一边笑着说，"天下……任由他取好了。"

张永看着武宗，语气十分沉重，一字一顿地说："如果任他取，那么将置陛下于何地？"

武宗一愣，过了好一会儿，慢慢吞吞地说了三个字："奴、负、我。"张永听后，心里暗暗地高兴。他再次伏首说："时间紧迫，切不可缓！若延缓时间，奴才成齑粉，陛下也将不知所归了！"

此时，马永成等人也在旁边附和着。最后武宗终于颁下一道口谕——缉拿刘瑾。刘瑾的末日就这么到来了。

八月十一日夜，开始缉拿刘瑾。大约是三更时分，正在熟睡中的刘瑾被一阵嘈杂的脚步声惊醒。刘瑾凭直觉知道来的是禁军。

刘瑾入狱后，张永和阁臣李东阳还是不放心，怕刘瑾重新出来被重用，于是奏请武宗前去抄没刘瑾的家产。他们认为，只要将刘瑾的财产公布于天下，他就很难逃一死。武宗采纳了张永的奏请，并亲自带人去抄刘瑾的家。结果发现了印玺、玉带等一些禁止百姓和官员私自拥有的东西。在刘瑾常常握在手中的那把扇子中，还发现隐藏了两把匕首。武宗勃然大怒，认定刘瑾确实是要谋反。于是命三法司、锦衣卫会同百官，在午门进行公审刘瑾。

八月十三日公审那天，刘瑾依然是那么地傲慢。他看了一下这些准备审讯他的官员，然后大笑道："公卿多出我门，谁敢审我？"

这时，刑部尚书刘璟低下了头，他可是刚刚不久前被刘瑾提拔的，其他的官员也都纷纷躲闪着他的目光。刘瑾见状更是傲慢了，突然驸马都尉蔡震站起来说："我是国戚，不是出自你的门下，该有资格审问你了吧？"随即命人对他用刑，同时厉声说道："公卿都是为朝廷效力的，你居然敢说是你的人！说，你私藏盔甲和弓弩的目的是什么？"

刘瑾十分坦然自若地回答道："为了保护皇上。"

蔡震冷笑道："如果你是为了保护皇上，为什么要藏在密室里？"

刘瑾一时无话可说。

当天，就确定了刘瑾的谋反之罪，共计19项罪名。数日后，抓捕了刘瑾的心腹党羽焦芳、刘宇、张彩、刘璟等60余人，其中有3名内阁大学士，北京及南京六部尚书9人、侍部12人，都察院19人，大理寺4人，翰林院4人，通政司3人，太常寺2人，尚宝司2人等等。这些人都受到了不同程度的处罚，或被罢黜，或被下狱，或被诛杀，几天之内就全部被清除了，一时间，朝堂几乎为之一空。同时，刘瑾的家人有15人被斩首，妇女都遭送到了浣衣局。

60年来，刘瑾先是绞尽脑汁地讨好朱厚照，迎来了所追逐的一切，5年的时间费尽心机、不择手段所建立的一切，转眼之间就烟消云散了……

在那个与往常没有任何不同的秋日早晨，天空依然和刘瑾初入宫时

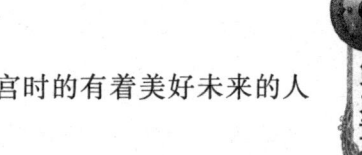

一样,是那么的蓝净,等待着刘瑾的不是刚入宫时的有着美好未来的人生,而是即将结束他一生的凌迟之刑。

刘瑾被处死一事很快在全国各地传开了,百姓们终于松了口气。刘瑾的死让全国的老百姓欢呼雀跃。至此,刘瑾专权的时代永远地结束了。

权力最大 财富最多

刘瑾掌控权力之后,就开始谋取财富,而官位就基本上成了他赚钱的工具。一些清廉的官员遭受到刘瑾的污蔑,削爵抄家,经受了很多的折磨;违法犯错误者,只要给刘瑾送去丰厚的财物,就能免于追究,甚至还有可能被提升。就这样,刘瑾聚敛了巨大的财富,被人们称为"史上最富有的太监"。明武宗时期,因为刘瑾的贪婪,致使整个朝廷乌烟瘴气,百姓苦不堪言。

权力得到满足后,刘瑾便开始满足财富的欲望。作为一个太监,他和很多贪官一样,都是利用权势来获得财富,但他的性格和一般的贪官是有区别的,如果他问你要钱,你就一定要给他,因为太监的心胸要比任何人的都狭窄,他要报复你可要比一般的贪官更心狠手毒。有个官员刚升迁时,刘瑾就向他索要"贺印钱",也就是索要贿赂,意思是没有他的同意,任何人都不可能升官。刘瑾的索要被拒绝了,很快,这位官员就被贬谪到了偏远地区。

权利、财富冲昏了刘瑾的头脑,他竟然打起了篡位的注意,结果在公元1510年八月被凌迟处死。在封建社会,除了那些谋反、杀父母等属于"十恶"的大罪外,一般判处死刑的犯人都要等到秋天霜降之后,冬至来临之前才被处死。这是顺应天时,而春天是万物生长的季节,是不允许行刑的、也禁止捕杀幼小的鸟禽和走兽。但刘瑾是谋反,属于第一重罪,所以在秋天霜降之前就行刑了。

皇权专制下的明朝依然在宦官滥权干政的轨道上前行。刘瑾虽然死去了,但还有很多像刘瑾一样的出现在明朝历史中。就在刘瑾死后的百余年，就出现了一个"九千岁"魏忠贤，这时的明朝已经到了无药可救的地步，灭亡一步步地逼近了。明代宦官专权留给人们的印象太深刻了，入关后的满洲人，吸取了明朝的教训，对太监的管制很严格，所以清代一直没有出现太监专权的情况。

第十章

大字不识的太监——魏忠贤

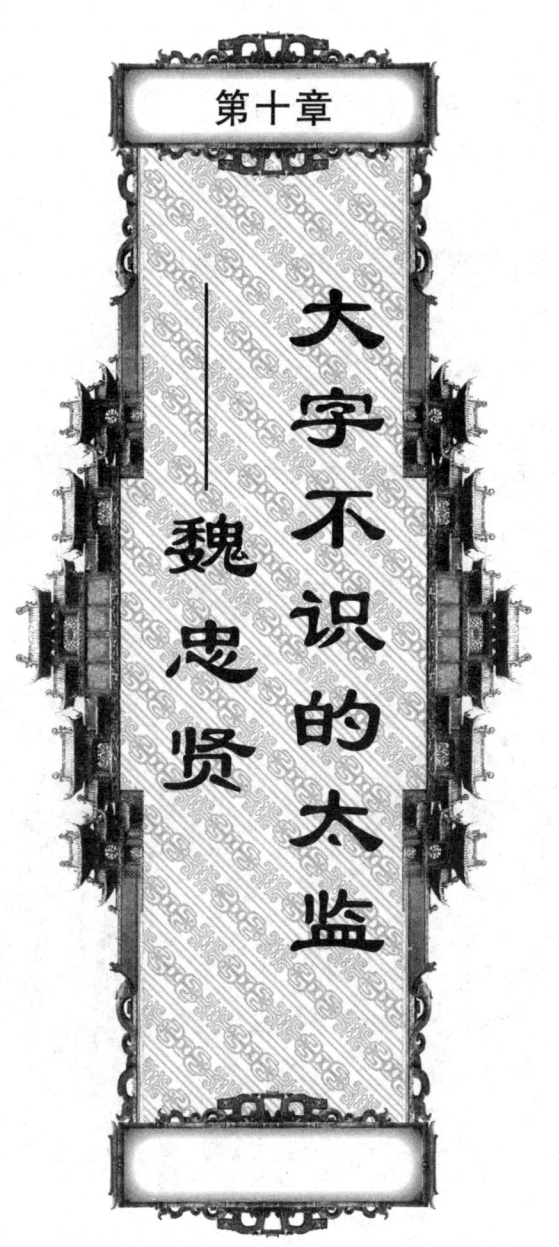

太监档案

☆姓名：魏忠贤

☆出生地：河间肃宁（今河北肃宁）

☆出生日期：公元 1568 年

☆逝世日期：公元 1627 年

☆主要事迹：迫害张皇后，陷害东林党人。

☆生平简历：

公元 1568 年，魏忠贤出生于一个贫苦的农家。

公元 1589 年，魏忠贤进宫。

公元 1621 年，魏忠贤担任司礼太监。

公元 1627 年，魏忠贤自杀。

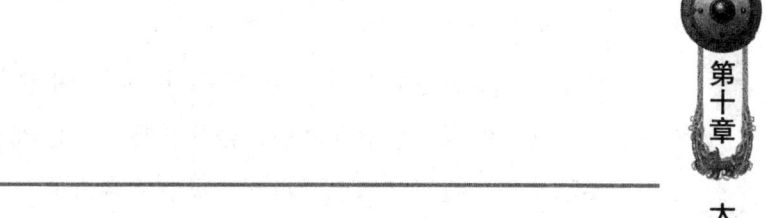

人物简评

魏忠贤掌握明朝政局七年，权倾朝野，拉开了历史上最黑暗的宦官专政序幕。魏忠贤生性残暴贪婪，欺下媚上，陷害正直的太监王安，与客氏陷害皇后、妃嫔，打击迫害东林党人等正直的大臣。他专横跋扈，擅权乱政，地位和权势达到了最高点，各地官员为了讨好他，给他建造生祠，歌功颂德，从而加剧了明朝的灭亡的脚步。然而，为何一个小小的宦官几乎成为了颠覆明朝的关键点，是历史的选择造就了魏忠贤，还是他真的有倾覆朝代的本事？

生平故事

成为皇上最信任的太监

魏忠贤是穷孩子出身，从来没有上过学。他吃喝嫖赌，无恶不作，成为了一个小混混。他曾娶妻冯氏，生有一女。后来在一次赌博中欠了钱，被众人欺负，只好到处东躲西藏，但是那些赌徒们并没有善罢甘休，三天两头到他家里索要欠债，并将魏忠贤骂得狗血喷头。魏忠贤的自尊心受到了极大的伤害。

有一次，魏忠贤赌博连裤子都输光了，本来想躲起来，但还是被人找到了，当街一顿痛打，差点连性命都没了。逼债的人不放过他，情急之下，魏忠贤说道："我进宫当太监抵债还不行吗？"魏忠贤在家乡已经没法见人了，就真的萌发了到京城当太监的念头。

万历十七年（1589）腊月，魏忠贤终于凭借着长相魁梧、身手敏捷，成为了倒马桶的太监。这一年，魏忠贤22岁。

他小心翼翼地侍奉上司，多方攀附走关系，很快得到了当权宦官的欢心，被调入甲宗库。不久之后，他又投在了太监魏朝的门下，尽全力讨好奉承魏朝。魏朝对魏忠贤也比较欣赏，两人的关系打得渐渐火热起来。后来魏忠贤觉得司礼监的太监升迁快，又有油水可捞，就拜托魏朝在司礼监太监王安面前替自己说说好话。魏朝是个讲义气的太监，便经常在大宦官王安面前替魏忠贤说好话。经过一段时间的观察，王安也对魏忠贤产生了好感，甚至十分信任他。后来在王安的安排下魏忠贤当上了后宫王才人的办膳太监。这个王才人虽然地位较低，但她是明神宗朱翊钧的长孙朱由校的生母。所以，魏忠贤非常幸运地有了接近未来大明皇帝朱由校的机会。

魏忠贤对能够侍奉王才人这样的主子感到心满意足，因为他终于能够扬眉吐气了，变成了一名较有地位的太监。他对主子充满了感恩之情，对主子非常地忠诚。这个时候的魏忠贤还没有想到主子是不是有前途，而只是想着好好地侍奉主子。宫里精明一些的太监并不怎么待见王才人和皇子，毕竟当时的神宗皇帝并不看重这位皇孙，导致了这位皇孙没有受到过系统的教育，后来成为了一位文盲皇帝。

魏忠贤对待王才人很恭敬，做事也很谨慎，让人放心，对待皇子就更不用说了。他擅长骑马射箭，在射箭的时候是左撇子，有很高的命中率。他心灵手巧，很会逗人开心。小皇孙朱由校从懂事的时候起，就喜欢跟魏忠贤一起玩耍，魏忠贤对朱由校也产生了真感情，可以说是看着他长大的。

魏忠贤对待朱由校可以说是尽心尽力。朱由校喜欢玩游戏，魏忠贤就能用一双巧手糊制出了狮蛮滚球、双龙赛珠等玩物，每天都由朱由校的奶妈客氏和魏忠贤两人和小皇孙一起嬉戏玩乐。朱由校被两人哄得十分开心，魏忠贤也就成了他最为信任的太监，与客氏一起成为了他倚赖的心腹，朱由校几乎一刻也不离开他们。

魏忠贤的福气不错，虽然地位卑微而且一个大字都不识，却得到了皇帝的重用。毕竟皇子从小都会接受良好的教育，当他们的文化修养和

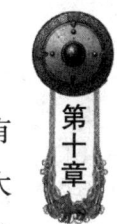

自身素质提高后，很难再和年幼时的近侍亲近，但是朱由校从小就没有受到过祖父、父亲的重视，所以从来没有受过正规的教育。所以他长大之后并没有疏远魏忠贤，而是对他还像小时候一样信任和依赖，并且魏忠贤还当上了皇帝的秉笔太监，给皇上拟写朱批。

作为一个皇帝，朱由校显然不务正业，他对木匠活和其他建筑方面的东西有着极为浓厚的兴趣，每天会花费很多时间用在爱好上，所以他很乐意将朝政推给魏忠贤。这样一来，魏忠贤不仅得到了梦寐以求的荣华富贵，还拥有了至上的权力。

权倾一时　残害忠良

万历四十八年（1620），魏忠贤的命运随着主子的命运发生了意想不到的改变。这一年七月，万历皇帝去世，一直不被父皇喜欢的太子朱常洛终于熬出头了，登基成为了明光宗。光宗的长子朱由校成为了准太子，居住的宫殿成为了准东宫，朱由校身边服侍的人的地位都抬高了很多，大家都兴高采烈。多年来默默付出，魏忠贤终于熬出头来了，因为和与准太子关系亲密，所以在宫中备受其他太监的尊重。魏忠贤得到了极大的满足。

没想到，明光宗朱常洛才当了一个月的皇帝，就猝死了。一转眼，长子朱由校仓促继位，世称明熹宗。魏忠贤非常激动，那自己的地位岂不是更上一层楼，远远超出了预期。他是皇上身边最信任的太监，文武百官看到他都不敢对他不敬，更不用说后宫的人了。

虽然明熹宗身边最信任的太监是魏忠贤，但是比魏忠贤还要受到宠信的是熹宗的奶妈客氏。客氏本是河北定兴县一村民侯二的妻子，生过一个儿子。她在十八岁的时候被选入宫中，充当皇太孙朱由校的乳母。

乳母客氏知道朱由校有可能成为未来的皇帝，所以对朱由校非常尽心卖力。按照惯例，皇子停奶后，乳母应当离宫回家。但是因为朱由校对客氏过分依赖，虽然朝臣们多次上奏要求客氏离宫，但熹宗始终没有让客氏离开，而是让她一直留在身边。当朱由校的生母去世后，客氏就担当起朱由校母亲的角色。

明熹宗朱由校即位后，客氏被封为奉圣夫人。客氏凭借皇上的宠信，在后宫中为所欲为，皇上知道了并不责怪她，她则更加肆无忌惮地大肆迫害不依附自己或者自己看不上眼的宫女和太监，甚至连后宫嫔妃，她也敢不敬。

朱由校最信任的人就是客氏，对她的话言听计从，所以客氏的亲信就是皇上最信任的人。魏忠贤和客氏两人凭借着小皇帝的宠信，共同把持了朝廷和后宫的大政。两人沆瀣一气，将把朝廷和后宫搞得乌烟瘴气，文武百官和后宫的嫔妃宫女太监对他们都敢怒而不敢言。

熹宗很少理会朝政，而是将这些都推给了魏忠贤等人，客氏和魏忠贤便借此机会擅权专政，明熹宗在上朝的时候像个木头人般坐着不动，下朝之后，显露出了本性，喜欢骑马、泛舟、演练，什么好玩玩什么。魏忠贤不仅不劝皇上将心思花在朝政上，而是投其所好，上贡大批的好马匹供皇帝骑乘，把皇宫简直变成了跑马场。

熹宗喜欢泛舟，魏忠贤就经常带皇帝到北海泛舟，有时屏退周围的人，自己与客氏亲自充当船夫。魏忠贤还挑选出宫内的侍卫、宫女和宦官等万余人在宫中列阵，早晚操练，号称内操。皇帝过了一把将军瘾，就像上战场一样，指挥"士兵"打斗，玩得不亦乐乎。

除此之外，朱由校最感兴趣的就是做木匠活，并且手艺很好，他制作的木制品让当时的职业匠人都望尘莫及。他具有创新精神，能够制做出一些新潮的木制小玩具，让太监宫女拿到市场上去卖，竟然供不应求，这极大鼓舞了朱由校的热情。朱由校花在木匠活上的时间就更长了，魏忠贤就专挑他专心致志做木工活的时候拿出奏章请示皇上，而熹宗不耐烦地让魏忠贤自己去决定。这正好给了魏忠贤掌控朝政的机会。

熹宗本来就想找个人来代替自己处理政事，将政事交给魏忠贤后，就什么也不过问了。魏忠贤连奏章都看不懂，却装模作样地处理国家大事，并且还自我感觉良好。他可不管结果会怎么样，下发的政令常常闹出笑话，当然大臣们是不敢嘲笑他的，每天他听到的全是恭维奉承的话语，看到的都对他颂扬谄媚的面孔。魏忠贤在京城东部修建了一座豪华壮丽的府第，每天晚上，他的府邸里都有一大批各式各样的人物等待他的接见，这些人对他毕恭毕敬，不敢有丝毫怠慢，恳请魏忠贤赐给他们些微好处，只要魏忠贤的一句话，他们的命运或许就会得到改变。魏忠贤被称为"九千岁"，意思就是一人之下万人之上。每次出宫的队伍浩浩荡荡，所有的人，包括官绅士人都必须跪在道路两旁，高呼"九千岁"。

陷害皇后

天启元年（1621）五月，明熹宗任命王安掌管司礼监，根据惯例，王安表面上会推辞一番，但是客氏趁此机会让劝皇帝答应王安的请求。客氏和魏忠贤商量要杀死正直的王安。开始时魏忠贤还感到犹豫，因为毕竟是王安提拔他当了王才人的膳食太监，才得以成为皇上最亲近的人。后来，经不住客氏的劝说，他只有杀死王安才能掌管司礼监，成为权力最大的太监。熹宗对王安比较倚重，他不仅正直，有文化修养，而且曾经对熹宗有救命之恩。

魏忠贤决意除掉王安，于是无中生有，制造冤狱，结果王安遭到贬谪。客氏又在皇上身边大肆编造王安的坏话，后来干脆直接将王安杀死。而魏忠贤谎奏王安畏罪自杀。从此以后，魏忠贤成为了职位最高，权势最大的宦官。

对于不依附他们的后妃，魏忠贤和客氏肯定不会放过的。光宗的宠妃赵选侍看不惯客魏二人的行为，魏忠贤就假传圣旨，逼迫赵选侍自杀，赵选侍还以为是皇上的旨意。光宗的庄妃李氏，性格善良宽厚，在后宫中说话比较有分量。庄妃也没有惹到客氏和魏忠贤，但他二人对她放心不下，就勾结侍奉她的太监徐应元，让徐应元监视庄妃的一举一动。而且在客魏的支持下，徐应元不听主子的吩咐，任意打骂她的左右随从。庄妃感到异常的忧愤，最终生病去世。熹宗的裕妃张氏，说话不小心得罪了客氏，虽然怀有龙胎，但是遭到客氏的陷害被打入冷宫。客氏想要饿死她，不让人给她食物和水。在下雨天，她饥渴难耐，努力地爬到门外喝屋檐上滴下的雨水，结果喝得太多，肚痛而死。

他们残害了很多后宫中的嫔妃和宫女，还有熹宗的子嗣。而且，他们连皇后也不放过。

天启元年（1621）二月三日，熹宗大婚，纳祥符县张国纪的女儿张嫣为皇后，在四月正式册立，即懿安皇后。张嫣容貌秀美，为人中正，与熹宗是结发夫妻，所以熹宗对她一直关怀有加。入宫之后，张皇后对客氏横行无忌的行为十分不满，想要以皇后的身份处罚她，但是因为皇上一直对她宠信有加，未能如愿。

客氏和魏忠贤非常害怕张皇后，便借机报复她。于是，魏忠贤指使手下人四处散播谣言，说皇后张嫣并不是张国纪的女儿，而是盗犯孙二的女儿。孙二犯有死罪，将女儿托付给生员张国纪抚养。而张国纪隐瞒实情不报，犯了欺君之罪。随后，魏忠贤指使顺天府丞刘志选弹劾张皇后的父亲张国纪，御史梁梦环也乘机讨好魏忠贤，中伤张皇后的父亲。虽然，熹宗荒唐无能，但是对张皇后还是很宠爱的，不仅没有轻信流言废黜张皇后，而是果断地下旨谴责刘志选，从而魏忠贤等人不敢再轻易陷害张皇后。

有一次，熹宗去见皇后，见书桌上有一本书，就问道："皇后正在看什么书呢？"张皇后说："《赵高传》。"一般而言，女子都读女戒之类的书，张皇后读这本书明显有深刻的意义，就是想以赵高来譬喻魏忠贤来让熹宗觉醒。熹宗虽然没有读过什么书，但是他也知道皇后的意思就是暗示魏忠贤。当时熹宗并没有说什么，只是干笑了两声。熹宗知道魏忠贤、客氏和张皇后对立，但是他既不愿意惩办魏忠贤和客氏，也不希望看到张皇后受到魏忠贤和客氏的伤害。可见，熹宗是一个特别重视感情的人，即使客魏两人迫害了那么多人，熹宗也没有惩罚过这两个人。

但是，魏忠贤知道这件事后大怒，更加迫不及待地想要除掉张皇后。第二天，熹宗就在偏殿搜出几个带兵器的人。在皇宫中如果带兵器就以行刺皇上罪论处，这件事让熹宗本人大吃一惊，命令将这几个人交给东厂审讯。这其实是魏忠贤的阴谋，想要借此诬陷张皇后的父亲张国纪弑君，拥立信王朱由检为皇帝。虽然这一阴谋主要针对张皇后，但是如果得逞，则张国纪、张皇后、信王朱由检都会被除掉，那么魏忠贤也就如愿以偿了。

这件事毕竟事关重大，当魏忠贤将这件事告诉亲信王体乾的时候，王体乾提醒魏忠贤说："皇上虽然别的事情上昏聩无能，但是非常在乎夫妻之情和兄弟之情，如果这次有什么闪失的话，我们很可能性命不保的。"魏忠贤听后认为很有道理，心中暗惊，于是就将那几个带兵刃的人处死了，化解了这件事。张皇后在熹宗的保护下一直平安无事，客氏和魏忠贤也对她无可奈何。

但是，后宫到处都是魏忠贤和客氏的爪牙，张皇后免不了还是遭受到了客、魏两人的暗算。天启三年，张皇后怀孕。魏忠贤和客氏秘密命令宫女暗算张皇后，导致张皇后的孩子流产。这个时候皇后才只有十八岁，还不十分明了宫中的险恶。宫女们按魏、客的吩咐，在给皇后捶腰的时候，力气过大，皇子就流掉了。以后，张皇后再也没有怀过孕。

大肆迫害东林党人

魏忠贤的党羽遍布朝野。为了排除异己，他残忍地诛戮忠良，迫害正直的东林党人。明神宗后期，有个官员叫顾宪成，直言敢谏，太过正直得罪了明神宗，被神宗免去了职务。他回到江苏的无锡老家后，修复了北宋时期的东林书院，并邀请几个志同道合的朋友在此讲学。附近的读书人听说顾宪成是一个大学问家，都慕名赶到无锡来听他讲学。很快，东林书院兴盛起来。

在讲学的时候，顾宪成结合时势，大力抨击朝廷的黑暗，还激烈批评了一些当政的大臣。他对朝廷的议论说出了很多读书人的心声，得到了很多人的支持，慕名而来的读书人也越来越多。京城里也有一些在朝廷做官但对现状不满的大臣支持他，东林书院的名声越来越大。被顾宪成批评过的官僚权贵对他非常憎恨，并把支持东林书院的人称做"东林党人"。

在熹宗执政初期，东林党人在朝中的地位很高。叶向高、杨涟、左光斗等东林党人都在朝廷中担任要职，东林党人逐渐发展成为明朝后期的重要政治力量。他们反对矿监、税监对商人、百姓的掠夺，主张广开言路，听听百姓的声音，对阻碍发展的制度措施实行改良。

东林党人反对以魏忠贤为首的阉党势力的专权，两派之间的矛盾也越来越深。魏忠贤认为只有将东林党人赶尽杀绝才能独掌朝政、操纵政局。为了扫清障碍，他指使亲信制造了汪文言案，企图借此将罪名扣到东林党人的头上。当时担任御史的东林党人中坚杨涟不惧怕魏忠贤的势力上奏直言，陈列出了魏忠贤为害朝廷的二十四条大罪。这些罪状有理有据，义正词严。但是熹宗长期受到魏忠贤和客氏的迷惑，一直都认为魏忠贤是个忠臣，不仅没有谴责魏忠贤，反而指责杨涟无中生有，大胆妄言。

魏忠贤在皇上的庇护下，更加肆无忌惮、变本加厉地迫害东林党人。魏忠贤的气焰十分嚣张，他先是逼迫在朝廷中威望很高的三朝元老叶向高告老隐退，然后将东林党人杨涟、左光斗和给事中魏大中等人投入进监狱，被冠以莫须有的罪名迫害致死。

天启五年（1625）十二月，魏忠贤以朝廷的名义，将东林党人的姓名榜示天下，共有三百零九人。榜中除了东林党人，还有同情东林党人的正直的官吏。只要是榜上有名的，生者削去职务，贬为普通老百姓，死者追夺官爵。这些人涉及范围非常广，上自内阁及各部门要员，下到地方督抚郡县长官。可见，一个昏聩无能的皇上赋予魏忠贤的权力有多大，东林党人受到的迫害残酷程度之深。

魏忠贤为了敛财，他甚至卖官鬻爵，想升官的官员都要给他送礼。他掌握着最大的特务机构东厂，凭借手中的特权，只要朝中有谁不愿意依附他，他就会随意找个借口将其杀害掉。杀害朝廷官员，就像捻死一只蚂蚁一样简单，而这根本不需要经过熹宗。对普通老百姓，魏忠贤也不放过，派出大批爪牙，在各地巡视，只要有谁说出对朝廷不满特别是魏忠贤不满的话，就将其杀掉，造成了很多冤假错案。魏忠贤草菅人命的做法让满朝上下的文武百官和市井百姓人心惶惶。

魏忠贤权倾朝野，大批无赖之徒纷纷投到他的门下，争当他的干儿义孙，这些人没有一点儿羞耻之心。礼部尚书顾秉谦，比魏忠贤年长，胡子都白了，带着儿子去叩见魏忠贤，要求魏忠贤收他的儿子为义孙。大学士、礼部尚书魏广徵，自认是魏忠贤的侄子，由此得到了魏忠贤的赏识，后来他就有了提拔和罢免官吏的权力。这些人围绕在魏忠贤的周围，成为了他的走狗，帮他做了很多的坏事。

厚颜无耻　广建生祠

熹宗在位的七年间，将朝政差不多都交给了魏忠贤打理，熹宗自己只管专注于兴趣爱好。在魏忠贤的掌控下，大明朝变得更加腐败，社会经济严重衰退。这种破败的局面与阉党贪污、纳贿等有很大的关系。明朝盛产权势太监，继王振、刘瑾之后，魏忠贤成为危害明朝统治更大的穷奢极欲者。

魏忠贤的欲望怎么也填不满，不仅操纵后宫、朝廷的内外大权，还盗窃国库、盘剥军饷，将朝廷的钱都装到自己的兜里去了。盐税是每个朝代重要的财源，明朝也不例外，魏忠贤自然不会放掉这块肥肉。他命令党羽巧立名目，榨取盐税，几乎都进了魏忠贤的金库，没留一点儿给国家。当时，马匹的价格非常昂贵，因为马匹是战争和运输的主要工具。魏忠贤的家中就养了千余匹好马，骡子数百匹。这些都是讨好他的人送给他的。

天启年间，魏忠贤掌管了国家的一切仓库，熹宗也不闻不问。魏忠贤放肆地侵占仓库里的财物。还无视国家律例，放肆地侵占百姓的土地，对农民、商人大量增加苛捐杂税。他对工商业更是横征暴敛，极尽勒索。

致使官场上乌烟瘴气，贪污贿赂之风越刮越烈。大明朝的国力一天天地衰弱下去。

天启六年（1626），魏忠贤经过多年的积累，地位和权势已经达到了登峰造极的地步，朝野上下都只听从他一个人的命令。称呼上也只比皇上差那么一千岁，被称为"九千岁"。为了讨好他，狂妄之徒甚至称他为"九千九百岁"。

这一年，各地讨好他的奸佞无耻之徒掀起了为他建造生祠的热潮，以表对他的忠心。这一劳民伤财的举动主要是从浙江巡抚潘汝桢开始的。

潘汝桢是魏忠贤一手提拔上来的，为了在魏忠贤面前表忠心，官职上还能再上一层楼，他费尽心思谄媚魏忠贤，上疏奏请为魏忠贤建造生祠。熹宗看了这个奏折之后，竟然批准了。

潘汝桢派人在杭州西湖边岳飞庙和关公庙之间，选择了一块据说是风水宝地的地方，建造了一座颇为豪华壮丽的生祠。与魏忠贤的生祠相比，岳飞庙和关公庙简直太寒酸了。魏忠贤高兴地颁布了一道"中旨"予以嘉奖，还亲自为生祠赐名为"普德"。生祠建好的当天，杭州城里敲锣打鼓，一片欢腾，大小官员都前去进献香火。

各地纷纷效尤，官员们唯恐落后，争相为魏忠贤建立生祠。一时间，全国各地到处都有魏忠贤的生祠。不仅当官的人讨好魏忠贤，一般的商人、奴仆和无赖也都想跟着魏忠贤沾沾光。这些人建造的生祠，一个比一个规模大，装饰也越来越华丽。有的地方为了找一块建造生祠的地方，强拆民房、庙宇和学校。每建一祠前，都要上奏先请皇上赐名，如"善德"、"广恩"、"仰德"等等。各地充满了对魏忠贤的谀美之词，有些人竟然将魏忠贤比作为月亮，光耀世人。还有人称颂魏忠贤将与山河同在。

魏忠贤心安理得地接受了各地官员为他做的一切。而且，对待生祠的态度成了考核官员是否忠诚的重要标准和奖惩依据。那些对于建造生祠不满或不跪的官员大都遭到了魏忠贤的迫害，甚至有的被判了死刑。

为了建造这些祠堂，魏忠贤将苛捐杂税强行地加到老百姓的头上，让老百姓为这种建生祠的行为买单。本来明朝末期已经腐朽不堪，朝廷巧立名目的苛扰压得老百姓喘不过气来，有的连仅仅的温饱都维持不了，建造这些祠堂带给百姓的负担就不言而喻了。

魏忠贤的末日来临了

魏忠贤的权势是靠熹宗得来的，所以如果熹宗发生不测，他也就再也不能为非作歹了。天启七年（1627）八月，明熹宗在北海划船时不慎落入水中，受到惊吓后一病不起，身体越来越虚。魏忠贤很清醒，只有保住熹宗的性命，自己的地位才能屹立不倒。所以他想尽一切办法为熹宗治病。熹宗什么都吃不下，魏忠贤的阉党分子霍维华便进献了"仙方灵露饮"。熹宗尽管喜欢喝，但是这仙露并没有使他起死回生，熹宗危在旦夕。

面对熹宗日益加重的病情，张皇后也十分焦虑，有传言说魏忠贤准备在熹宗驾崩后图谋自立，这让她感到万分忧虑。由于客魏两人的歹毒，频频残害朱由校的妃嫔，所以熹宗没有留下一个皇子。张皇后认为应该尽早确立信王朱由检为皇位的继承人，但是因为魏忠贤等人一直守在宫殿内外，所以一直没有机会让朱由检与熹宗见面。

八月十一日，张皇后趁魏忠贤不在急传召信王入宫。熹宗已经病入膏肓，有气无力地对信王嘱咐说："希望弟弟你将来能成为像我一样的君主。"又说："魏忠贤是忠臣，应予以重用。"信王虽然年纪轻，但是听了之后并没有说什么，只是伏地不住地叩头。八月二十三日，明熹宗驾崩，年仅23岁。信王朱由检即位，即是明思宗，改年号为崇祯，世称崇祯帝。熹宗一直都被魏忠贤所蒙蔽，直到死还在为魏忠贤说话，真是愚蠢至及。

信王朱由检、众位大臣和天下的百姓都对魏忠贤和客氏非常地痛恨，但是魏忠贤的党羽势力遍布朝野内外，所以朱由检做事必须非常小心。在奉遗诏入宫后，为了防止被魏忠贤等人在食物中下毒，朱由检自己带着干粮。虽然朱由检只有17岁，但是性格成熟稳重，凡事考虑周到。对魏忠贤，朱由检沉着机智地应付。他深知魏忠贤树大根深，稍有不慎，恐怕就会被他算计，于是就采用了麻痹战术。

魏忠贤老奸巨猾，想方设法地试探这位新君对自己的态度。一天，魏忠贤非常恳切地请求崇祯帝免除他东厂太监的职务。朱由检不仅不批准，而且还热情地加以挽留。几天后，魏忠贤又提出停止各地官员给自己建生祠的要求。朱由检却说："各地为卿建祠，那是对你的爱戴。既然你认为不妥，那么就敕令各地不再建就是了。至于已经建成的，要好好地保留，不要拆毁。"魏忠贤听了，算是放了点儿心。朱由检又进一步说："卿辅佐朕非常辛苦。但卿是内臣，无法封赏爵位。朕想封卿侄魏良卿为太师，晋宁国公，并赐铁券，作为朕对卿的酬劳。"

满朝的文武官员对魏忠贤的不满日益显露出来，纷纷上书弹劾魏忠贤和他的党羽，甚至包括依附于魏忠贤的大臣。嘉兴贡生钱嘉罗列出魏忠贤的十大罪状："一是竟敢与先帝平起平坐；二是诬陷张皇后；三是大兴内操，弄兵宫廷；四是破坏祖制，太祖明确规定内臣不得干预朝政，而魏忠贤却总揽军权，控制漕运，扰乱朝政；五是克削藩王；六是目中无人，魏忠贤竟敢建生祠于国学之侧，并拟配享孔子；七是滥赏同党，大封族人；八是冒领边功，掩盖守边将士的功劳；九是刮剥百姓钱财；十是徇私舞弊，受贿徇情。"

崇祯帝看了奏疏之后，即刻召见魏忠贤，让内侍将十大罪状读给他听。魏忠贤听后恐慌极了，急忙贿赂早年跟随崇祯帝的官员徐应元，希望他能为自己讲情。徐应元在入宫前是和魏忠贤一起赌博的赌友，二人关系十分密切。崇祯帝将为魏忠贤求情的徐应元痛斥一顿，不仅没有宽饶魏忠贤，还解散了魏忠贤在宫中操练的士兵，并允许魏忠贤辞去东厂职务。这下，魏忠贤明白过来，要不妙了。十一月，崇祯帝下令魏忠贤去凤阳皇陵担任烧香太监。

魏忠贤没有办法，只得离开京城去凤阳。他选用了上千匹好马来拉搜刮来的财宝，崇祯帝闻讯后，害怕魏忠贤跑了，急忙下令逮捕他回京问罪。魏忠贤马队走到阜城（今属河北）时，知道皇上下了旨命，意识到末日来临，返京后肯定难逃一死，当夜就上吊自杀了。崇祯帝下令将魏忠贤的尸体吊到他的老家河间示众，将他的全部财产估价变卖。客氏也被崇祯帝下令乱棍打死。

随后，以魏忠贤为首的阉党一伙自动瓦解，客魏两家都受到了严厉的处罚。崇祯二年（1629），朝廷颁布"钦定逆案"，魏忠贤被定为逆案的主犯，其他人也得到了应有的惩处。被魏忠贤陷害的官员和妃嫔都洗清了冤案，恢复了名誉。

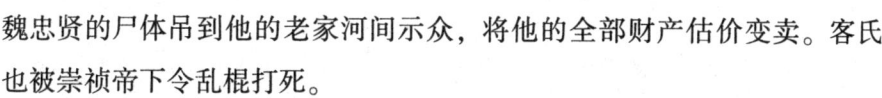

第十一章

善于挑拨离间的骄横太监——安德海

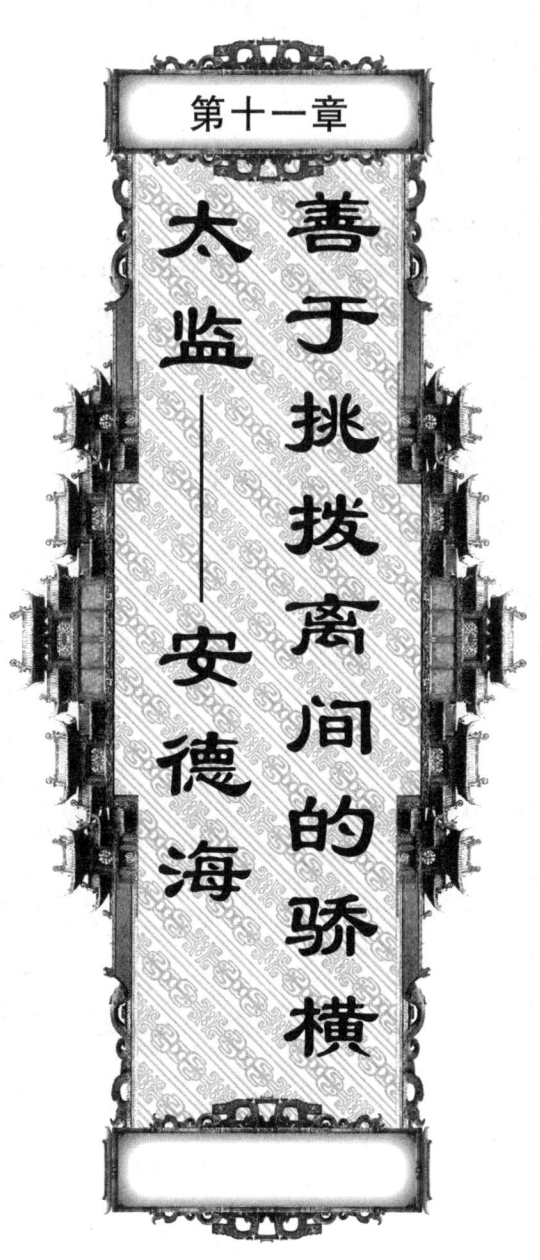

太监档案

☆姓名：安德海

☆出生地：直隶南皮（河北省南皮县）人

☆出生日期：公元 1844 年

☆逝世日期：公元 1869 年

☆主要事迹：为咸丰皇帝出谋划策，帮助慈禧太后在辛酉政变中获胜。

☆生平简历：

1853 年，安德海入宫。

1860 年，安德海成为咸丰帝的御前太监。

1862 年，安德海成为总管太监。

1869 年，安德海被山东巡抚丁宝桢擒获处决。

人物简评

安德海 10 岁入宫，由于他机敏灵巧，很会讨主子开心，便得到了主子的宠爱。作为奴才他最大的优点就是忠于自己的主子，愿意为主子卖命，也正因为这个优点，他成为了慈禧太后身边的红人，当上了宫中的总管太监。他仗着慈禧太后这棵大树，胆子越来越大。上自同治皇帝、东太后、恭亲王，下自宫女、太监们，他都不看在眼里，并且大胆的聚敛钱财，骄横处世，最终落了个身首异处的下场。

生平故事

摆脱贫穷　自阉入宫

安德海出生在贫苦的农民家庭，父亲名叫安邦太，是个地地道道的农民，母亲是一个普普通通的农村妇女。安德海的出生，让这对普通的农村父母很开心，虽然他们的日子过得很苦，但是生活中却增添了不少乐趣。

安邦太在安德海一周岁的时候，根据村里的风俗特地邀请了当地一些有地位的人来家吃饭，这肯定少不了当地唯一的私塾先生。安邦太想让先生给儿子取个好名字，吃完饭之后，众人开始为取名字而开始了争论，有人说出生当晚正下雨，就叫"雨生"，还有说叫"雷生"。最后，众人把目投向了最有学问的私塾先生的身上。于是，私塾先生说："刚才各位所说的都太俗气了，所谓水者，在阳光下能够蒸发掉，而水最好的归宿是大海，只有进入那浩瀚的大海，水才会永不干涸。蛟龙深藏其中，龙喜水，就叫安德海吧。姓安，品德像大海，龙戏其中呀。"众人听了之后，都拍手叫好。这个名字也就永远地留刻在了中国的历史上。

因为家里比较穷，安德海很小的时候就去给地主人家放牛，父亲也是给地主家做长工，一家人就这样艰难地生活着，更为艰难的是安家又生下了一个小男孩。就在他们的生活陷入非常困难的时候，一个远房亲戚送给了他们一笔钱，从而缓解了生活的压力，而且，安德海也由此上了几年的私塾。

在私塾里，安德海的学习并不好，而且因为与地主家孩子之间的矛盾，使他用更多的时间去想如何对付这些孩子，不是把心思用于读书。所以私塾先生很不看好他，经常唉声叹气地说"朽木不可雕也"。由于从小生活在贫困的家庭里，安德海很早就认识到了钱能满足人的一切欲望，有了钱就可以随便欺负人。

后来，安家几乎所有的财产都被地主家骗走了，他们又一无所有了。安德海改变命运是在他去了一次他的姑姑家之后。安德海的姑姑家在马家庄，在姑姑家的那几天里，安德海接触到了一个年事已高的太监，当地人称他为二爷。看到二爷每天悠闲自在，还不愁吃，不愁喝，而且一辈子都不用像村里人似的辛苦的劳作，安德海心生羡慕。虽然二爷给他讲了很多在宫中做太监的辛苦，但安德海却没有听进去，他为了摆脱贫穷，把做太监当作了他的人生目标。

于是，他决定自己"净身"。那天，他准备动手但还在犹豫的时候，他的弟弟闯了进来。安德海一着急便"自阉"了。

当时，自阉是一件很重大的事，说明是自愿入宫当差。安德海"自阉"的事情很快传到了县令的耳朵里，县令立即报告给了知府，知府又报告了直隶总督，直隶总督没敢怠慢，上报了京城内务府。这样安德海就在内务府备案了。

当年的冬天，安德海就进入了宫中，开始了自己的太监生涯。

八面玲珑　获得宠信

并不是所有的太监入宫后，都能留在宫中，也有很多被分到了各个王府里面。安德海之所以能留在宫中,是因为马家庄的二爷的一个兄弟在宫中当差,人称三爷,而且还是个小官职。就是凭借着这层关系,入宫后在遴选时,安德海在三爷的引导下,送给了当时的太监总管黄承恩一些银子,而且安德海显现的那股聪明劲,也让黄承恩非常地喜欢。就这样,安德海留在了宫中。

安德海知道,这只是第一步,要想摆脱贫穷,在宫中实现自己的目标,最好有人来帮衬,也能让自己爬的更快些,毕竟大树低下好乘凉呀。所以安德海听从了三爷的建议,要为自己找个有权势的太监当自己的师傅,这首选当然就是太监总管黄承恩了。这天,三爷领安德海来到黄承恩的府上拜访。一进门,他就根据三爷教给他的,"扑通"一声跪在了黄承恩的面前:"恩师在上,受徒弟一拜,小徒安德海从此以后全仰仗恩师提拔了。"这突如其来的一跪和一番言语使得黄承恩不禁一愣,但黄承恩立即扶起了安德海。一番仔细打量后,黄承恩觉得安德海是个可塑之才。想到自己也年纪一大把了,收个徒弟也好照顾照顾自己,替自己分担一些事情,于是,就高兴地收下了安德海这个徒弟。安德海心里异常的兴奋,没想到自己入宫后这么顺利,很快就找到了这么一个可以依靠的大树。

安德海入宫后的第一个差事就是服侍寿康宫的康慈皇贵妃,这是道光皇帝的爱妃,孝淑睿皇后已经崩逝多年,所以,主持后宫的实际上就是康慈皇贵妃。康慈皇贵妃为人忠厚,贤淑端庄,不仅得到了道光皇帝的宠爱,而且在宫中也有着很高的威信,皇子、公主也都很喜欢她。当初康慈皇贵妃选中安德海服侍自己,一是看上了安德海的长相较好,二是看上了安德海利落的谈吐。安德海入宫以来,一直都比较幸运,在寿康宫他遇到了好心的老太监崔海,他用心地向崔海学习,不仅是学习他是如何当差,最主要的是学习崔海如何取悦于主子,如何能在后宫中站稳脚跟。经过一段时间的学习,安德海懂得了这样一个道理:在主子面前,要记住自己永远就是个奴才,是为主子的服务的。很快,安德海就得到了康慈皇贵妃的赏识,之后又安排他服侍四阿哥奕詝。四阿哥奕詝的生母是孝淑睿皇后，孝淑睿皇后死后，奕詝就由康慈皇贵妃带过来抚养。康慈皇贵妃对待奕詝就像自己的亲生儿子一样，所以，奕詝很可能会成为皇位的继承人。此时的安德海非常地高兴，心想如果自己协助四阿哥登上皇位，那么自己的好日子也就指日可待了。

四阿哥天生比较文静，对宫中的政治斗争似乎显得迟钝，这就给了安德海显示自己政治才能的一个机会。由于两人是同龄人，所以相处起来比较容易，尤其是安德海比较擅长吹牛拍马这一套，这使得有着强烈虚荣心的四阿哥能够得到满足。就这样，安德海陪伴奕詝度过了两三个年头。安德海虽说是个太监，但实际上就是奕詝的伙伴、朋友。奕詝孤独的时候，是安德海带给他快乐、安慰。所以，奕詝对安德海还是存在一点感激之情的，这为他之后在皇宫中的飞黄腾达奠定了一定的基础。

四阿哥心里也非常清楚，有很多人盯着这个皇位，尤其是自己最熟悉的六弟，而且道光帝也很喜欢六弟，皇位绝不会稳稳地落到自己的头上。这一切，安德海也早已看明白了，为了帮助四阿哥坐上龙椅，他常常替四阿哥想办法在皇帝面前表现自己的优势。有一次，道光帝带领所有的皇子前去打猎，说是游玩，其实是想看一下众皇子的本领，这可是四阿哥的弱项，而六阿哥则擅长射术。四阿哥为此事非常发愁，安德海便为四阿哥出谋划策，使四阿哥得到了道光帝的赞赏。

当打猎结束后，除四阿哥外的皇子们都打到了猎物，六阿哥的收获最多，可是四阿哥却两手空空。道光帝似乎有些生气，四阿哥不慌不忙地向道光帝说道："父皇恕罪，儿臣认为现在正是春季，是万物生长发育之际，是禽兽生息繁衍之时，儿臣实在是下不了手，担心违背上天的好生之德。"道光帝听后觉得四阿哥心地善良，顾虑周全，如果让他继承皇位，一定会是以仁慈治天下，那么百姓们的生活就会很快乐！这样的令道光帝很高兴的这个结果，让四阿哥根本没有想到，从此更加信任安德海了。

从此，奕詝在安德海的帮助下，逐渐得到了道光帝的赏识。奕詝本来就是一个性格敦厚的人，有仁君之量，所以道光帝很快地将四阿哥立为了皇太子。公元1850年,道光皇帝驾崩第二年,随即,二十岁的奕詝登基成为了皇帝,年号"咸丰"。安德海也因此而得到了高升,成为了皇帝身边的大太监。他每天就是跑跑腿,宣读皇帝的圣旨,传达皇帝的口谕等等,实际上就是御前太监。此时的安德海已经掌握了一定的权利,但这并不能使安德海满足。同时他清楚地知道,自己的地位很不稳固,必须努力地讨好皇帝,让皇帝开心。

咸丰帝娶了一位十分贤惠的皇后钮祜禄氏,也就是后来所说的东太后。皇后雍容华贵,贤淑温和,很得咸丰帝的欢心。咸丰帝与皇后之间的爱,已经升华为敬。安德海对这些了如指掌,他很想让咸丰帝更加高兴,从而更加宠信自己。所以,就开始为咸丰帝物色一位性格开朗的秀女,这时,一个名叫叶赫那拉·兰儿的秀女引起了安德海注意,这位就是后来的慈禧太后。

兰儿的出身为旗人,小时候生活比较困苦。安德海在选秀女入宫时就结识了兰儿,但当时没有特别留意,直到有一天,安德海发现兰儿独自一人在哭泣,便问她为什么……之后两人便熟悉了。兰儿也是一个很有心计的人,她知道安德海是咸丰皇帝身边的红人,心想可以通过安德海得到皇帝的宠幸。这两人都有着各自的目的,但是他们两人还确实谈得来,慢慢地就认了姐弟关系。安德海为了使兰儿得到皇帝的宠幸,费尽了心机。

终于,在安德海的帮助下,兰儿很快就得到了咸丰皇帝的宠幸。兰儿非常地聪明,很快就掌握了咸丰的脾气秉性,让咸丰享受到了皇后所不能给予他的快乐。不久,兰儿被册封为兰贵人。咸丰怎么也没想到因为自己一时的激情与荒唐就让大清江山落到了一个女人的手中。而这个女人是中国历史上继唐武则天以来的又一个专横跋扈、心狠手辣、专制独裁的女人,而不能不说与安德海有着很大的关系。

很快,兰贵人就怀上了龙种,十个月后生下了一位小皇子,取名载淳,也就是以后的同治帝。随之,兰贵人便升为了懿贵妃,成了咸丰皇帝最宠幸的妃子。安德海经常随咸丰皇帝去懿贵妃的寝宫,和懿贵妃的关系还是非常地密切，懿贵妃也没有忘记安德海曾经对自己的恩情，所以在咸丰帝面前常常夸奖安德海。于是，安德海便成了宫中最大的红人，宫中那些年纪大、资历高的太监，见到安德海也得高喊一声："安公公。"

咸丰皇帝因为一场大病，身体变得比较虚弱了，每天那么多的奏章需要他处理，但他越来越感觉自己力不从心了。安德海提出这样一个建议：让懿贵妃陪同咸丰皇帝一起处理奏章，这样可以减轻咸丰皇帝的负担。咸丰同意了安德海的建议，刚开始只是让懿贵妃提提意见，后来便由她代笔，咸丰皇帝落得个悠闲自在。这样，朝廷大事就几乎是由懿贵妃处理。这一切安德海都看得非常明白，他知道在几年或许是十几后大清的统治者很可能就是懿贵妃，所以他就更加努力地讨好懿贵妃，忠于她，为她办事。当然，懿贵妃也把安德海当作心腹，对安德海非常厚待。从此，安德海便得到了咸丰皇帝和懿贵妃的宠信，朝廷大臣都敬他三分。

立下功劳　获得权位

咸丰皇帝在位期间，战乱不断，北方是捻军起义，南方是太平天国。为了平叛农民起义，咸丰使用了大量的军队，频繁的战争，使国库日趋空虚，人心浮动，矛盾重重。此时，英法联军开始入侵，发生了第二次鸦片战争。当时的清政府已经十分的腐败，对于英法的坚船利炮根本阻挡不了，英法联军很快地就攻进了北京。1860年9月22日，咸丰携皇后、懿贵妃、丽妃及皇子载淳逃跑到承德。去承德前，咸丰让奕䜣留在皇宫，继续与洋人交涉。

咸丰带着数百人来到了避暑山庄后，每天都是在书房里面和肃顺、端华、载垣、景寿等大臣讨论国家大事，懿贵妃此时觉得非常地失落，因为到了这里她不能像宫中似地处理军机要务。同时，安德海的心和懿贵妃是一样的，他也替懿贵妃着急，也是为自己的前程着急，如果自己的主子登不上权力的最高峰，自己的目标也就实现不了。可是安德海也没有办法，只能每天好好伺候着懿贵妃，为她解闷。

随着圆明园的被烧,《北京条约》的签订,咸丰觉得没有颜面面对群臣,经常闷闷不乐,本来身体就很虚弱竟然卧病不起了。咸丰自觉自己身体不行了,便召集了各位大臣、皇后、懿贵妃以及太子载淳,由杜翰执笔写了这样一道圣谕:"皇长子载淳为皇太子,由载垣、端华、景寿、肃顺、穆荫、匡源、杜翰、焦佑瀛(称为顾命八大臣)尽心尽力辅佐,处理一切政务,特谕。"之后,咸丰又单独召见了皇后和懿贵妃,担心她们两人受到大臣的排挤,也害怕大臣们生出些事端。咸丰皇帝嘱咐两人道:"同心协力,同治国家。"同时交给各自一个金匣子,皇后的金匣子里装的是一道密旨,凭这份密旨,宫中大臣、王公及懿贵妃都不敢动皇后一根毫毛。咸丰知道皇后生性怯弱,担心她遭到别人的伤害,所以,早早就写下了这封密诏。懿贵妃的金匣子里装的是一方"同道堂印",咸丰知道将这个交给她,就等于是给了她政治权力。咸丰十一年七月十七日凌晨,咸丰帝驾崩。

在热河的行宫中,年幼的皇太子载淳在大臣的簇拥下登上了皇位,至此大清的第八位皇帝——爱新觉罗·载淳正式即位了。小皇上刚即位就下了一道圣旨:"朕封皇额娘为母后皇太后,徽号为慈安;封亲皇额娘为圣母皇太后,徽号为慈禧。"小皇上的这道圣旨,没有人敢违背的。懿贵妃这可是"母凭子贵",登上了皇太后的宝座,因母后皇太后居住在东暖阁,圣母皇太后居住在西暖阁,所以,后人称钮祜禄氏为"东太后",称叶赫那拉氏为"西太后",合称"两宫太后"。顾命八大臣对小皇帝的这道圣旨,也是没有办法,他们知道东太后对权力没有什么兴趣,而西太后却想得到大清的最高权力,他们不想让自己的权力遭受到西太后的威胁,于是一场激烈的权力之争就发生了,这就是历史上著名的辛酉政变。

在这次政变中,安德海冒着生命危险,帮助西太后把宣奕訢来热河的懿旨带进了北京,从而使得西太后在这次政变中获胜。

公元1862年农历十月初九,在京城皇宫太和殿为小皇帝载淳举行了登基大典,颁诏天下,年号为"同治"。这时,两宫太后也由之前的幕后转到了前台，由于慈安太后性情温和，所以清政府大权就落在了慈禧太后的一人手中。这让安德海非常地高兴，因为他知道自己的发财梦不远了。慈禧太后对安德海也更加的信任和宠爱了，她没有忘记在辛酉政变中安德海冒死帮助她的功劳。很快，安德海就被破格提升为了四品蓝翎大总管。按大清祖制，首领太监需要在三十岁以上才能担任此职，更何况是总管太监。可安德海因为一直都是慈禧太后的得力助手，慈禧太后视他为眼中的宝贝，所以，没人敢说个"不"字。从此，安德海在宫中拥有了很高的地位，达到了人生的辉煌时期，同时，他也为自己挖下了毁灭的坟墓。

胆大妄为　树敌众多

安德海当上了总管太监，渐渐变得骄横起来。除了慈禧太后外，他把谁都不放在眼里，并且凭借着慈禧太后对他的恩宠，到处排挤别人，蔑视朝廷大臣，还不断地挑拨两宫之间的关系，贪污受贿，干涉朝政，从而导致了人们的唾骂。

本来两宫太后之间的关系还是很好的，而且两宫曾经联合起来对付顾命大臣，再者东太后对权力没有什么兴趣，所以他们在权力上是没有矛盾的，所谓的两宫垂帘，实际上东太后只是作为陪衬，权力掌握在慈禧太后的手中，况且慈禧太后对东太后也是非常敬重的，因此两宫一直是以姐妹相称。可是安德海总觉得东太后对慈禧太后的掌权有威胁，常常会在慈禧太后面前说些东太后的坏话，挑拨她们之间的关系。

慈禧虽然是同治皇帝的亲生母亲，但她一直都忙于争夺权力，同治从小是由东太后带大的，而且东太后生性和蔼，所以从小到大同治就和东太后的关系比较好。安德海抓住这一点，常常挑拨，致使慈禧太后对东太后产生了误会。

安德海整天围着慈禧太后转，想方设法逗慈禧太后开心。慈禧太后对安德海越来越信任了，允许安德海随行至大殿，作为御前侍卫，陪同她批阅奏折，甚至有时还会询问安德海的意见。此时，安德海可谓是忘乎所以，胆子也越来越大了。他亲眼目睹过慈禧训斥恭亲王奕訢，奕訢向慈禧磕头赔罪的场面，威武的王爷在慈禧太后面前没有了一点威风。安德海便不再对朝中的大臣行礼，大臣们也知道现在朝政大权完全掌握在慈禧太后的手中，而安德海是慈禧的心腹，所以大臣们都不敢招惹安德海，还卑躬屈膝的向安德海问好。

小皇上载淳逐渐地长大懂事了，他目睹了安德海是如何地讨好西太后，也听说了他挑拨两宫太后的关系的事，所以小皇上对安德海很是反感，立志自己亲政后，第一件要做的事情就是除掉阿谀献媚、令人作呕的安德海。因而，小皇上对安德海一直都是爱理不理的。安德海也没有把这个小皇上放在眼里，他太理解西太后了，知道西太后对权力的欲望永远没有满足的时候，就是小皇上长大成人了，西太后也不会轻易地交出朝政大权的。只要西太后掌握权力一天，安德海就没有必要去讨好第二个人，哪怕是小皇上，也不去讨好。

有段时间，西太后发觉小皇上的功课毫无长进，怀疑小皇上偷懒。于是，让安德海时不时的去弘德殿悄悄观察小皇上的行动。其实，就是暗中监视皇帝，如果被发现，这可是很大的罪过，且必死无疑，但是安德海却毫不犹豫地答应了。这一天，同治觉得头脑发胀，身体不舒服，看了几页书，便随手推开窗户呼吸一点新鲜空气，看到窗外阳光明媚，就走出房门，来到了御花圈，但是他感觉有人跟踪他，于是就和随身太监截住了安德海。无论安德海怎么解释，同治都不听，只是告诉身边的太监一定要狠狠的教训安德海。安德海回去向慈禧太后哭诉，显示出一副受冤枉的样子。可是慈禧太后也没有办法，但安德海却记在了心里，暗暗发狠一定要报复。

安德海不仅利用自己的权力在宫中撒野，而且还利用慈禧对他的恩宠，收取贿赂。那些想要升官发财的大臣，通过各种手段接近安德海，求安德海在慈禧太后面前多为自己美言几句。最为典型的是，安德海在给母亲办丧事时，借机向官员们索礼，得到了很大一笔财富。他的所有行为，朝中正直官员都看在眼中。在宫中，安德海已经树敌很多，但他依然肆意妄为。他也知道自己得罪了东太后、小皇上、恭亲王，可是他认为自己有西太后撑腰，他们对自己形不成任何的威胁，便更加的为所欲为，专横跋扈，没有一点顾忌。他完全不知，恭亲王、小皇上、东太后已经联合起来，要共同对付他。

骄横自大　致使丧命

安德海依靠着西太后的威势，在宫中过着很威风的日子，从小皇上、东太后、恭亲王，下到太监、宫女们，见了他谁都让他三分。这样的日子，让安德海每天过得很舒心，想象自己这一辈子也算是活得很成功了，这一切都是自己以前没有想到的。可是好景不长，他为这样舒心的日子，付出了惨重的代价。不管是宫中的东太后和同治帝，还有宫外的恭亲王和那些正直的大臣，都对安德海有着很大的仇恨。安德海却认为自己有慈禧太后这个强大的后台，因此对此置之不理，也不收敛自己的行为，致使自己最后落得个身首异处的下场。

安德海在宫中的地位得到巩固后，便不把任何人放在眼里，还总是想在慈禧面前出风头，从而得到慈禧太后的喜爱。同治皇帝的大婚到了，需要派人出宫采办大婚的衣料。安德海心想这可是一个肥差，而且这次外出可谓是一举多得：一是把自己收藏的古玩卖掉，顺便沿途搜刮一批珍宝；二是避避风头，让小皇上消消气，也让所有对自己有怨恨的都消消气；三是让西太后尝尝没有安德海在身边的苦头，以便让她更加爱惜自己。于是安德海在慈禧面前极力地推荐自己。可是慈禧太后明白，当年顺治立下了规矩：不许太监私自出京，违者杀头。安德海知道慈禧太后的忧虑，便说道："主子，你不用担心，此次外出，奴才一定不张扬，而且尽快办完事就赶回来，最多两三个月时间，奴才一定把事情办得漂漂亮亮的，一定让您高兴。"慈禧太后只好答应了。

安德海非常地高兴，竟然忘记了慈禧的嘱咐：不要声张。他命人做了几十个箱子装上他这些年搜刮来的名人字画和珠宝，而且还带上了所有的家人和奴仆，甚至为了能在途中给自己祝寿，特地的带上了一个戏班，就这样他开始南下了。

很快，安德海出宫的消息就被同治知道了。同治一直在寻找机会，除掉安德海，没想到自己的大婚竟然带来了这个好机会。同治知道大权还掌握在母亲手中，如果把自己要杀掉安德海的消息传到母亲的耳中，那么自己的计划就一定实现不了。他知道安德海树敌众多，于是，他想到了和自己关系密切的东太后，便前去拜见东太后，向东太后说明了自己的计划。东太后因为安德海挑拨她和慈禧之间的关系，也一直怀恨在心，而且对安德海平常的行为也非常地不满，所以当即同意同治的想法，愿意大力支持。但是她知道杀掉安德海一定会得罪慈禧，所以决定联合更多的人、更多的力量来支持皇帝，从而让慈禧明白安德海是多么的不得人心，他的下场完全是他自找的。

于是，东太后就让同治把恭亲王找来，一起商议。恭亲王也早已恨透了安德海，一直想除掉安德海，只是没有找到合适的机会，所以他也支持同治帝的计划。恭亲王经历的比较多，他向皇帝建议，将军机处的大臣召集起来，共同拟写一道圣旨。同治帝认为恭亲王的这个建议很好，于是当着几位军机大臣文祥、李鸿藻的面，读了一遍山东巡抚丁宝桢参奏安德海的奏折。本来大臣们对安德海的私自出宫就非常地不满，只是觉得安德海有慈禧太后这个大保护伞，没有人敢动，现在皇帝已经提出来，他们都纷纷要求严惩。可是没有人敢说出来具体的办法，唯有李鸿藻发言要求杀一儆百，以便杜绝太监横行霸道的陋习。文祥见同治的老师李鸿藻已表明了态度，便也放大了胆子，表示支持同治皇帝的裁决，宝鋆也没有什么疑异。

于是，一道"逐杀安德海"的圣旨便出台了，大意如下："军机大臣字寄直隶、山东、河南、江苏各省督抚暨漕运总督：钦奉密谕据丁宝桢奏：'为太监自称奉旨差遣，招摇煽惑，真伪不辨。'据称本年七月初六以来运河通路有太平船二只，小船数只，驶入直隶、山东、河南、江苏

第十一章 善于挑拨离间的骄横太监——安德海

境内，仪卫煊赫，自称钦差，实无勘合，形迹可疑。据查系安姓太监，私自出京，罪不可赦，着丁宝桢迅速派干员，于所属地方，将该太监查拿，毋庸审讯，即行就地正法，不准任其狡辩。如该太监闻风折回直隶或潜往河南、江苏等地，即着曾国藩等饬属一体严拿正法，毋庸再请旨，钦此！"圣旨上已经明确说明"就地正法，毋庸审讯"，这说明同治皇帝已下定决心要杀安德海。

  丁宝桢上奏后，每天都在盼着皇帝的消息。当安德海进入山东地界之后，没过几天，丁宝桢就收到了皇帝六百里加急的圣旨。丁宝桢跪听圣旨后，一直砰砰跳的心这才放松下来，对同治皇帝的英明感到十分的佩服。其实，安德海刚进入山东境内时就已感觉到有些不对劲，因为之前到达天津等地之后，地方官员都亲自出来接待，可是到了山东的第一站德州后，地方官员一个都没有露面，更别说为他送礼了。安德海知道山东的巡抚是丁宝桢，是一个很正直的官员，而且也知道丁宝桢一直对自己的行为不满，所以此时的安德海就想快点离开山东的地界。他清楚自己虽然是慈禧太后身边的红人，但作为太监擅自出宫毕竟是违反祖制的，况且自己平常得罪的人比较多，更觉得此地不可以久留。所以安德海在德州并没有停留多久，很快就启程了。当经过泰安的时候，安德海携带的家人要求爬爬泰山，于是就在泰安停留了下来。

  安德海进入山东后，丁宝桢就派人一直盯着他的一举一动，并且还制订了十分周密的抓捕计划。当安德海停留在泰安时，丁宝桢也收到了同治皇帝的圣旨。于是，丁宝桢决定在泰安实施抓捕。首先，丁宝桢让泰安的县令前去主动地迎接安德海，并且用酒宴接待，以打消安德海的防范之心。等安德海和他的家人都进入梦乡的时候，县令就带兵包围了安德海的住处，没费多大力气就将安德海及其家人全部逮捕了。

  泰安县令抓到安德海之后，连夜就把他押送到了济南，让丁宝桢亲自处理。丁宝桢亲自升堂审讯安德海。刚开始的时候，安德海还十分的嚣张；当听到丁宝桢的义正严词，还有这些年所贪污的很多的珠宝，安德海沉默了，寄希望于慈禧太后能够救他一命。

第十一章 善于挑拨离间的骄横太监——安德海

此时慈禧太后也知道了皇帝已经下发了圣旨要杀掉她一直宠信的、也是她登上权力顶峰的恩人——安德海。起初慈禧太后勃然大怒，要求皇帝立即发出一道赦免安德海的圣旨。但是在东太后、恭亲王和大臣们的劝说下，慈禧听到了安德海这些年来依仗自己的恩宠，带给了朝廷和百姓许多的危害，还有朝中大臣到地方官员对安德海的行为的不满，官员一直是敢怒不敢言，安德海的行为其实也在毁坏着慈禧在官员和百姓心中的形象。

慈禧认为这些话很有道理，觉得安德海这些年的做法也确实太过嚣张，而且皇帝的这道圣旨得到了包括恭亲王在内的很多军机大臣的支持，所以，自己要是一意孤行的话，对自己将是十分不利的，更不用说牢牢掌握朝政大权了。再者毕竟是自己的儿子亲，安德海毕竟只是个太监。于是慈禧太后也在朝廷发布了一道诏令："我朝家法相承，整饬宦官，有犯必惩，纲纪至严。如遇在外招摇生事者，立治其罪。太监安德海，胆大妄为，私自出京，有违祖制，罪不应赦。日后如有再敢外出滋事者，一律从严治罪，毋稍宽纵！钦此。"

看着心存侥幸的安德海，丁宝桢就着安德海的面读了一遍皇帝的圣旨。当安德海听到圣旨中的"就地正法，毋庸审讯"的词句时，所有的侥幸、希望都破灭了，知道自己要想活出今晚都不可能了。两个兵丁把安德海拖到刑场的桩橛上，并用绳子将他绑在了上面。刽子手提着明晃晃的大刀，不急不忙地等待着一声令下，号角吹起，然后举起手中的屠刀，砍向安德海。此时的安德海还在作垂死的挣扎，他抬起头，伸长脖子，眼睛盯着天空，大声叫道："圣母皇太后啊，你快来救救我呀，他们一定是弄错了，一定是弄错了……""嘟、嘟、嘟"号角声响起来了，中军绪承一声令下，安德海的人头落了地。他的一生也就这么结束了。

虽然安德海一生贪污受贿，坏事做了不少，但有一点是非常可贵的，他一直非常忠于自己的主子，即使同治皇帝长大成人，到了接管政权的年龄，他都没有舍弃慈禧太后，而投奔同治皇帝。他为了慈禧太后能够掌握朝政大权，不惜一些代价，甚至将自己的生死都置之度外。作为奴才，能一辈子忠于自己的主子，这是很多人办不到的。

慈禧能拥有这样一位肯为自己卖命的奴才，算是她的幸运。

第十二章

处处谨慎小心的长命太监——李莲英

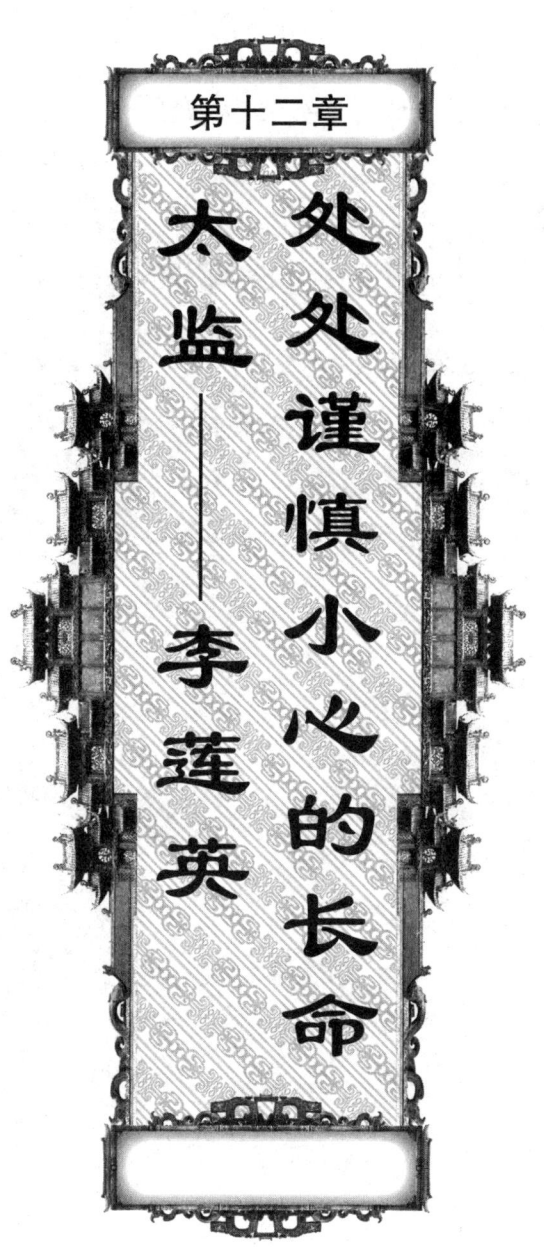

太监档案

☆姓名：李莲英

☆出生地：顺天府大城县（今河北大城县）

☆出生日期：公元1848年

☆逝世日期：公元1911年

☆主要事迹：帮助慈禧太后除掉慈安太后。

☆生平简历：

公元1857年，李莲英入宫。

公元1870年，李连英任储秀宫掌案首领大太监。

公元1872年，李莲英被赏戴六品顶戴。

公元1894年，李莲英被赏戴二品顶戴花翎。

公元1911年，李莲英去世。

人物简评

纵观李莲英的一生,在后宫中那么多年一直游刃有余,最终的结局也是比较好的。他之所以能既得到权力和金钱,又没有遭到朝臣百官的致命抨击,秘诀就是善于察言观色,揣摩主子的心思,并迎合主子,使主子高兴,概括起来就是"奉迎"两个字。当他利用权力谋取利益的时候,懂得吸取安德海的经验教训,做事非常地谨慎。他的一生可以说是"奉迎"使他飞黄腾达,谨慎使他长保富贵。所以说他的太监"事业"算是很成功的。

生平故事

净身入宫　得到宠信

顺治十年(1653),顺治皇帝颁布了一道关于太监的上谕,严厉规定"职司之外,不许干涉一事"。康熙皇帝认为太监是"最为下贱,虫蚁一般之人"。雍正皇帝规定"太监品级以四品为限"。乾隆皇帝对太监的看法是"乡野愚民,至微极贱,得入宫闱,叨赐品秩,已属非分隆恩"。这些圣训被列入了皇室的祖宗家法,并要求子孙后代一定要严格遵守。

然而这些圣训到了晚清,随着慈禧太后和太监李莲英的出现,遭到了很大的破坏。慈禧太后因李莲英破坏了祖辈们的规矩,赏李莲英二品官员的顶戴花翎、黄马褂,使得李莲英位极人臣,这在整个清朝太监中可以说是独一无二的。

李莲英出生在顺天府大城县,也就是现在的河北大城县,是臧屯乡李贾村人。他出生后,爷爷想给他取个响亮点的名字,于是就找了一个算命先生,为他取个好名字。算命先生稍稍思考片刻后说道:"就叫英泰吧。"他爷爷又给他取了个小名叫灵杰，意思是人杰地灵的意思。

李灵杰从小就是一个很有心计的人。7岁上学堂，每天到了学堂他都要把地扫一遍，把先生烟笸萝里的烟梗挑出来，晚上下学后，还要帮先生干干活儿，所以深得先生的喜爱。

1854年的秋天，灵杰的腿部长了个疮，而且很快整条腿都肿了起来，疮上还一直流着脓水。脓疮使得李灵杰的身体越来越弱，渐渐地开始出现昏迷的状态。因为家里经济条件不好，没有钱为他请医生，父母只能眼巴巴的看着他身体日渐衰弱。有一天，妈妈正看着儿子心疼地流泪，忽然听到外面有江湖郎中的吆喝声，于是，便请进家中。这老道给灵杰算了一卦，说了一句："不入空门入皇门。"灵杰听后，竟大喊道："我一定要当公公！"

李灵杰在8岁那年净了身，但是他没能立即去到皇宫当差，而是做起了熟皮子的工作。直到有一天，他听说宫中要找一名会梳头的太监，他想自己的机会来了。于是，赶紧找到同乡——大太监沈兰玉，求他帮助进宫当了一名太监。入宫后改名为李进喜。公元1846年，16岁的李进喜被调到长春宫慈禧跟前服侍。14年后，慈禧太后给他改名叫李莲英。

李莲英非常地聪明乖巧，他知道如何处理主子和奴才之间的关系。李莲英不仅懂得揣摩主子的喜好和脾性，想方设法讨主子欢喜，而且做事十分小心谨慎。李莲英的墓志铭这样说他："事上以敬，事下以宽，如是有年，未尝稍懈。"也就说他对主子恭敬，对下属宽容，从来没有松懈过，这也可能就是李莲英能由一个小太监做到太监总管的原因吧！

不过，李莲英能有这样的成就还有一个很重要的原因，就是他的梳头技艺能让慈禧十分的高兴舒心，也就是他掌握了一套为女人梳理新发型的技术，当时在宫中人们称他为"小篦李"。甚至后来大臣们在弹劾李莲英的奏章中还把李莲英称作"小篦李"。李莲英怎么会拥有这么高超的梳头技艺呢？

原来，进宫后，李莲英做了"梳头房"中的一名小太监，职责只是帮助梳头太监准备工具，还轮不到他为妃嫔们梳头。

当时慈禧已经是咸丰皇帝的贵妃,既对权力有着强烈的渴望,又十分的爱美,很在意服饰与发型的搭配,常常换套衣服就要换个发型,这常常让那些梳头太监们非常地紧张。由于经常遭到挨骂,所以梳头太监们一听要给慈禧梳头,都是唉声叹气。李莲英了解这个情况后,暗下决心,要抓住这个机遇。于是,他借故告假三天,直奔青楼妓院而去。

青楼妓院的女人们为了勾引男人,她们的打扮和发型,通常都是很新颖。这也是李莲英前去的目的。三天之中,李莲英跑了很多的青楼妓院,偷学到了很多种妓女的发型样式。

回宫后,李莲英开始苦下功夫,练习梳头本领。一段时间后,他觉得自己已经掌握了梳头的技巧,就找到为慈禧梳头的太监和同乡沈兰玉,请求他们向慈禧推荐自己。第一次为慈禧梳头时,李莲英竟然大胆地为慈禧梳了青楼妓女的发型。梳头完毕,慈禧对着镜子观看了一会后,不禁凤颜大悦,夸奖了李莲英。就这样,李莲英成了一位梳头太监,且是天天为慈禧梳头。没想到三天青楼妓院的厮混,竟改变了李莲英的人生轨迹。

清代对国法礼仪十分讲究,用来维护封建统治的各种典章礼仪制度非常地严谨完备。从宫廷筵礼仪中就可以看出来。清代宫廷不仅对皇帝饮膳、筵宴设立了专门的档案,还把一些重要的筵宴制定为制度,如除夕、元旦、端阳、中秋、重阳、冬至等宴定为法定宴日。法定宴日的礼仪非常地繁琐。比如乾隆二年的除夕,从下午两点开始摆设宴席:乾清宫正中摆皇帝金龙大宴桌,呈座北向南,左侧面是座西向东摆皇后金龙宴桌,下面东西一字排开摆设内廷主位宴桌。西边头桌贵妃,二桌纯妃,三桌海贵人、裕常在;东边二桌林妃,三桌嘉妃、陈贵人。另设陪宴若干桌。到三点半左右,乾清宫两廊开始奏中和韶乐,乾隆帝御殿升座。乐上,后妃入座,筵宴开始。首先是热膳。先送皇后汤饭一对盒,接着送内廷主位汤饭一盒,各用份位碗。再进奶茶。后妃,太监总管向皇帝进奶茶。皇帝饮后,才送皇后奶茶及内廷主位奶茶。第三进酒馔。总管太监跪进"万岁爷酒",皇帝饮尽后,就送皇后酒,妃嫔等位酒。最后进果肴。先呈进皇帝，再送皇后、妃嫔等。宴毕，皇帝离座，女乐起，后妃出座跪送皇帝还宫后，才各回住处。礼仪制度无小事。清律对"失仪"的规定，最轻的是罚俸，重的则会降级、丢官甚至判刑。

可见，宫中并是那么好混的，而且只靠溜须拍马、阿谀奉承是很难生存的，一不小心会丢了自己的性命，甚至连带家人。宫中需要学习的东西很多，李莲英可算是宫中的一位"人才"。他虽然读书并不是很多，但是心思灵巧，而且学习很勤奋。精通后宫礼仪、事务，像祭祀大典、皇帝"大婚"等一些大型活动，宫中物品的摆放位置和礼仪程序，都烂熟于心。李莲英还很善于统筹协调，交给他的宫中大事都办得很出色。他担任总管后，做的第一件大事就是为同治帝办理婚事，在他的精心部署下，婚礼办得十分壮观，受到了慈禧的夸赞。后来，宫中的太监遇到一些很难解决的问题时，就会向他请教，甚至王公大臣家中有什么喜事，尤其是慈禧要"临幸"时，都会请李莲英前去指点礼仪和布置。

李莲英为人比较圆滑，很会讨好主子的欢心。一次，慈禧太后看完著名演员杨小楼演的戏后，心情很好，就把杨小楼召到眼前，指着满桌子的糕点说："这些都赐给你了，带回去吧！"

杨小楼急忙叩头谢恩，他不想要这些糕点，于是就壮着胆子说："叩谢老佛爷，这些贵重之物，奴才不敢要，请……另外恩赐点……"

"那你要什么？"慈禧心情不错，并未发怒。

杨小楼又叩头说："老佛爷洪福齐天，不知能否赐个'字'给奴才。"慈禧听了，就让太监拿来笔墨纸砚。慈禧举起笔就写了个"福"字。

站在旁边的小王爷，看了慈禧写的字后，悄悄地说："福字的左边是'示'字，不是'衣'字。"杨小楼一看，慈禧老佛爷字写错了，如果拿回去一定会遭人议论，那岂不是欺君之罪？如果不拿回去，慈禧太后万一大怒也会要了自己的性命。要与不要都不行，他吓得直冒冷汗。

气氛也顿时紧张起来，慈禧太后也看到了自己的过失，可是既不想把这个错字给了杨小楼，又放不下自己太后的架子回来。

旁边的李莲英突然笑呵呵地说："老佛爷之福，乃是世上的大福，要比所有人的福多出一'点'呀！"杨小楼一听，脑筋一转，连忙叩首道："老佛爷是福多之人，这万人之上的福，奴才怎么有胆领呢！"慈禧太后愉快地下了台阶，回复说："那好吧，隔天再赐你吧。"聪明的李莲英为他们解脱了窘境。

此后，慈禧更加赏识李莲英了。同治十一年（1872），李莲英被赏戴六品顶戴。同治十三年，慈禧太后任命26岁的李莲英为储秀宫的掌案首领大太监。光绪五年，李莲英被慈禧赏戴四品花翎，这可是清朝一直以来赏赐太监的最高的品位了。但慈禧太后破坏了祖上的规定，光绪二十年，慈禧又赏李莲英戴了二品顶戴花翎。虽然这只是象征着一种荣誉，但这在清朝历史上是从未有过的。

权力增强　聚敛钱财

后来，李莲英帮助慈禧太后除掉了专权的潜在威胁——东太后等人，渐渐地成为了慈禧的心腹。凭借着慈禧太后对他的宠爱，李莲英做出了很多不法之事。比如，有些人用重金贿赂李莲英，让他在慈禧太后面前多美言几句。各省官员进奉西太后的贡品，都会给李莲英准备一份，否则官位很难保。

慈禧太后登上权力的顶峰后，李莲英并没有像之前的安德海似的那么猖狂。他依然与做小太监时一样，在主子面前勤勤恳恳，为人做事依然是老老实实。不管是对宫外的王公大臣，还是对宫中的宫女太监，李莲英都是一副宽以待人的样子。就像他的墓志铭中所说的一样，他做事"事上以敬，事下以宽，如是有年，未尝稍懈"。李莲英的做事风格在宫里宫外都赢得了人们的赞扬，慈禧太后对他也更加的宠爱了。

李莲英从安德海那里学会了很多，也吸取了不少的教训。他不像安德海似的那么张扬，而是从长远考虑，放长线钓大鱼。他讨得慈禧欢心的同时，也很注重与周围人的关系。在想方设法地让自己高升的同时，也在想方设法地为自己留一条后路。为此，他付出了很多的努力和心血，真正做到了左右逢源、八面玲珑，成为宫中不可多得的"人才"。

同治帝驾崩后，在立嗣这件事情上，为垂帘听政，慈禧太后与皇后发生了正面冲突。西太后为此十分地气愤。经常跟在慈禧身边的李莲英，已经洞察出了慈禧废后的心思，于是，他借刀杀人，成了慈禧除去政治对手的帮凶。

咸丰帝晚年时，十分器重户部尚书肃顺。有一次，咸丰帝对肃顺说起懿贵妃很可能在他死后母以子贵，利用职权谋取自己的利益。于是，两人商量应当尽早除去懿贵妃。恰巧他们的谈话被李莲英听到了，于是，他连夜潜出皇宫，去懿贵妃的妹夫醇亲王家报信。他的报信，最终使得懿贵妃安然无恙。因此懿贵妃将李莲英当作心腹。在后来除掉肃顺等顾命八大臣，夺取政权的整个过程中，李莲英是直接向北京与恭亲王进行接洽并把西太后的密诏交给恭亲王之人。肃顺等人的覆灭，清除了慈禧太后专权的障碍，从此慈禧太后就开始了垂帘听政生涯。

李莲英经常与慈禧太后接触，对于慈禧太后的喜好、心思了如指掌，常常挖空心思地讨慈禧的开心。渐渐地慈禧太后习惯于听从李莲英对她生活起居上的安排，也正是因为慈禧太后一刻都离不开李莲英，所以在安德海被杀后，就让李莲英接任了内廷大总管一职，还打破了清制对太监的官职的限制，赏赐给李莲英二品顶戴，可见他是多么的受慈禧的宠爱。

李莲英为了讨好慈禧太后做出了很多让人可笑的事情。如慈禧太后有时候会去李莲英的值班房小坐一会，等到慈禧太后走后，他就用黄段将这把慈禧坐过的椅子包上，不允许任何人再坐，以至于十把椅子中有八把被他包上了黄缎。慈禧太后六十大寿时，李莲英私下里训练好了十多笼鸟，大寿当天他将所有的鸟放生，一会又都飞回了笼中。他感慨万分地说道，皇太后的浩荡皇恩实在是令人感动啊，连鸟儿都不愿意离开。他还养了一百桶鲤鱼，在大寿的前三天一直都没有喂食，然后把食物投放到了湖边的石阶下。大寿时将所有的鱼儿放回湖中时，鱼儿都争相到湖边来觅食，排列得十分整齐。李莲英说这是鱼儿也被太后的恩德感动了，都不想游走。这让慈禧太后非常地高兴，当即就从脖子上取下大明珠赏赐给了李莲英。

同治十三年（1874）十二月初五日，同治帝崩逝于养心殿。由于同治帝常常去妓院寻花问柳，在那些地方染上了花柳病，医治无效身亡。慈禧将同治的死，怪罪到了皇后头上。皇后因为同治皇帝的死，非常悲伤，整天不思饮食，后来想到了吞金自杀，所幸的是发现及时得以获救。皇后的父亲，将此事奏报了慈禧皇太后。皇太后回答道："可随大行皇帝去罢！"皇帝死后，在没有入葬之前，被称为大行皇帝，慈禧太后的意思就是说可以跟随同治皇帝死去。皇后的父亲把慈禧太后的话转告了女儿，但是慈禧不为同治立嗣，却让同治的堂弟载湉来继承皇位，她的这种做法实际上就是不给皇后留有余地。皇后唯一能选择的路就是死。光绪元年（1875）二月，在同治帝死后的75天，皇后"遽尔崩逝"，当时只有二十二岁。据野史记载：皇后已经怀孕，慈禧怕生下来是个男孩，将来继承皇位，使自己不能垂帘听政，所以极力逼迫皇后去死。

同治皇帝在病危时，曾希望立一位年龄稍大点的为皇帝。这位软弱的皇帝最终的遗言没能实现，在他死后，掌握着朝政大权的慈禧太后将妹夫醇亲王奕譞4岁的儿子载湉立为皇帝，即为光绪帝。慈禧太后开始了新一轮的垂帘听政，李莲英仰仗着慈禧对他的宠爱，根本不把光绪这位傀儡皇帝放在眼里。还经常在慈禧太后面前说一些光绪帝最宠爱的珍妃的坏话。使得慈禧太后对珍妃一直抱有很大的成见，当八国联军入侵后准备西逃的前夕，她把珍妃推入了井中。

李莲英就是慈禧太后的帮凶，是他帮助慈禧太后除掉了东太后慈安。事情是这样的。

由于东太后慈安一直为人宽厚，而且有着很高的威信，所以咸丰帝就赐给她一道密旨：如果慈禧太后恃子不法，就让慈安用家法处治她。李莲英得知这个秘密后，就告知了慈禧太后，认为东太后慈安有着专权的潜在威胁，于是向慈禧太后想出了"割肉疗亲"的计谋。恰巧慈安太后生病了，西太后就用上好的千年老参和其他补药为东太后熬制成了所谓的"人参臂肉汤"端给东太后服用，并且拿白布裹着臂膀。善良的东太后相信了慈禧，于是把咸丰的密旨当场拿出来就烧掉了。可是慈安怎么会知道狠毒的慈禧太后与李莲英的密谋。不久，慈禧在东太后的饭中下了毒，将东太后毒死了。

  1886年四月，北洋海军刚刚形成一定的规模，李鸿章上奏请朝廷派人前去检视阅兵，慈禧派去了醇亲王奕譞。奕譞是光绪帝的生父，做事非常小心谨慎，他怕慈禧猜忌他擅权，就提出让慈禧最宠爱的李莲英陪同前去，以表示他的忠诚。慈禧也想让李莲英前去历练历练，以便日后能更好地为自己出谋划策。于是奕譞便作为朝廷正使、李莲英作为副使，前去视察北洋海军。太监作为朝廷的钦差大臣外出视察，在清代这可是第一次。李莲英非常地聪明，为了不引起一些不必要的麻烦，出发前特意把二品顶戴换成了四品顶戴。一路上，李莲英都没有摆钦差大臣的架子，每天穿着朴实，手里拿一旱烟袋紧紧跟随在奕譞的后面，随时为奕譞装烟、递烟，就连晚上洗脚，还要为奕譞打热水。检阅的时候，李莲英还刻意地与奕譞、李鸿章保持着一定的距离。他拿着奕譞的大烟袋，恭敬地跟随在后面，人们都误以为他是伺候奕譞的。这次出差，李莲英为慈禧争得了面子，慈禧对他更加宠爱了。

  李莲英讨好慈禧不仅使自己从一个小太监升为太监总管，还为自己创造了大发横财的机会。地方上进奉的财物，首先要经过李莲英之手，然后由他呈给慈禧太后过目，这就为李莲英的敛财打开了一扇方便之门。

  广东巡抚刚毅，为了升官，便在入京为慈禧祝寿的时候，献给了李莲英各国大小金银钱，大约有千余元，这让李莲英十分的高兴，于是常常在慈禧太后面前替他美言，最终使他升为了朝廷枢臣。李莲英陪同太后西行的途中，华阴县令的进奉最为丰厚，李莲英就在慈禧面前说了他的一句好话，结果这个县令立马变为了知州。河南知府文悌，贿赂了李莲英一万两银子，此后就能随意出入李莲英的府邸，后来也高升了。李莲英西逃到西安时，大搞"市官"，把陕西的秋隄道的官位卖给了一位姓施的浙江人，获得了1万两白银。袁世凯为获高官，巨款行贿李莲英。

李莲英一下子就装入自己腰包20万两银子。然后在慈禧前面说些袁世凯的好话，使得袁世凯最终称心如意。袁世凯后来去天津小站练兵，也是通过这条途径得到批准的。李鸿章垂涎两广总督遗缺，便以大笔白银及珍宝古玩贿赂李莲英，结果如愿以偿。盛宣怀在天津海关道任职时因贪污被弹劾，于是他重金贿赂李莲英，最终不但没有下台，反而得到了插手铁矿、遥控汉冶萍煤矿，把持轮船、电报、纺织及银行业务的权利，成为近代经济史上一位举足轻重的人物。

相反，对于那些不把李莲英放在眼里，不奉承行贿的人，一定会遭到他的报复。户部侍郎张荫桓前去英国贺英女王六十大寿回国后，献给光绪帝一颗红宝石，献给慈禧一颗祖母绿宝石。从价值上来说，绿宝石要贵于红宝石。可是因为张荫桓没有为李莲英准备一份，所以慈禧在赏玩绿宝石时，李莲英挑唆说："张荫桓可分得真清楚，难道说咱们不配用红的么？"清朝有这样的习俗，妻妾嫡庶的服饰有很大的区别，正妻能穿红裙，而妾只能穿绿色衣饰。本来慈禧为自己是"西宫"一直耿耿于怀，经李莲英一提醒，马上大发雷霆，当即就命人将绿宝石退还给张荫桓，不久后就借户部存粮亏空将张荫桓发配到新疆，后来又将他处死于新疆戍所。李莲英利用慈禧的宠爱收受贿赂聚敛了大量的钱财，仅在老家河北大城县就拥有36顷田产，白银300余万两。

朝臣抨击　病死家中

光绪十四年（1888），光绪帝已经18岁，是一位风度翩翩的青年了。之前的几位皇帝成婚最晚的就是嘉庆帝和同治帝，但也都在17岁时成婚了。这些慈禧太后是非常清楚的，那么光绪帝18岁了为什么还不给他成婚呢？原因是很明显的，只要光绪帝成婚就意味着已经成年了，可以亲政了，慈禧就必须交出政权。这个视权如命的慈禧，当然不愿意放手，更不愿意就此退出权力舞台。可是光绪帝亲政是迟早的事情，所以，慈禧要为自己提前作好安排。她想即使光绪亲政，自己还是可以实际操纵朝政大权的。李莲英早已看清慈禧的心思，于是进言说，将慈禧的弟弟、副都统袭承恩公桂祥的小女儿很合适。慈禧觉得那个姑娘长得比较丑，担心光绪帝看不上。李莲英却认为，皇帝一直都很听从慈禧的话，只要慈禧同意，皇帝一定会同意的。慈禧便开始为光绪帝策划这一亲事了。

慈禧太后想把自己的侄女立为皇后，为的是自己能够继续掌握权力。同时又在光绪帝身边安排了一个忠实可靠的耳目和密探，既可以让光绪帝继续听从她的摆布，又能清楚地知道光绪帝的一举一动、一言一行。尤其是慈禧归政后，会长期居住在颐和园，这样的安排显得更为重要和必要。

光绪帝执政后，仍然要根据慈禧的安排来做事。光绪帝随着年龄的增长，想掌握实权，并极力主张变法强国。他任用了康有为、梁启超等一大批维新志士，仿照西方，开始实行变法维新。光绪帝的这一做法，触动了以慈禧太后为首的保守派的利益，慈禧太后与光绪帝之间的矛盾日趋加深。最后，慈禧太后发动了戊戌政变，将光绪帝囚禁起来。这次政变虽然是帝后两党长期权力斗争的必然结果，但与李莲英常常在慈禧身边的挑唆有着很大的关系，是他使慈禧太后与光绪帝的关系不断地恶化，是引发这场斗争的因素之一。

此时，李莲英已经跟随慈禧几十年了，他们之间的感情也非同一般。几十年来，慈禧身边换了很多的奴婢，能懂得她心思的，除了安德海就是李莲英了。晚清太监刘兴桥等人回忆说，慈禧的所有烦恼只有李莲英能帮她消解，最会服侍慈禧的也只有李莲英。

一日三餐和早晚起居，两人都会互派太监或当面问候……慈禧居住在西苑、颐和园时，会经常来找李莲英说说话，帮她消消烦恼。有时候，慈禧太后还会把李莲英召到她的寝宫，俩人谈一些黄老长生之术，经常会谈到深夜。

晚年的慈禧，越来越离不开李莲英了，所以，对李莲英也是更加的宠信了，这引起了朝野的议论和不安。他们纷纷上书，希望慈禧能限制李莲英权势的发展，但慈禧无动于衷。

李莲英第一次遭到朝臣们的抨击是在光绪十二年（1886），也就是与醇亲王奕譞前去检阅北洋海军的时候。在清朝的历史上，太监随同亲王阅兵，是没有先例的。监察御史朱一新上折谏道："今夏巡阅海军。太监李莲英随至天津，道路哗传，士庶骇谔，意深宫或别有不得已苦衷，匪外廷所能喻。然宗藩至戚，阅军大典，而令刑余之辈厕乎其间，其将何以诘戎兵崇体制？"朱一新的奏折是在维护朝廷的尊严，认为朝廷让李莲英参加校阅海军一定是迫不得已的，从国家威严的角度看来有辱国家海军的尊严。慈禧太后对这个奏折非常地不满，极力为李莲英说话，批评朱一新危言耸听，把他降为了主事。

五月初一醇亲王回北京复命，这时朝中到处都是不满之声。但是又没有任何的证据能证明李莲英私自与地方官员结交，收受贿赂。再者当时维新派人士王照说，醇亲王离京后，每次接见文武官员时，都让李莲英作陪，而且外出这些日子李莲英就像是醇亲王的奴才一样，不认识李莲英的人，都以为他是醇亲王的佣人呢。

光绪二十年，北洋海军在甲午战争中打了败仗，一时间全国舆论哗然。人们不敢批评慈禧太后，就将矛头指向了北洋大臣、直隶总督李鸿章，同时还捎上了李莲英。

陕西道监察御史恩溥、福建道监察御史安维峻、吏科给事中褚成博等人纷纷上折，指责北洋海军这次失败都是因为将领贻误军机，而且与总管太监李莲英暗中来往，相互包庇。其中，安维峻奏折中有"和议出自皇太后，李莲英实左右之"，意思是说对日本的决策看起来是皇太后的意思，实际却被李莲英左右了。从此，这句话就成了人们抨击李莲英干涉朝政的一大证据。

实际上，安维峻的本意是请求慈禧将实权归还给皇帝，并对李鸿章加以严惩。奏折中虽然说到了李莲英，但只是用他来做铺垫陪衬而已。

慈禧大怒，以皇帝的名义发上谕说，以后天下所有的事情都要听从皇太后的安排。随后，安维峻被戴上了挑拨皇太后与皇帝罪名帽子，革职充军了。

李莲英干预朝政的证据虽然不足，但他贪财这件事可是千真万确的。1900年，八国联军打入北京后，慈禧太后带领光绪及百官仓皇出逃，吴永是西行途中的粮台会办，掌管着钱粮大权。据他回忆说，到山西后，慈禧太后的花销越来越大，所有的费用都由地方承担，太监们则趁机勒索钱财。像首领太监和只有一点权力的小太监，都需要几两或十几两的银子打发。但总管太监就不同了，最少也要一百两左右，否则是绝对不行的。

　　不仅如此，李莲英等人还向朝中办事官员索要。江宁织造是内务府设在南京的机构，负责办理绸缎服装以及买办各种御用物品。江宁织造每次在织办服装衣料前，要先向宫中太监请示并领回画样，按图制作，这可是李莲英等太监索取钱财的机会。

　　光绪十二年八月初三，江宁织造驻京人员来煜在写给江宁织造广厚的信中说，他们进宫拿图样，结果李莲英向他们勒索白银120两。信中还说，如果遇上别人还好说，说些好话再给几两或几十两就行了，可是这位李总管就是不那么好对付了。

　　慈禧太后十分的精明老练，太监们的这些行为她是不可能不知道的，只是她认为这些人只要他们不干预政事，能把她服侍的舒舒服服就行啦，至于贪点钱财觉得没什么大不了的。

　　慈禧太后与光绪帝之间素来有矛盾，这个深受慈禧宠爱的李莲英是如何在两人之间相处的呢？两面讨好、八面玲珑是他一贯的做法，这也是他自我保护的一大法宝。

　　光绪二十六年，八国联军攻打北京。七月二十一日天还没亮，慈禧太后率皇上等去往颐和园躲避。离开了宁寿宫，出了神武门，乘上早已准备好的车辆。太监总管首领也乘车，其余的太监都是步行。出了德胜门后，步行的太监中有很多人走不动逃跑了。到了颐和园仁寿殿，随行的太监只剩下三十余名了。慈禧太后当众哭道："谁是我母子的亲人哪？你们这些跟着不离不弃的都是我们母子的亲人！皇上，快给谙达行个礼！（谙达，是满语，即皇上老师的意思）"光绪要行礼，李莲英急忙上前抱住，当着所有人的面大哭，一时哭声震天。

有一天，李莲英看到光绪帝抖身寒战，便走上前对皇帝说："万岁爷冷吧！"光绪说："出宫时，就穿了这一件布衫，如何不冷。"李莲英急忙把自己的上衣脱下，跪在地上说："如果万岁爷不嫌奴才脏，就穿上吧。"说罢满脸泪水。光绪说："谙达你呢？"李莲英说："奴才冻死多少都不值得可惜！"光绪在去往太原的路上，一直都是由李莲英伺候。光绪帝可以安然无恙地抵达太原，一路上多亏李莲英的保护。

到了太原，听说庆亲王、李鸿章和留守大臣与外使进行议和，外使的主张是以光绪皇帝为主体，因此，光绪皇帝的权威一下就高了很多。

西巡回銮之后，光绪一直念念不忘李莲英对他的照顾，只要一到太后宫中，必与李莲英闲谈，非常地亲切。

到了光绪三十四年十月二十日之前夕，光绪帝病重，李莲英暗中告诉皇后说："万岁爷的病已十分严重，皇后为何不去探望呢？"皇后说："没有太后的旨意，谁也不能去呀。"李莲英说："老佛爷也病重，这可是一个机会啊。"因此皇后来到了瀛台。太监回话道："皇后驾到。"当时光绪躺卧在床上，首领太监把皇后领进，光绪与皇后相见后，两人涕泪交流。皇上命太监回避，然后交给皇后两道密旨：一是杀袁世凯，二是特殊优遇李莲英。

戊戌变法后，李莲英并没有明确的态度表示站在慈禧这一边，致使慈禧从感情上开始对他有些疏远。从山西回到北京后，李莲英觉得自己尽心尽力侍候了皇家一辈子，现在可以告老还乡了。

光绪三十四年（1908）十月二十二，慈禧死于北京西苑的仪鸾殿。主心骨离去了，李莲英更加坚定了离去之意。慈禧丧期还没满百日，"及太上孝钦显皇后升遐，公之退志决矣"。宣统元年（1909）二月初二，李莲英提出要离开这个他生活了五十多年的皇宫，当时内宫主政的是隆裕太后，允许他"原品休致"，也就是说继续享受当差时的待遇，这在太监中也是绝无仅有的。

李莲英出宫两年后，于宣统三年（1911）二月初四日病死于他在北京的寓所，时年 64 岁。隆裕太后下令赏赐白银千两，并将他埋葬在京西恩济庄太监茔地一个独立的院落里，他的坟墓前面有石柱桥和牌坊等。牌坊横眉上书写着"钦赐李大总管之墓"，院内东西两侧各有一座亭子。他的墓顶是用三合土建筑的，墓碑是用汉白玉制成的。这种丧葬规格在清朝太监中是最高的。

勤勤恳恳　侍主一生

李莲英身为一个太监，皇室奴仆的身份和众多的太监们一样，都有着苦难、屈辱的童年，身体和生活都是残缺的，一辈子都没有享受到来自家庭和亲情的温暖。李莲英与其他太监唯一不同的是，得到了慈禧太后的赏识和宠信，而且在慈禧太后这棵大树的庇荫下，他的后半生走向了太监人生的顶峰，得到了清朝史无前例的权力和地位，他聚敛的金钱财富足以享用一生。

曾经有人对李莲英这样评价："在清朝历史上，李莲英是太监中官品最高、权威最大、财富最多、任职时间最长的权监。"这样一位有名的大太监，给后人留下的疑问也是很多的。李莲英聚敛的钱财到底有多少，他是如何发迹的，史书上没有详细的记载。

李莲英是清朝很有名的一位宦官。从 9 岁入宫到 61 岁离宫，这 52 年的宫中生活，可以说是几乎陪伴了慈禧的一生，参与了辛酉政变、戊戌政变等与慈禧有关的很多的政治事件。因为慈禧的臭名昭著，再加上李莲英确实有敛财的行为，他几乎被人们定格在历史的耻辱柱上。可是从另一方面讲，从他的本职工作来看，李莲英掌管清廷后宫 30 多年，作为一个太监，他在在服务之道上可以说是做的非常好。

李莲英一直对主子慈禧太后，忠心耿耿，服侍也十分地细心周全，真正做到了患难与共。患难时刻最能体现出人与人之间的真情，八国联军攻入北京，在西逃的过程中，李莲英对慈禧太后的服侍更是让人感动。一次暴雨过后，路面非常地滑，慈禧太后的马车差点翻入深山，这时李莲英不顾生命危险挺身而出，用身体挡住了下滑的马车，才使得慈禧脱险，而自己却受了重伤。即使在身受重伤的情况下，他依然没有忘记询问慈禧的安危。人是有感情的动物，面对李莲英这样的奴才，哪个主子能无动于衷呢！

实际上，李莲英不仅对慈禧这样关怀照顾，就是对与慈禧不和的光绪，李莲英也是非常地关心，做到了"奴才"的本分，可算是一个厚道的人。参加过维新变法的晚清文人王照曾经写过这样一首诗："炎凉世态不堪论，蔑主惟知太后尊。丙夜垂裳恭待旦，膝前呜咽老黄门。"诗中讲述的是这样一个故事：慈禧和光绪西逃回京的途中，走到保定时住下了。李莲英伺候慈禧睡下后，就前去探望光绪帝，结果发现屋里只坐着光绪皇帝一人，没有一个太监伺候。便问光绪帝为何还不睡觉，原来是没有被子。当时正值寒冷的冬季，没有被子根本无法睡觉。李莲英立即跪下痛哭道："奴才们真是罪该万死！"随后就把自己的被褥抱给光绪皇帝用。光绪皇帝小时候就常常受到他的看护，常常夸他"忠心事主"。回到北京之后，只要回忆起这次西逃，便常常地念叨："如果没有李谙答，恐怕我现在活不到今日。"在光绪帝的最后10年里，慈禧常常为难他，李莲英从来都是极尽全力地帮助他，并不像多数人似的趋炎附势。不过有人说李莲英是两面讨好，那么即使是讨好，能做到这种程度，可真是不得不佩服啊。

历史上，包括赵高、魏忠贤在内的宦官，最终几乎没有好的结果。这是因为他们都存在着这样的问题，就是与外官相处的不和谐，或者是结党营私、干预政事，或者是仗势欺人、张扬跋扈，触犯了外官做官做人的心理底线。安德海给了李莲英很好的教训。

在李莲英之前，慈禧太后最宠爱、最信任的太监是安德海，但是他为人嚣张，利用职权纳贿，做事毫不留余地，可以说他那样的结果也是自取其咎。同治八年，安德海一路招摇地前去南方置办宫中用品，走到山东被巡抚丁宝桢拿获，以"宦竖私出，非制。且大臣未闻有命，必诈无疑"。向慈禧上奏，随即处死。对此，慈禧都没有办法，只能怪安德海太猖狂了。安德海的死让李莲英始终牢记在心。他充分吸取教训，摆正自己的位置，懂得主子和奴才、外官和宦官之间的关系，做到了贪财但不干政，营私不结党，并且时刻谨慎，处处低调。后来的史实也证明了这一点。

李莲英，这样一个出生于普通小贩家庭的孩子，自阉入宫后，靠着自己的机警与勤奋，从一个小小的梳头太监逐步上升为一人之下、万人之上的太监总管，还参与了很多和西太后有关的重要政治事变，是中国历史著名的太监。他得势后利用职权聚敛钱财，从而遭到了大臣们的抨击，由于他的谨慎，没留下任何证据，所以他在宫中的生活是比较安然的。

总的来看，李莲英服侍主子还是受到了清廷的高度认可，死后的待遇都是清朝历史上太监中从未有过的。

第十三章

最后一位权势太监——小德张

太监档案

☆姓名：小德张

☆出生地：天津市静海县

☆出生日期：公元 1876 年

☆逝世日期：公元 1957 年

☆主要事迹：建议隆裕太后修建"水晶宫"。

☆生平简历：

公元 1891 年，小德张进宫。

公元 1898 年，小德张被提升为后宫太监回事。

公元 1902 年，小德张被提升为御膳房掌案，官至三品顶戴。

公元 1909 年，小德张被任命为太监大总管。

公元 1913 年，隆裕太后去世，小德张离开宫廷。

公元 1957 年，小德张去世。

人物简评

小德张原名张兰德，是继安德海、李莲英之后，清朝又一个有名的太监。他在宫中生活了25年，经历了光绪、宣统两朝，服侍过慈禧太后和隆裕太后。最终当上了太监总管，实现了自己当初入宫的梦想——聚敛了大量的财富。他的发财梦想只用了三年的时间。

从他个人的角度来看，他的一生是成功的，得到了自己想要的。从大清角度来看，大清一步步走向灭忙，与像他一样的宦官有着很大的关系。

生平故事

聪明机智　改变命运

光绪二年（1876）阴历十月十一日，小德张出生在现在的河北静海吕官屯的一户穷苦人家。他的父亲主要是以打鱼来维持全家的生计，有时也给财主家当雇工，母亲是位勤劳的农村妇女。小德张是家中的老二，没有读过书的父亲请人为他取名为张祥瑞。

张祥瑞12岁时，也就是光绪十四年，遇上了自然灾害——干旱，家家户户都是吃了这顿没有下顿，饥寒交迫。这年正月初二，张祥瑞顶着寒冷的北风，穿戴褴褛，跟随着哥哥张月峰前去到是财主姑奶奶家拜年。来到姑奶奶家的大院时，看到院中停着辆大套车，张祥瑞便夸这辆套车真漂亮。这时，他表兄弟王思勉（小名大杏）大声吆喝说："走开！你们家永远也买不起这样的大套车。"表兄弟的傲慢伤到了张祥瑞幼小的自尊心，他愤怒的返回了家中。

一到家，张祥瑞就把表兄弟奚落的他的话讲给母亲听。他人虽小，但知道是因为自己家穷，所以人家才瞧不起他。他看着母亲的眼睛，问如何才能变成有钱人，不受他人的歧视。张祥瑞的母亲伤心地说："穷人家发财的唯一途径是干皇差，也就是当'公公'。"民间称呼太监为公公。晚上，张祥瑞怎么也睡不着，表兄弟讽刺的话，总在他耳旁回荡。就在当晚他决定，为了摆脱贫穷，一定要去皇宫里当差。

没过多久，张祥瑞就净身了，带着美好的愿望来到了北京城。但是，他并没有马上能进宫，而是在一个姓裕的旗人家当佣人，等待着入宫的机会。后来，他认裕家的男女主人为干爹、干娘，打算通过裕家人的关系进入宫中。光绪七年（1891），张祥瑞的干爹得知宫中的一个老太监死了，空出一个宫号，于是花了50两白银买下这个宫号，张祥瑞这才入了宫。这年他只有16岁。

张祥瑞在裕家待了三年左右，这几年他受尽了人情的冷暖和耻笑，使他更加坚定了进宫的决心。踏入宫门的那一刻他就在想，一定要发财，一定要让那些曾经耻笑过自己的人好好看看。

进宫后，他改名为张兰德。虽然如他所愿入宫做了太监，但事情并不像张兰德想象的那么简单，入宫就是服侍皇帝、太后的。首先要拜师学艺，张兰德拜了一个叫"哈哈李"的太监为师，在茶房当了一名小伙计。这个"哈哈李"在宫中以打小伙计狠而出名，所以，张兰德常常挨打。一个多月过去了，张兰德懂得了很多，在茶坊不用说见皇上、太后、皇后、太妃、贵妃了，就连总管太监也见不到。张兰德长期受"哈哈李"的虐待，身上的旧伤还没好，就又添了新伤。他想离开茶坊，于是他只要见到哈哈李就装疯卖傻，时间一长，"哈哈李"觉得张兰德精神上有问题，担心惹出大祸，就他调到了宫中最苦最累的升平署，到那里去学戏。

张兰德到了升平署后，白天当差，晚上就积极地练功。经过三年的苦练，学会了武小生的全套跟斗，由跑龙套变成了主角武生。由于他做事非常地认真，演戏时能进入角色，再加上他天生英俊的长相，很快就得到了慈禧太后的赞赏，并赐名为"小德张"。光绪二十四年（1898）小德张22岁时，慈禧太后将他提升为后宫太监回事，自此，他当初入宫的愿望正在一步步地实现。

小德张来到升平署后，除了勤学苦练外，还经常研究李莲英，为何李莲英能得到慈禧太后的宠信呢？李莲英的行动、说话、做事，甚至是一些习惯性的小动作，他都研究的非常细致，他学习着李莲英的一切，而且学习的很像。

两面讨好　寻求后路

小德张在宫中已经生活了5年，渐渐地锻炼出了敏锐的观察力。在宫中见得听得多了，让他渐渐地认识到，大清王朝那么大的江山，虽然有皇上、王爷、文武大臣等，但政权却牢牢地掌握在慈禧太后一个人的手中，而李莲英又是慈禧太后最宠信的太监。也就是说，要想在宫中得到一官半职，要想得到慈禧太后的信任，只有一条路可走，那就是先得到李莲英的信任，否则愿望永远是达不到的。这时的李莲英已经做了将近40年的太监总管了。小德张看似处处模仿李莲英，但他比李莲英在为人处事上更加圆滑，心机更深。

小德张入宫是在光绪十七年，当时，从表面上来看慈禧太后已经结束了垂帘听政，但实际上大清王朝的实权仍然由她掌握。她看似坐在慈宁宫内，什么事都不管了，但仍然总揽国家大事。光绪皇帝与王公大臣议论的事情、官员们的奏折，都要经过慈禧太后批阅训示之后，光绪才能照办，如没有经太后的批准是不算数的。小德张就是为光绪皇帝和慈禧太后传递奏折的人。此时的小德张，已经得到了慈禧太后的信任，可算得上是慈禧的心腹。他看到慈禧太后年事已高，觉得她再怎么活也活不过光绪，光绪皇帝掌权是迟早的事，所以，他还要讨好光绪，为自己的将来作打算。

他每天都在慈禧太后的慈宁宫和光绪皇帝的中和殿之间来回地奔走着。不管是进入中和殿还是慈宁宫，他都是低着头轻声地走到主子面前，拿起或放下东西，再一步一步地退回去。

如果慈禧问皇上在做什么，和谁在一起……小德张便如实回奏，同时他会偷看慈禧或李莲英的神色，更多的时候是看李莲英的神色，因为偷看太后万一被看到，那可是死路一条。小德张根据李莲英的神色，来判断自己该说什么，或者不该说什么，所以小德张的禀奏，经常得到慈禧的满意。当然这依赖于每次李莲英给他的暗示，但更重要的是小德张自己脑筋的灵活。

在慈禧批阅完之后，小德张再将这些奏折交给光绪皇帝时，光绪皇帝也会询问慈禧批阅时说了什么、表情是什么样的……他这也是为了解和掌握慈禧的思想动态。小德张向光绪禀奏时，就比较随心所欲了，因为光绪只是要了解慈禧的态度，他怎么说当然就不重要了。小德张做事总是会做长远的打算，也不想把事做绝，光绪说的话，能尽量不对慈禧讲便不讲；而慈禧说的他基本上会全部讲给光绪听，一些不能直接讲的话，他会婉转地说出来，让光绪自己去琢磨。光绪从别人那里得到的信息，与小德张说的几乎相同，所以光绪对小德张也就不怎么戒备。

1898年六月，光绪在康有为、梁启超、谭嗣同的辅佐下推行新法，发动了戊戌变法运动，却遭到了以慈禧太后为首的守旧派的极力反对。之后慈禧太后囚禁了光绪皇帝和他最宠爱的珍妃。还派小德张监视光绪，负责光绪的一日三餐，而且下命令不允许给光绪吃热菜，更不准皇后、妃嫔与他接触。隆裕皇后是慈禧太后的娘家侄女，所以允许她每月初一、十五前去探望光绪皇帝，而且也只是三言两语就必须退出。

小德张非常地不容易，他想让光绪尽量吃得好一点，但是慈禧太后经常会检查光绪的午饭。所以，每次走到半路时，他就会换上几样光绪爱吃的菜。光绪皇帝十分想知道珍妃的情况，小德张就想方设法让光绪与珍妃的姐姐瑾妃见了一面，得知珍妃也被囚禁了，而且还染上了天花病。

当时，慈禧太后虽然是临朝亲政，但按照清朝的规定，签放大员这件事要通过军机处阁议后，签奏请准，并且由光绪盖章，慈禧太后是不能代替的。有一次，军机处签放了一名海关监督，请光绪盖章，遭到了光绪的拒绝。这人就找到了小德张，并答应事成后给他20万两银子。小德张请求光绪，光绪想到小德张平日里对自己的好，就把印盖了，20万两银子也就到手了。因主子的宠信，让自己获得了财富，这就是小德张一直想要的。如果自己当上了大总管，那么找他帮忙的人会更多，银子也就会更多。有了这一次后，小德张更加坚定了自己的目标，他要绞尽脑汁的讨主子欢心。

1900年八国联军攻占天津大沽口，北京告急，慈禧携光绪逃往西安，随行的太监中有小德张。由于小德张说话办事都很圆滑，很得慈禧的欢心，1902年庚子回銮后的第二年，小德张被慈禧太后提升为御膳房掌案，并赏三品顶戴。当了掌案后，小德张每天都在想，如何才能做出更好吃的菜来，让慈禧太后吃得好，吃得香。这时候的李莲英已经年事已高，精力也不是很充沛，小德张名为御膳房的掌案，实际上已经管理了太后宫中的一切事宜。由于操劳过度，身体实在是支撑不住，终于有一天病倒了。慈禧太后得知小德张病了，连忙命人请来了最好的御医为他看病，并且还经常来看望他，可见慈禧对他的宠信已不亚于李莲英。

明确选择　身居要职

光绪三十四年十月，73岁的慈禧太后，病倒在床上了，而几乎与此同时，光绪也病倒了。慈禧太后在卧床的日子里，对身后国事作了安排，立皇嗣、封太后，这些事情三天里共下达了13道懿旨。慈禧太后传旨，立光绪之弟载沣之子溥仪承继皇位，继承同治皇帝，兼祧光绪皇帝，并派小德张去王府接天子，将溥仪抱进宫中。慈禧太后的病情更加严重了，迷迷糊糊中还询问光绪皇上现在的情况，还在担心她死后，光绪皇帝会掌权，直到传来万岁爷驾崩，慈禧才松了一口气，并且说道："他毕竟还是死在了我前头。"紧接着，慈禧太后又传旨：隆裕皇后升为皇太后，授命载沣（宣统之父）为摄政王，如有国家大事必须请皇太后懿旨，这是慈禧的最后一道懿旨。之后，慈禧太后便永远的离开了人世，前后与光绪皇帝驾崩只相差七个小时。

慈禧太后要入殓了，还是和生前一样，满身的珠光宝气。而且随葬的物品也都十分的珍贵。灵堂中最为忙碌的太监就属小德张。慈禧太后死后，李莲英也离开了皇宫，宫中大总管这个职位一直空着，这可是小德张一直想要的，眼看自己想要的一切都在眼前了，他心中的喜悦都抑制不住了。慈禧死了，宫中最大的主子就是隆裕太后了。隆裕太后要比慈禧太后好伺候地多。小德张明白，只要自己得到隆裕太后的宠信，自己的愿望也就很快实现了。他发现隆裕太后处处都想学慈禧，只要自己像服侍慈禧太后似得服侍隆裕，肯定能得到她的宠信。

他凭借自己入宫这么多年来的经验，猜测到慈禧死后，一定会有新一轮的争权夺利，目前，隆裕太后还处在危险之中，要是自己能帮助隆裕太后保住宝座，太监总管的职位肯定是自己的了，以后自己的入宫梦想也就能完成了。于是，小德张在宫里的每一个角落都安插了自己的亲信耳目，及时掌握着时局的动态变化。慈禧太后、光绪皇帝去世后，小德张随隆裕皇太后跟着灵车前去东陵奉安。陵寝安置完毕后，封地宫门时，皇家亲族及妃嫔们，在寅时行家祭礼朝拜，之后才回宫。在地皇门将封之前，小德张接到了亲信的密报，穆宗同治的三位皇妃已经启程先回宫了。

原来，宣统是同治的继承人，兼祧光绪，同治时期的三位妃子瑜妃、珣妃、瑨妃等人也是宣统的母亲，太后应从这三位妃嫔中产生，而且慈禧当时也是以贵妃的身份升为太后的。隆裕因为是慈禧的内侄女，所以才得到太后之位的。慈禧下葬后，同治的三位妃子说要在东陵为慈禧守陵，不回宫了。面对这样的突发情况，隆裕不知所措。虽然她是太后，但她在皇宫这么多年，就学会了一件事情，那就是察言观色，听从慈禧的安排。之前后宫之事都是慈禧太后为她出谋划策，这么多年她已经习惯了请示和服从慈禧了，所以慈禧死了，面对问题时不知道该如何解决，不知该怎样应对三位皇嫂。聪明机灵的小德张，急忙对三位妃嫔说，既然这样，皇太后就立马为各位在东陵盖房子，以成全你们的守陵孝心。

瑜妃等人并不是真心要守陵，她们只是不想受隆裕的管制，既是赌气又是给隆裕难堪，结果小德张却使她们无言以对。三位妃子不甘心，经过身边太监的怂恿，所以要抢在隆裕之前回宫，夺取太后的金印。

小德张把三位贵妃先回宫的消息告诉了隆裕皇后，隆裕想行家祭礼完毕后再回去，但小德张的意思是立马启程，否则太后的宝座就难以保住了。小德张与隆裕太后快马加鞭地赶回京城，此时，三位皇妃已经到了神武门，她们以为太后的金印稳拿了，但小德张他们从东门进入坤宁宫，隆裕太后先拿到了金印。她们只差十几分钟。紧跟着，摄政王也回到了宫中，把"合符子"请出来，军机处颁发诏书，隆裕皇后遵照慈禧太后生前的懿旨，草诏为皇太后。小德张在宣统元年（1909）33岁时，终于当上了太监大总管。

经过隆裕太后的这次后位的争夺，小德张彻底明白了一个道理：要想在宫中生存，并不是自己小时候想象的那么简单，在这墙高院深的皇宫之中，"防人之心不可缺，害人之心也不可缺"。只学会防人是远远不够的，进行防御的最好办法就是进攻，要想爬得高、呆得稳就必须清除掉所有的绊脚石。先下手为强，后下手必定遭殃，成功和失败往往就是一瞬间决定的。要想掌握大权，要想治人，就不能心慈手软，否则会给自己留下后患，斩草必须除根。隆裕被册封为太后之后，小德张向隆裕进言，瑜妃、珣妃、瑨妃平日比较安分，而且言语也不多，在太后即位之事上她们敢那么做，一定是身边那些太监出谋划策的。他们就是想让主子们中有一个当上太后，自己也借机高升，像这样有野心的太监必须赶出宫，否则日后都不得安宁。于是，小德张拟了一张单子，上面列了三品总管杜兰德为首的36名太监。小德张说这36名太监在宫中号称"三十六友"，平日里就拉帮结派，是后宫的一大祸患，必须除掉。隆裕认为遣返这些太监再加上他们管理的小太监，会使后宫空缺出很多的职位，但她禁不住小德张的一再劝说，最后手谕内务府，将36名太监和与之关系亲近的太监，共932名宦官遣散出后宫。

单纯的隆裕怎么能想到，小德张这次既是清除同治三妃身边的出谋划策之人，更是借机清理了自己在后宫中的异己，同时还在后妃身边全都安插了自己的亲信。

宣统元年，隆裕太后赐拨帑银十万两，为小德张修建了一处住宅，占地50亩，房舍有几百间，被当地人称为"极乐寺总管府"。从此，小德张权焰冲天，后宫上下没人能与他相比。

得到宠信　聚敛钱财

隆裕可以说是一位"庸禄无识"的太后。在政治上，她没有慈禧的果敢，没有自己的主见，也不像慈禧似的既不完全受制于李莲英及某些王公之手，又很会笼络王公大臣。在经济上，裕隆太后的自私却远远地超过了慈禧太后。她的一切行动都被小德张所操纵，个人没有任何的主张。隆裕坐上太后的宝座后，对小德张不仅信任，而且越来越依赖和纵容。小德张依仗着太后的恩宠，胆大妄为地为自己谋私利，使自己的腰包越来越鼓了。隆裕刚成为太后，还需要为光绪和慈禧守孝，她的黄色轿子应该换成青色的，这并花不了多少银子，可是这事需要经过小德张之手，结果制轿费竟然高达70万两，大量的白银流入了小德张的口袋中。此事让小德张收益很大，因此他又建议重新修建宫中那些破败的佛殿。

据估计，慈禧太后生前的财产共计2500万两白银。在慈禧太后死前，李莲英私下送给隆裕太后的大约为200万两；慈禧太后死后，作为陪葬的大约为800万两，剩下的1500万两就为小德张的发财提供了一个机会。据说慈禧太后有珠履一双，这双鞋非常地名贵，四周镶嵌着巨珠，颗粒都很大。据说制造这双珠履时，大约花费了70万两白银，小德张却把这双珠履鞋据为己有了。在清朝灭亡之后，小德张把这双珠履标价50万元出售，后来被一英国商人花了32万元买走了。

这些佛殿，慈禧太后在时就被废弃不用了，小德张却认为这是聚敛钱财的好机会，因此向隆裕进言，希望重新修建。延熙宫、西式铁楼同时开工，却一直没有明确的竣工日期，需要的经费也不确定。宫廷内部任由小德张拆毁，资金也是任他滥用，上报的修建费用超过了200万两。当时内务大臣中有懂得修建的，他们弹劾小德张的报销不实，从中牟取私利，在宫外开了很多的当铺和绸缎庄。对于大臣们的上奏，隆裕却保持沉默，奏折根本看都不看。大臣们不断的上奏，隆裕无奈之下，说道："宫中比小德张贪污严重的人有很多，一个太监只要不干涉朝政，捞点钱财没什么大不了的。"从此后，小德张更加胆大妄为，可以说是明目张胆地聚敛钱财了。

中元节到了，孝钦显皇后，也就是慈禧太皇太后的梓宫，尚未奉安。"中元节"也就是农历的七月十五，隆裕没有忘记慈禧对她的恩惠，于是由小德张主持，用纸做成了一只大法船，长18丈，宽有2丈，这船完全仿照慈禧平日里召见臣子而设计的，船上所有的人是假的，但他们穿的衣服却是真的。祭毕，大法船就被运到东华门外，敬谨焚化。这个中元节又花掉了70万两。当然小德张从中可是捞取了不少，慈禧太皇太后的这场丧事，要比光绪皇帝的丧事花的多得多。

后来，小德张他看到隆裕整日寂寞空虚，就建议隆裕在北海修建一座"水晶宫"。"水晶宫"的外墙由玻璃制成，是一座透明的宫殿，而且宫殿不按照过去依水而建的传统，而是让"水晶宫"的四面环水，这样一来景色会更迷人。方案是在院中心砌一个大水池，在池中修建一座三层的圆形宫殿，主要建材就是钢铁、玻璃。在当时，这可是非常新奇的建筑，能够防御火灾，隆裕太后深居宫中这么多年，终于熬到太后之位，可以享受了。但是，这项工程进展到一半时，就遇上了辛亥革命，工程被迫中断了。

宣统三年，辛亥革命爆发，各地纷纷宣布独立，而且这种趋势已经不可逆转。此时的内阁总理大臣袁世凯野心勃勃，一心想称帝。他一方面与革命军交好，一面给朝廷施加压力。孙中山即将担任临时大总统时，表示袁世凯要是拥护共和，迫使清帝退位，他愿意拥立他为总统。袁世凯认为一旦当上了大总统，离自己的皇帝梦也就不远了，而且还可以掌控整个局势。于是，袁世凯想到了小德张，用巨额金钱贿赂他，通过他向隆裕太后施加压力，劝隆裕太后用清廷退位的方式，来确保自己的平安与安逸。以隆裕太后为主的清廷最终在无奈之下接受了袁世凯的条件。公元1912年2月12日，清帝溥仪向全国颁布了诏书，宣布退位，宣统皇帝的年号被保留下来了，小德张的地位也保住了。自宣布共和之后，小德张就又为自己寻找新的路了，他向袁世凯表露出自己想在袁的宫内中担任大内总管的想法，但是现在的小德张对袁世凯已经没有可用之处了，于是就遭到了婉言拒绝。不过，袁世凯也算是对得起小德张，问小德张之后想在哪儿居住，小德张说愿在天津，于是袁世凯就在天津为小德张买了两所房子。公元1912年隆裕太后去世，小德张失去了宫中的靠山，也厌倦了这么多年的宫中的生活，便主动请辞离开了宫中，结束了宦官生涯。

虽然他在服侍慈禧太后时，就开始为自己寻后路，但是他对慈禧太后还是十分尽职尽责的。慈禧太后死后，他又为自己选择了新主子——隆裕太后，虽然开始聚敛钱财，但依然是尽心尽力地服侍隆裕。

慈禧死后，溥仪即位，大清整体的局势，小德张是控制不了的，他能做的就是帮助新主子打理朝政。当时溥仪还小，隆裕太后又没有慈禧太后那样的能力，如果再没有小德张的协助，也许清朝灭亡的速度会更快。

离开皇宫　享受生活

大清帝国是结束了，小德张也离开了皇宫。最初小德张住在北京永康胡同的自己的大宅里，过着奢侈的生活。民国建立后，他为了躲避之前的大清王爷、贝勒们的辱骂与白眼，搬迁到了天津定居。在天津，他先后娶了四个老婆。小德张过继他哥哥张月峰的儿子张彬如为继子。张彬如也娶了三个老婆，生了两个儿子一个女儿，他们一大家子过着奢侈的生活。在"张公馆"里，佣人有三四十个，门卫、账房、厨师、花匠、丫环、老妈等，是应有尽有。虽然小德张只当了三年的大总管，但他聚敛的钱财却很多，让他实现了幼年的梦想。小德张在老家静海县唐官屯买了17顷地，在北京南苑买了20顷地，在天津英租界41号路，修建了12座楼房，在北京永康胡同还有一所大宅院，另外他开设的永庆、永存两座当铺，资金就达十多万两，还在北京大栅栏开设了祥益绸缎店，资金有二十多万两。

小德张定居天津后，对于宾客的到访，经常是推脱不见，渐渐地前去拜访的人也就少了。他每天能见到了人也就是家人和奴仆。小德张制定的家规非常地严，不允许男性进入内宅，对门户的看管也非常地在意，每日上锁、启锁，都是由他亲自料理。

小德张的四太太叫张小仙。关于小德张为何娶张小仙还有一段故事。据说，小德张刚到天津的时候，住在重庆道，一心要寻觅一个称心的伴侣，便在他的表弟董墨臣和好友房玉林的陪同下，来到了日本租界妓馆游玩，认识了一个叫方金翠的女子。二人算是情意相投，还在一起照了相，小德张坐着，方金翠站着，当时他们两人相处得非常好。当小德张说要娶方金翠时，娼主提出要1000元，小德张同意了。可是方金翠却说自己还是处女，不甘心寂寞终身，不肯跟随小德张。小德张非常地生气，于是就在另一个班子里，花了1200元买回来了张小仙。

为了表示排场，小德张还身披红花亲自去迎娶，鼓乐花轿，无一不备，之后拜天地、入洞房等等仪式都举行了，可谓是应有尽有，样样俱全。这场婚礼办得十分隆重，宾客盈门。还包了很大的一个酒楼，招待来宾。与一般人娶亲一模一样，但有一点是不同的，就是张小仙在拜过婆母之后，张家所有的子、孙、媳、女人等，都得向张小仙行跪拜礼，应当称呼什么，就得叫什么，如娘亲、奶奶等。下人都叫张小仙为四太太，这说明小德张在她之前已经娶了三个。

小德张从北京搬迁到天津后，从老家接来了老母，当时住在重庆道，让这个受了一辈子苦的老母也跟着自己享享福。从老家来到了天津，变成了阔老太太，吃的是山珍海味，穿的是绫罗绸缎，还使唤着奴婢，出门不是车便是轿，老太太跟着小德张享受了十来年这样的福。1928年旧历六月初八，老太太因病去世了，终年80岁。小德张在宫中做太监时，最羡慕旗人贵族的宽敞精美的建筑和大出殡。大出殡是旗人贵族最重视的礼数之一，特别是光绪三十年慈禧太后的弟媳，隆裕皇后的生母，也就是光绪皇帝的岳母，人称皇姥姥，去世后办理的丧事，给小德张的印象最深。当时，小德张受慈禧太后之命，前去承恩公府照应丧事，看着那么隆重的丧礼，心想母亲去世后，他一定要仿照满清贵族大出殡。

如今母亲去世了，而他既有这个能力，又没有任何束缚。于是，便完全仿照皇姥姥的丧礼为母亲办起了丧事，不过他省略了满族人特有的一些风俗，像大红幡、骖马、单勾、鹰狗骆驼等，当时已经是民国了，摆了这些东西也是没人看的。

那天老太太一咽气，小德张的四太太就带着另外两个姨太太，还有继子张彬如的三个太太，开始为老太太穿诰命夫人的服饰，并且把隆裕太后赏的陀罗经被也为老太太盖上了。紧接着就是灵前烧"倒头纸"，在府门外也烧起了倒头车马。烧倒头车马中的八抬大轿使用的是真正的绿妮轿围，而且制作得非常地精美。车夫、轿夫、跟班等都像当年隆裕太后在中元节为慈禧太后制造的船的人一样，人是假的，但服饰都是真正的绸缎。之后，一把火在府门前烧了。

到了出殡那天，小德张请来了清朝最后一个武状元武国栋祭门，前北洋政府总理裔凌蔚点主。送葬的亲友非常地多，排了几里长。小德张的总管房玉林想办法弄来了专门为慈禧太后出殡的蓝钢包车，好运送老太太的灵柩回静海县吕官屯，而且当时的天津警备司令傅作义还派出了一个连的士兵为老太太随行护送。小德张为母亲办理的这场丧事十分地壮观，在当时的天津可是没人能比的。

思想空虚　无聊至死

小德张到天津后，生活上虽然十分富有，但在精神上却很贫困。在宫中，他头脑中既要想着讨好主子，又要想着谋取私利，而现在不用考虑那么多了，自己小时候的梦想也实现了，应该满足了，但他却觉得很无聊，没有宫中时让他过瘾。除了养金鱼、种花草和喂了许多小叭儿狗以外，每天午后就是写三五幅"鹅"来消遣。

他的日常生活也比较刻板，每天起床后，首先是让他的小太监为他烧好 12 口鸦片烟，然后左、右侧卧各吸 6 口，之后便出去散步锻炼身体。然后回屋吃早点。到 9 点钟，他会坐在客厅中，接见他的子孙、账房、管家等人。

小德张信仰道教，也许是受宫中大总管刘多生的影响，但是他不念经，只是到了道塞节日，才会戴上道冠，穿上道服，手持宝剑，盘膝静坐而已。

也许是因为思想空虚，使他逐渐颓废，在 1957 年便病死了，终年 81 岁。他所有的财产归了张小仙。诗曰：

窃弄权威意气豪，

谁知一旦似冰消。

人生祸福皆天理，

天道昭昭定不饶。

可以说，自从中国有了皇帝，也就有了太监。虽然更换了很多的朝代，但太监制、宦官当权都一直存在着。随着皇帝的消失，太监也退出了中国的历史舞台。小德张这一代，便是最后的一幕了。